U1004679

安徽师范大学史学家论丛

QIANGGONG JI

强弓集

光仁洪 著

安徽师范大学出版社
·芜湖·

图书在版编目(CIP)数据

强弓集 / 光仁洪著. —芜湖:安徽师范大学出版社,2018.12
(安徽师范大学史学家论丛)
ISBN 978-7-5676-3828-0

Ⅰ.①强… Ⅱ.①光… Ⅲ.①世界史-文集②光仁洪(1918—1991)-纪念文集
Ⅳ.①K107-53②K825.81-53

中国版本图书馆CIP数据核字(2018)第237202号

安徽师范大学史学家论丛——强弓集 **光仁洪◎著**

责任编辑:辛新新
装帧设计:桑国磊
出版发行:安徽师范大学出版社
芜湖市九华南路189号安徽师范大学花津校区 邮政编码:241002
网 址:http://www.ahnupress.com/
发 行 部:0553-3883578 5910327 5910310(传真) E-mail:asdcbsfxb@126.com
印 刷:江苏凤凰数码印务有限公司
版 次:2018年12月第1版
印 次:2018年12月第1次印刷
规 格:700 mm × 1000 mm 1/16
印 张:19 插页:9
字 数:300千字
书 号:ISBN 978-7-5676-3828-0
定 价:69.80元

如发现印制质量问题,影响阅读,请与发行部联系调换。

光仁洪先生

光仁洪（1918—1991年），安徽桐城（今枞阳）县人。1939年毕业于国立中央大学法学院法律系国际公法专业。后入读美国芝加哥大学研究院国际关系专业，导师为昆西·怀特（Quincy White）教授，1948年回国。先后在上海法学院、国立安徽大学、安徽师范学院、合肥师范学院、安徽师范大学、安徽大学任教，先后任副教授、教授并兼任系主任。中国国际关系史研究会（现为中国国际关系学会）首届副理事长（1980年）、第二届副理事长（1982年）、第三届常务理事（1985年）。中国史学会第二、三、四届理事（1980—1991年），中国世界近代史研究会第一、二届学术顾问（1984—1991年），安徽省社科联主席（1986年），安徽省史学会会长（1978年）。曾任中国农工民主党安徽省委会常委兼宣传部部长、副主委（1980—1984年）、主委（1988—1991年）以及农工民主党中央候补委员、委员、常委、副主席等职（1988—1991年）。历任安徽省政协第二、三、四届常务委员，省政协第五、六届副主席（1984—1991年），第六届全国人大代表（1983年），第七届全国政协常务委员（1988—1991年）。获中华人民共和国国务院政府特殊津贴（1991年）。主编《世界近代史》（上、下册）（1960年）、《世界史·近代史》（上、下册）（1984年）、《中国大百科全书》分卷《国际关系卷》（1989年）、《国际关系史》（十卷本，联合主编）（1995年）、《世界近代史词典》（1998年）等，在《世界历史》《东北师范大学学报》《学术界》等刊物上公开发表学术论文十余篇。

全家福

光仁洪先生和夫人

光仁洪夫妇与小女儿在家中

光仁洪先生(中)和同事们

光仁洪先生在人民大会堂前（1986年3月25日）

光仁洪先生在安徽省史学会上讲话

世界史教材第三次协作会议全体同志合影(光仁洪先生为第一排右六)

《世界近代史》教材审稿会合影(光仁洪先生为第一排左二)

中国国际关系史研究会成立大会暨第一次科学讨论会留念(光仁洪先生为第一排右十)

参加教育部召开的《世界中古史》《世界近代史》教材审稿会全体同志留念(光仁洪先生为第一排左七)

中国世界近代史研究会成立大会暨学术讨论会(光仁洪先生为第一排左十)

证　书

光仁洪同志：

为了表彰您为发展我国高等教育事业做出的突出贡献，特决定从九一年七月起发给政府特殊津贴并颁发证书。

国务院

(91) 政府特殊津贴第934095号

一九九一年七月一日

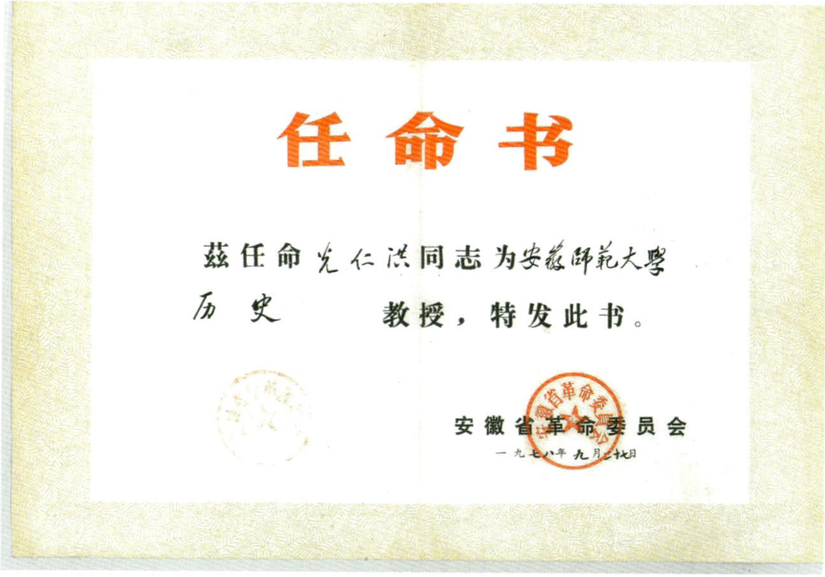
任命书

兹任命光仁洪同志为安徽師範大學历史教授，特发此书。

安徽省革命委员会

一九七八年九月二十七日

中华人民共和国教育部

关于召开世界史统编教材主编人碰头会的通知

(79)教高一司字 0 5 6 号

河南师范大学、辽宁大学、山东大学、山东师范学院、安徽师范大学：

为研究世界史统编教材的出版问题，经与人民出版社商洽，决定召开一次主编人碰头会。会议于十一月十日至十三日在北京教育部招待所举行。你校历史系光仁洪同志为该教材的主编人之一，请通知光仁洪同志按时到教育部高教一司报到。

教育部高教一司

一九七九年十月廿六日

铜陵市天井湖宾馆　高校文科会秘书组转交

11月5日，按教育部通知，派光仁洪同志出席会议。

79.11.5

抄送：人民出版社

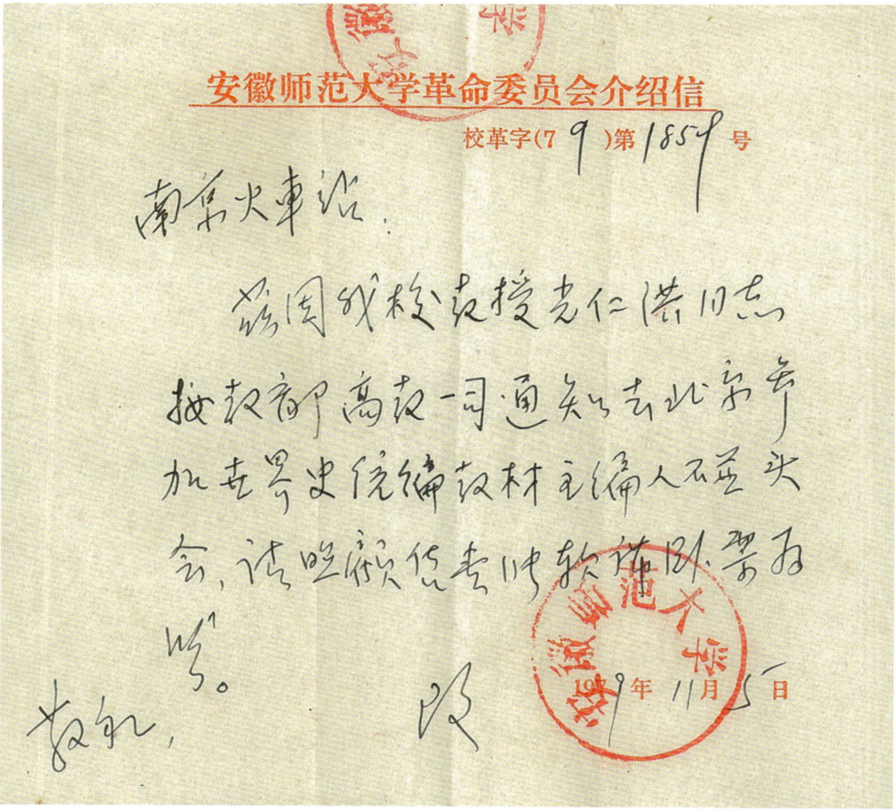

安徽师范大学革命委员会介绍信

校革字(79)第1859号

南京火车站：

兹因我校教授光仁洪同志按教部高教一司通知去北京参加世界史统编教材主编人碰头会，请照顾代买卧铺票为荷。

敬礼，

1979年11月5日

仁洪同志：自湖别后，又多日矣。正思念间，忽得
手示及诗，无任兴奋。拜读之后，觉得功夫既深，技术又高，令人敬佩。公诚
老迷，不怕丑，竟在报端发表俚句。兹寄上一阅，藉以凑趣。叨在爱末，幸有以谅之。先此奉复，即致
敬礼。

周公诚上。一九八二年七月十五日

仁洪同志：

久未晤教，甚念。

我的研究生朱瀛泉君本年完成了题为"1878年柏林会议的起因"博士论文，特奉上一份，敬祈赐予批评意见，并希于4月25日驾临南大担任答辩委员，无任企盼之至。

此颂

时祺

弟王绳祖谨上

1988年3月26日

附南大聘函二件

装 订 线

外交学院

仁浩同志：

您好。王志对大百科条目意见已收到。

今年4月，在京召开世界史分编委常委扩大会，主要讨论各组组织拟定的条目初稿，并解决各组条目交叉和平衡问题。王志因身体不适未能与会。我应邀参加会议。会议后期，在京成员郑平、鲁毅、张兴伯等同志也参加了会议。会议期间及会后我们根据会议决定进行了两次讨论，现将有关情况汇报如下：

一、编写组成员调整和补充。决定由世界史所刘陵同志代替了张椿年同志任付主编，聘请国际关系学院张香良同志、国际问题研究所张大林为编写组成员。

二、国际关系史组字数压缩为13万字，留1万字，还规定了总条数及各类条目比例。要求体现以中条目为主的原则。据此对条目初稿进行了压缩和调整（另附修改稿，请审阅）。

三、分编委准备暑期开会，最后确定条目总表。

四、各组选定试写条目，以总结经验。我们商定两条：海牙和平会议（鲁毅）、国际联盟（王德仁）已写初稿，陆续寄去，请审阅。

致

敬礼！

石磊

一九八一年六月廿日

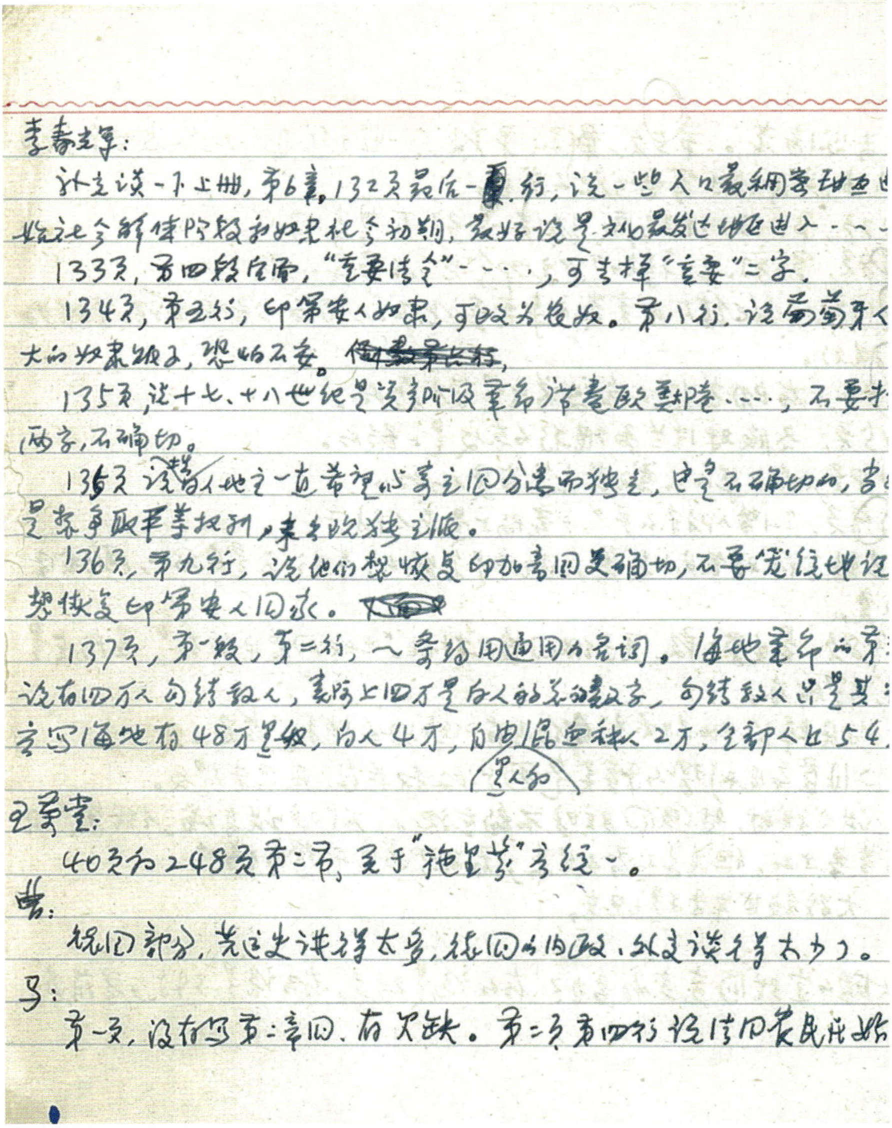

李春生等：

孙志谈一下上册，第6章，132页最后一行，说一些人口最稠密[illegible]

[illegible]社会解体阶段和奴隶社会初期，最好说是文化最发达地区进入……

133页，第四段开头，"主要[illegible]"……，可去掉"主要"二字。

134页，第五行，印第安人奴隶，可改为债奴。第八行，说葡萄牙[illegible]

大的奴隶贩子，恐怕不妥。

135页，说十七、十八世纪是资产阶级革命席卷欧美[illegible]……，不要[illegible]

两字，不确切。

136页 说[illegible]一直希望从英王国分离而独立，也是不确切的，[illegible]

是[illegible]

136页，第九行，说他们想恢复印加帝国是确切的，不是笼统地说

想恢复印第安人国家。

137页，第一段，第二行，[illegible]名词。海地革命[illegible]

说有四万人[illegible]，表格上四万是白人的[illegible]数字，[illegible]

[illegible]海地有48万黑奴，白人4万，自由混血种人2万，全部人口54[illegible]

王[illegible]：

40页和248页第二节，关于"[illegible]"[illegible]。

[illegible]：

[illegible]部分，[illegible]太多，[illegible]。

马：

第一页，没有写第二章[illegible]，有欠缺。第二页第四行说[illegible]农民[illegible]

光仁洪先生手稿

总　序

秀丽赭山，浩荡长江，历史的长河奔流不息。安徽师范大学的历史学科初建于1932年，几乎与安徽师范大学的历史同样悠久，其后经历了文史、史地、历史等科系的发展，前后80余年。肇始至今，学界翘楚纷纷欣任教席，最著者乃有吕思勉、汪治荪、光仁洪、陈正飞、胡澱咸、万绳楠、张海鹏等诸公。他们在菱湖畔、镜湖边著书立说，弘文励教。其中光老毕业于国立中央大学法律系，旋即负笈美利坚芝加哥大学法学院，通晓英文、法文，改革开放之初即担任中国国际关系史研究会首届副理事长。陈正飞先生曾求学于复旦大学，熟悉英文、日文、俄文，尤擅英文，先后执教于辅仁大学、北京师范大学，终老于安徽师范大学，中国第二次世界大战史研究会成立即任首届会长。胡公最早考证出甲骨文铁字而获学界“铁王”尊称。万绳楠先生早年毕业于西南联合大学历史系，翌年即拜师于清华大学国学研究院四大导师之一陈寅恪先生而成为关门弟子，因其深耕于魏晋南北朝史而获这一领域“四小名旦”之一之美誉。[①]张海鹏先生乃中国徽商研究之开拓者与奠基人，首提徽商“贾而好儒”之特色，先生筚路蓝缕，构筑了徽学研究大厦，《徽商研究》“是迄今为止国内传统商人研究篇幅最为宏大之作”，徽学正从地域性学科向国际学科方向迈进。逝者如斯，“而其事如在，皎同星汉”，诸先贤虽渐行渐远，但其道德文章如在，其积淀的学术精神日渐清晰。

历经80余年风雨征程与洗礼，学院已有历史学、社会学、社会工

① 魏晋南北朝史研究领域学术界所称誉的“四大名旦”为：唐长孺、周一良、王仲荦、何兹全；“四小名旦”为：田余庆、韩国磐、高敏、万绳楠。

作、公共事业管理和世界史五个本科专业，在人才培养、文化传承与社会服务方面正日益发挥着重要作用，特别是在学科特色研究领域建设方面取得了一定的成绩。其中，历史学已经发展为方向齐全、特色鲜明的优势学科。徽学研究、中国文化史研究、中国社会经济史研究、中国制度史研究、古典文明研究、地区国别史研究、国际关系史研究等在全国居于领先地位或在学术界有较大影响，特别是徽学研究的系列成果已成为传世经典。中国社会科学院徽学研究中心主任周绍泉先生曾评价安徽师范大学“徽商研究独步海内外”。

21世纪是知识经济、信息时代以及我国社会主义现代化建设的新发展时期，这为历史研究提供了新机遇的同时也提出了新的挑战。“要解决这些难题，不仅需要运用人类今天发现和发展的智慧和力量，而且需要运用人类历史上积累和储存的智慧和力量。”①而历史研究是一切社会科学的基础，承担着“究天人之际，通古今之变”的使命。“重视历史、研究历史、借鉴历史，可以给人类带来很多了解昨天、把握今天、开创明天的智慧。”②安徽师范大学历史与社会学院历史学科自设立至今已有80余年，一代代学人取得了难以计数的学术成果。如何继往开来，如何续写历史学科的新篇章，这是新一代历史学人亟待回应与完成的紧迫任务。藉学校即将迎来九十年华诞之际，历史与社会学院决定编选这套丛书，名之为“安徽师范大学史学家论丛”，收录近80余年来历史学人具有代表性的专著、论文、通信录以及学术自传等。陈正飞教授的《问路集》是该丛书的开创之作，我们希望以此为开端，不断推出相应的系列，全面反映历史学人学术探索、跋涉和创新的进程，系统展示他们的学术品格、特色和贡献。因此，将先贤们一生的研究成果和学术思想进行系统整理和总结，其目的不仅仅是为后人学习与研究先贤们的思想提供系统的参考资料，更重要的是期望先贤们勤奋严谨的治学精神、求真

① 2014年9月24日，习近平出席纪念孔子2565周年诞辰国际学术研讨会暨国际儒学联合会第五届会员大会开幕会上发表的重要讲话。

② 2015年8月23日，习近平致第二十二届国际历史科学大会的贺信。

务实的探索精神以及敬业爱国的奉献精神在新的历史征程中代代相传，为实现中华民族伟大复兴的中国梦提供更强大的支撑力量。

是为序。

徐　彬

二〇一五年十月

序

光仁洪先生是20世纪中国国际关系史研究与教学的先驱者之一。他生于1918年，卒于1991年，经历并见证了国家与时代的大变迁，终生授课传业，并以学者情怀参政议政。先生晚年以“重抛药饵挽强弓”自勉，主持参与全国高校世界史教材编写工作，特别是与王绳祖先生一起合作主编十卷本《国际关系史》（近、现代），给后人留下了极其宝贵的精神财富。

光先生执教于安徽师范大学，久居长江边。我在北京大学学习和工作，和先生谋面请教的机会不多。但从1980年底开始，我开始与先生通过信件求教，回想起来真是幸运。光先生长我27岁，是长辈，给我的更是父辈的关爱。1981年春天，先生在给我的信中勉励我说：“近日想仍冗於译事，得此锻炼，不无裨益。由此亦可以推知雏凤音清，后生可畏。”当时我正在北京大学为前来讲学的美国最著名的东亚研究专家斯卡拉皮诺教授担任翻译，需要在中、英两种语言和文化当中转换和思考，得到光先生的鼓励，自然万分感激。光先生在20世纪40年代曾赴美国芝加哥大学深造并得到昆西·怀特教授的指导，他对于中美文化的交流，自然有切身体会。

20世纪80年代初，国际关系史这一门学科建设的最大困难是资料和人才的匮缺，王绳祖先生、光仁洪先生等前辈毅然挑起填补空白的重任。现在依靠发达的网络进行咨询与沟通的学人，很难想象40年前依靠油印邮路来传承知识的筚路蓝缕。当光先生得知北京出了一套国际关系史的资料时，特地致信向京中友人求助。在一封给我的信中光先生这样写道：“前请联系国际关系史资料一事，荷承惠助，至感。顷已由贵校国际政治系国际关系教研室寄来所编《国际关系史资料选辑》（上、下册），近、现代分两本。我除将书款三元五角径汇该教研室并去函李石生教授致谢外，谨以专闻，并向您致以谢意。”先生做人做事的风格，跃然纸上。

中国国际关系史年会曾于1982年和1985年在南京和北京召开，我有幸当面向光先生请教。光先生对于国际关系中的“均势”之说有着独到的见解，我以为是打通了中西之学的见地。光先生的学者气度与长者之风，给我们这些后辈留下了深刻印象。当自己也在不知不觉中进入七旬之后，更加感受到人间为师的重任。

谨以此短文，表达我对光仁洪先生的怀念。

袁　明

二〇一八年十一月一日

目　录

第一部分　作人育人篇

让-雅克·卢梭学案

——纪念世界文化名人卢梭诞生250周年

今年是卢梭诞生250周年，他被列入今年纪念的世界文化名人之中。

让-雅克·卢梭（Jean-Jacques Rousseau，1712—1778年）是18世纪法国资产阶级民主革命准备时期杰出的启蒙思想家之一，是当时启蒙运动中小资产阶级民主主义激进的左派。

虽然，他的思想带有时代和阶级的烙印，但其中也包含了不少的民主主义因素；在当时的历史阶段，在反对封建主义和教权主义方面曾起过巨大的作用；对资产阶级革命运动产生过不小的影响；对世界文化的发展也做出了一定的贡献。

今天，帝国主义的御用学者们，对于卢梭思想，不是全盘地加以诽谤，就是抽去其中的革命因素，利用、扩大并曲解其中的消极方面，以此来为帝国主义的反动血腥统治涂脂抹粉。因此，以马列主义、毛泽东思想为武器，对卢梭的学说和思想进行批判性的全面研究，指出它的积极方面，批判它的消极方面，从而做出正确的评价，在今天仍具有现实意义。

一

如果对18世纪中期欧洲经济、政治、文化各方面发展的文献进行大面积的考察和比较性的研究，不难得出这样一种看法：那就是当时不仅革命风暴的中心已越过海峡，移到了大陆上的法国，而且反封建的资产阶级启蒙思潮也正以法国为中心，向欧美许多地区作辐射形的播散。

这一时期的英国，经历了资产阶级革命已将近一个世纪，在经济方面，清除了资本主义发展道路上的一些障碍，资本主义获得了进一步的发展，并正酝酿工业革命；在政治方面，革命后建立了资产阶级和贵族妥协的政权，责任内阁制逐渐形成，资产阶级君主立宪制度日趋巩固和发展，总的来说，革命的风暴时期业已过去。反映在意识形态方面，也正与此种经济、政治情况相适应，资产阶级正踌躇满志地和贵族携手一道分享窃自人民手中的革命胜利果实，处心积虑地谋求巩固并扩大其既得的新特权和新利益，羽翼既成，锋芒逐敛，以前反封建的一些热情与斗志已趋于衰歇。披览此数十年间的英国史乘，常感到只看见政党的权势争夺，很少找到学理上的重要论战，尤其在政治哲学领域内，更难发现有任何新苗能摆脱其前人霍布斯和洛克的窠臼，而洛克也只不过是“1688年阶级妥协的产儿”[①]。试以当时具有代表性的著名思想家波林勃洛克（Hunry St. John，Viscount Bolingbroke）和唯心主义哲学家休谟（David Hume）而论，即可清楚地说明这一观察并非出于武断。从波林勃洛克的主要著作《政党论》（*A Dissertation upon Parties*）、《英国史评论》（*Remarks on the History of England*）以及其全集（*The Works of Bolingbroke*，1909年，London）若干论文中，只能看到他一方面严厉斥责基督教超自然的上帝和教会的权威，但另一方面却又狂热地赞美他的“自然”和“理智”的新神象而已。诚如恩格斯指出，波林勃洛克的学说是一种“新的自然神谕形式的唯物主义”[②]。至于在政治哲学方面，他也只是反复赞美英国的君主立宪政治，并热情地为这一政治最早的国歌（*Rule of Britannia*）作了歌词中的几节。至于休谟他固然反对“君权神授说”，但同时也反对霍布斯和洛克的“社会契约说”，他盛赞1688年政变后资产阶级和贵族妥协的宪法，自夸英国包括君主和上下两院的宪政统治是君主、贵族和平民三种势力最好的制衡形式。英国的下院虽号称平民院（House of Commons），但实质上只不过是资产阶级的议院，他所歌颂的此种制衡形式，也只不过是资产阶级和贵族妥协的产物，是二者联合起来对人民进行奴役统治的一种体制。休谟的政治思想并未超出洛克思想的范畴。

①《马克思恩格斯全集》第12卷，第63页，俄文版。

②《社会主义从空想到科学的发展》第22页，人民出版社，1956年版。

限于本文的主题，对上述问题，不能做更大篇幅的论述，但也可清楚地看出：18世纪的英国已不再像17世纪的英国，作为欧洲革命中心和启蒙思潮中心的痕迹，已泯焉难求。此两中心究竟何往？容再进一步对欧陆诸国加以考察。

这一时期，在辽阔的欧洲大陆上，除荷兰和英国以外，大都在封建统治之下处于将醒未苏的状态。在封建社会内部，资本主义已有不同程度的萌芽茁长，封建制度虽已进入末期，但尚未达到崩溃的边缘，有些地区如德意志和意大利小邦城市还处于政治上四分五裂的状态，意大利中部还存在着教皇的世俗政权，普鲁士、沙皇俄国、波兰等地区的农奴制，方兴未艾，尚未走完它的强化过程，农民反封建的起义虽日益频繁浩大，不断地震撼封建统治的基础，但此起彼伏，尚未能汇成革命巨流。在这些广大地区内，由于资本主义的发展远未成熟，资产阶级革命形势的到来尚需等待一定时期。这种社会经济情况反映到意识形态方面，“开明专制”的主张自尚有流播的可能。当然，其间也出现了一些著名的启蒙思想家提出了一些民主主义主张，如普鲁士的乌尔夫（Johann Christain Wolf）和中期稍后俄国的亚·尼·拉吉雪夫，尤其是拉吉雪夫这一杰出的民主主义者，他曾无情地抨击沙皇专制统治和农奴制度，给予下一世纪俄国民主主义者赫尔岑等人以巨大影响，虽然如此，但在当时封建制度尚未濒于崩溃的国家内，他们的学说难以开宗立派，声响更难以深远。这些地区当时还未具备成为革命中心和启蒙思想中心的条件。

至于这一时期的法国，资本主义在封建社会内部已获得较为成熟的发展。自16世纪，农奴制除勃艮第（Burgundy）、犹拉（Jura）和讷韦尔（Nivernais）以外，绝大部分地区已没有“死手农奴”（Mainmortable），到18世纪20年代，资本主义又广泛地渗入农村；工商业也获得了较快的发展，已出现了规模巨大的纺织工厂，里昂、巴黎、马赛等城市都成了有一定规模的工业中心。但与此同时，封建阶级却日益加强其反动统治，苛政繁猛，肆其淫威，封建关系处处成为资本主义发展的桎梏，生产力和封建关系发生了深刻的矛盾。在封建特权阶级的重重剥削下，再加上从18世纪开始时的西班牙王位继承战争到七年战争，连绵不断的王朝战争的影响，在当时法国总人口二千五百万人中，就有二十分之十九的人口处于一贫如洗的状态[①]。当时的法国一面是凡尔赛宫廷中的酒色征逐、纸醉金迷，一面是广大农村中的哀鸿遍野、饿殍载道、民不堪命、民怨沸腾，阶级矛盾空前尖锐，声势浩大的农民起义踵继而起，史不绝书，以18世纪开始时法国南部赛汶山区的卡密萨尔起义（Camisards）而论，不仅绵延八年之久，而且声势浩大，有席卷全法之势。综上所述，可知法国到18世纪中期实已进入资产阶级革命的准备时期，雷声隆隆，革命已呈现出“山雨欲来”之势，革命中心移到了法国。

随着资本主义的广泛发展和阶级斗争的急剧尖锐，到18世纪中期，法国启蒙思想也获得了迅速而深刻的发展。

当然，法国启蒙思想的发展，除了上述社会经济的前提条件以外，18世纪欧洲自然科学的进一步发展，也为它提供了有利条件。英国的自然科学自牛顿以后，盛极难继，在18世纪欧洲自然科学的发展中，法国成为后起之秀，骎骎焉有凌驾英国之势，其中卓卓者有兰格伦支（Lagrange，1736—1813年）的《解析力学》（*M`ecanique Analytique*）、拉普拉士（Laplace，1749—1827年）的《天体力学》（*M`ecanique C`eleste*）、普风（Buffon，1707—1788年）的《自然史》（*L`histoire Naturelle*）等。又如荷兰人李汶-霍克（Leewen-boek）微生物的发现；俄国人米·瓦·罗莫洛索夫在化学、数学和物理上的杰出成就，特别是他对热的现象的科学说明。这些自然科学的优秀成果，都有助于法国启蒙思想的发展。

在上述社会经济和自然科学条件下，18世纪法国的启蒙思想，诸家竞立，蔚然开宗立派，敷陈新义，较之17世纪英国的启蒙思想，确乎青出于蓝。在当时法国著名的启蒙思想家中，除反映城乡最贫苦阶层愿望的一些杰出平民思想家如梅利埃、马布里、莫列里等人外，在资产阶级启蒙思想家中具有代表性的人物还有伏尔泰、孟德斯鸠、卢梭及百科全书派的狄德罗、霍尔巴赫、爱尔维修等人，他们虽然持说各异，但论锋莫不指向封建主义和教权主义，特别是自18世纪40—60年代初，他们的

① Ernest L.Bogart:Economic History of Europe.New York,1942,p.19.

主要著作几乎都在此间杀青问世，如马布里的《人类知识起源概论》（1748年），孟德斯鸠的《法意》（1749年），狄德罗的《关于盲人书简》（1749年）、《百科全书纲要》（1750年）、《〈拉摩的侄儿〉初稿》（1762年），卢梭的《论科学与艺术》（1750年）、《论不平等的起源和基础》（1755年），霍尔巴赫的《被揭穿的基督教》（1756年），爱尔维修的《精神论》（1758年），马布里的《公民的权利与义务》（1758年），卢梭的《新哀洛绮思》（1760年）、《民约论》（1762年）、《爱弥尔》（1762年），伏尔泰发表的梅利埃《遗书》删节本（1764年）等。这些主要著作的发表，标志着法国启蒙思想高潮的出现。

在法国启蒙思想家中，那些平民思想家除了具有反封建的强烈战斗性外，并开始抨击私有制，提出了废除私有制的一些粗糙的乌托邦思想。至于那些资产阶级启蒙思想家，虽然他们各自反映当时法国第三等级中一定阶层的愿望，但大都从两种基本观念出发：其一是用“自然”来代替“超自然”，用“自然权利”来代替“超自然权威”；其二是用“理性”（Reason）来破除“迷信”和“盲从”。诚如恩格斯指出：启蒙运动的基本精神是理性主义。[①]法国的启蒙思想家们就是以此为出发点，对当时旧的一切传统进行大规模的批评，全面剖解当时宗教、政治各方面的传统、习尚、道德和制度，旧的一切都被认为是违背了“自然律”和“理性”，都是愚昧和偏见的结果，诚如恩格斯指出：“宗教、自然观、社会、国家制度等一切都受到最无情的批判，一切都要站到理性的审判台面前来，或者辩明自身存在的理由，或者放弃自己的存在。[②]”法国资产阶级启蒙思想家们并在批判旧的基础上，提出他们各自的“理性统治”图案，但这些理性的统治，不是别的，而是理想化了资产阶级的统治[③]。

虽然，他们的思想各具有不同程度的时代和阶级局限性，但他们处于当时革命形势的激流中，在人民高昂的革命情绪推动下，能勇于擎持反封建、反教权的理论旗帜，表现出了不同程度的战斗精神，在当时是

① 恩格斯:《反杜林论》第13页，人民出版社，1956年版。

② 恩格斯:《反杜林论》第13页，人民出版社，1956年版。

③ 恩格斯:《反杜林论》第14页，人民出版社，1956年版。

具有进步意义的。他们的学说来自人民革命情绪的鼓舞，但也转过头来鼓舞了人民的革命情绪，对即将到来的法国资产阶级革命、美国独立战争以及以后其他地区的资产阶级革命运动，会产生巨大而广泛的影响。

纵观18世纪中期欧洲启蒙思潮的发展，正当英国零落衰歇，欧洲大陆其他国家含苞未吐之际，法国启蒙思想却诸家竞立，猛烈冲击封建主义和教权主义，而且影响广泛。因此，说18世纪中期的法兰西是欧洲启蒙思潮的中心，自觉尚非出于轻率或武断。

二

在法国启蒙思潮中，小资产阶级民主主义者卢梭是运动中激进的左派。关于他的学说和思想产生的社会经济前提条件，已通过本文第一部分对欧洲启蒙思想中心的讨论做了扼要的阐述，下面再进而对卢梭的学说和思想加以评案。

法国18世纪杰出的小资产阶级启蒙思想家让-雅克·卢梭，1712年6月28日生于日内瓦，他是钟表匠艾萨克（Jsaacson）的儿子，家贫失学，未曾受过系统的学校教育，但刻苦自学，终成一家之言。早年为生活所迫，流浪各地，身历民间，亲尝疾苦，对封建特权阶级怀有强烈的憎恨；嗣后浪迹巴黎，与当时杰出的唯物主义启蒙思想家百科全书派领袖狄得罗（The Academy of Dijon）相识，交谊甚密，曾参加百科全书的部分编辑工作。1749年，应第戎学院征文，撰写《论科学与艺术》（*Discours Sur Les Arts Sciences*）一文，获得首选，发表后，声名鹊起，但由于这一论文猛烈抨击了封建的一切旧传统，从此也开始遭受贵族和教会的残酷迫害。于是窜身奔命，辗转流亡瑞士各地，并一度浪迹英伦，望门投宿，席不暇暖，箪瓢屡空，处境至危至苦，但初衷不易，论锋益锐，先后发表著作多种，其中最著名的有《论人类不平等的起源与基础》（*Discours sur L´origine et les Fondements de L´inegalite*），《民约论》（*Du Contrat Social*），《爱弥尔》（*Emile ou de L´edueation*），《新哀洛绮思》（*La Nou-veil Hiloise*），《山中书简》（*Lettrescrites de la Montagne*），《忏悔录》（*Confes-*

sions）等，尤以前三种为其最主要的著作。

贵族和僧侣到处迫害卢梭并焚毁其著作，1762年，巴黎大主教竟公然宣布卢梭为上帝和人间的敌人，但卢梭始终不妥协屈服，马克思在给施泽维尔的信中就说道："卢梭永远不与现存政权妥协，即使在表面上。"这一评价是非常恰当的。1767年，卢梭改变姓名重返祖国，遁迹巴黎，1778年7月2日，在贵族和僧侣迫害下以暴疾卒于巴黎。

卢梭的著作很多，涉及政治、教育、哲学、文学和音乐各方面。在他这些多样性的主题中，具有一个共同特点，那就是他以自然主义为中心思想，抨击并肢解封建主义和教权主义。在哲学思想方面，虽然他的"自然神教"主张是唯心主义的，但他用"自然之神"来代替基督教的上帝，对封建主义的思想基础——神学和教权，仍是一种猛烈的打击；在教育思想方面，他的自然主义教育思想虽然有其局限性，但在当时，对教会、贵族控制下的经院式教育，仍表现出了强烈的战斗精神；在文学思想方面，他著名的《新哀洛绮思》虽然带有伤感主义色彩，但他不仅善于运用文字上的音韵作用，来叩击人们的心弦，而且通过这一书信体裁的小说，猛烈抨击了当时封建等级的婚姻制度和封建门第观念。由于卢梭思想体系中最主要、最突出的部分为其政治思想，基于这一特点，本文将着重对其政治思想进行研究和评案。

卢梭的政治思想是小资产阶级民主主义思想，有它的时代和阶级的局限性，但它在法国启蒙思想中却最激进，它包含了不少的民主性因素，在评案卢梭的政治思想之前，先将其思想与当时其他主要启蒙思想做一极扼要的比较，就可以清楚地说明这一问题。当时法国反映资产阶级和贵族利益的孟德斯鸠，提出了三权分立和制衡的学说[①]，此种学说实质上不过是借对英国资产阶级君主立宪制度的歌颂，谋求贵族与资产阶级的妥协；伏尔泰在揭露和抨击封建统治、神学和教会方面，虽极为猛烈辛辣，当时起过不小的战斗作用，但在建设性主张方面，最初只倾向于"开明专制"，以后也不过趋向君主立宪，与此两人相比较，卢梭所提

① 参见Montesguieu:The Spirit of Laws,V.Ⅺch.6.

出的“主权在民”以及他的小资产阶级民主共和国的主张，远较他们激进；至于当时先进的百科全书派，他们的机械唯物主义的哲学思想虽然远远超过了卢梭唯心主义的哲学思想，但在政治思想方面，百科全书派的民主主张，却又落于卢梭之后，因为百科全书派的思想家们虽然同情人民群众在封建蹂躏下的苦难，但对人民未来的革命行动又怀有戒心，只幻想借少数“开明人物”来开创未来的新局面。

在卢梭的政治思想中也包含了一些辩证的因素，恩格斯曾称道卢梭的《论人类不平等的起源和基础》和狄德罗的《〈拉摩的侄儿〉初稿》两书，是“18世纪中辩证法的杰作，”并指出，在卢梭的书上“……可以看到，卢梭所详细叙述的一系列和马克思运用得相同的辩证的说法，本质上是对抗的、包含着矛盾的过程，每个极端朝向它的对立面转化，最后，作为整个过程核心的否定的否定……”①

虽然，我们从卢梭的政治思想中看到一些民主主义和辩证法的因素，但卢梭的哲学思想却基本上是唯心主义的。从他的《爱弥尔》一书中的萨瓦雅神父发愿词（The Profession of Faith of a Sovoyard Vicar）来看，他一方面反对基督教的上帝、教会、教仪和教义，另一方面仍未能摆脱宗教的蒙昧主义，具有鲜明的自然神论（Deism）观点，并相信有不灭灵魂的存在；卢梭又把物质和精神视为存在的两个本源。

为什么在卢梭思想体系中存在着如此深刻的矛盾呢？这因为卢梭的学说是反映小资产阶级愿望的学说，当时小资产阶级一方面苦于封建压迫，感到极度憎恨；另一方面在资本主义发展过程中又渐趋没落，感到无限彷徨。小资产阶级既然处于如此尴尬矛盾的地位，这当然要反映到其思想体系中去，形成他们学说中的许多矛盾。

卢梭的学说是卢梭所处时代的产物，但其学说的形成，不无受前人影响之处。卢梭的政治思想除受他同时代法国启蒙思想家的影响外，并受到自16世纪以来唯理主义和自然法学派思想的影响。16世纪以来，唯理主义者和自然法学派的思想家多主张君主权力来自人民与君主的相

---

① 恩格斯:《反杜林论》第144页，人民出版社，1956年版。

约，以此来否定君主权力受命于天的“君权神授说”。最早在以布鲁特（Stephanus Junius Brutus）[①]名字发表的《惩罚暴君权利论》（*Vindical Contra Tyrannos*）中，即提出君民立约以保人民的安宁，如果“君主不履行君主的条件，那么人民的义务即当然归于解除”[②]；布卡兰（George Buchanan）1579年发表《苏格兰人的主权》（*De Jure Regni Apud Scotos*）更激烈地提出：“君主的统治如果不依法行事，即社会秩序的破坏者，人人得而诛之。[③]”17世纪初，荷兰著名的国际法学家格劳秀斯（Hugo Grotius）在其代表作《战时法和平时法》（*The Law of War and Peace*，1625年）中，也明确地提出：“人不是基于上帝的命令，而是以自己的同意骈肩联袂进入政治社会。[④]”英国的胡克尔在他的《教会政策的法律》（*The Laws of Ecclesiastical Policy*）一书中，也提出：“人们为了寻求和平、安全与幸福，乃相约建立政府并服从之。”“推举统治者需得到被统治者的同意。[⑤]”等等，这些反对“君权神授”的粗糙的“契约论”主张，对卢梭的政治思想都产生了一定的影响。但影响卢梭政治思想形成最大者为17世英国的霍布斯和洛克。

在十七八世纪的欧洲启蒙思潮中，“社会契约说”风靡一时。卢梭的“社会契约论”倡发新义，与霍布斯、洛克鼎足而三，成为“社会契约说”中的三大家。但卢梭学说体系更趋缜密，立论尤称新锐，集前人之大成，弃其妥协保守之秕糠，灿其民主精神之异彩，其影响也较其前人为深远。

卢梭、霍布斯、洛克三家的“社会契约说”，虽各异其说，但有一共同点，即认为国家出于人与人的同意，人以相互同意的契约关系产生了国家。这种主张否定了“君权神授”，无异于挖掉了封建专制统治的垫脚石。“社会契约说”虽然是唯心主义地观察国家起源问题，但在当时的历

① 布鲁特系著者假名，真名已不可考，有人疑为或出自 Duplessist Mornay 或 Hubert Languet 之手。

② Coker:Readings Political Philosophy,pp.213-214.

③ Danning:History of Political Theories, Ⅱ .p.6.

④ H.Grotius:The Law of War and Peace,v.I.ch.4.

⑤ R.Hooker:The Laws of Ecclesiastical Policy,v.I.ch.4.

史阶段，对反对封建主义和教权主义起了不同程度的积极作用。

正因为“社会契约说”的研讨中心是国家起源与主权谁属问题，因而“社会契约说”各家无不要将其研究范围追诉到人类的先社会状态(Pre-social)，也就是自然状态，人类在最初自然状态下究竟做何情状？又如何演进到社会国家的出现？以此出发，再推究国家的主权究竟应属谁、封建主义与教权主义建立的一切权威与特权是否合理等问题。在人类的自然状态做何情状这一问题上，卢梭、霍布斯和洛克各异其说。

霍氏认为，人性本恶，因此，人类的自然状态系一种“万人对万人战争”的状态[①]，当此之时，人人予取予求，漫无限制，公权不存，私杀无已，人类的初境是一种野蛮的“黑暗世纪”[②]；洛克则一反其说，认为人性本善，人类的初境，乐善相处，相安无事，只是偶因意见不合有所争执而已，在他看来，当此之时是人类最幸福的“黄金世纪”[③]。

至于卢梭在这一问题上，看法与前二者大相径庭，他首先认为人的本性既非善的，也非恶的，因为善恶邪正都是属于道德范畴的观念，而“道德的观念应出现于政治社会形成之后，应该是法律出现于公道之前，而并非公道出现于法律之前”[④]，因此，在政治社会形成前的“自然人”无所谓善与恶，他曾说：“自然人之所以不是恶的，正因为他们并不知道何者是善的。[⑤]”如果说霍布斯认为“自然人”是无道德的，洛克认为“自然人”是有道德的，那么可以说，在卢梭心目中的“自然人”既不是有道德的也不是无道德的，而是处于一种非道德的状态，因为人境之初，道德观念根本尚未萌生。

在卢梭看来，霍氏对自然境的描绘失之太野，而洛氏又失之太文，他首先认为自然境是自由的。自然人狉狉然，无善无恶，孤居独处，不与人通，饥思饱食，倦思眠憩，是一种鼓腹而嬉、涵育天和的境界[⑥]。当

---

① 参见 Hoppes,Leviathan ,ch.17.

② 参见 Ibid,Chs.6-11,13.

③ Locke,Civil Government, Ⅱ .see.19.

④ 图书馆馆藏卢梭《民约论》原稿第785号，见 Vangham:Political Writings of Rousseau,I.p.298.

⑤ Discours sur L`origine et les Fondements de L`ine Galite Parmi les Hommes,part I.

⑥ Discours,Part I.

此之时，人类各为自己的主人，无拘束，无牵挂，既是自主的，更是自由的，以后才陷于不幸的奴役之中。他在其代表作《民约论》中开宗明义，首先就指出“人类生而自由，但无往而不在缧绁之中”，他在《爱弥尔》中更大声疾呼生来自由的人类，在当时社会中却“自出生就在奴隶状态中生与死，有生之初，裹以襁褓，约之束之，既死之后，纳入棺椁，封之钉之，当他还保存着人的样子时，仍需受到束缚”。

卢梭又认为，自然境不仅是自由的而且是平等的。在他看来，自然人决然独处，人与人间除偶然相值，尚无任何固定的交往关系，人类各乐其乐，各行其是。当此之时，人类的欲望少，需求不多，欲望与满足欲望的能力易于平衡，饥则求食，饱则弃余，谋求生存极易，因此，能有生理上强弱的天然差别，但恃强凌弱之事，只不过是偶然现象，强力并未转化为权利或变为固定的奴役关系，人类实处于一种平等状态。卢梭并更进一步探索人类如何由此种平等之境变为此后的不平等社会，他推论出人类不平等的起源是私有财产的出现，私有财产造成了人类的不平等，自兹以往，劳动人民深陷于被奴役的苦狱。他指出：“当人们知道一人占有两人粮食的好处时，自那时起，平等归于消失，私有制开始出现……不久即可看到奴役和贫困伴随着田间的农作物萌芽茁长。[①]”又说：“在没有私有制的地方是不会有不公正的（Injure）。[②]”他对人类因出现了私有制所遭受的苦难与不幸，更慨乎言之，指出如果人们不听信第一个圈起土地自称是“我的”骗子的话，那么“人类会免去多少罪行、争杀、灾害和苦难”[③]。在这个问题上，他驳斥了洛克以私有权为天赋人权的主张[④]，指出私有权是违反自然的产物，“土地是大家所有物，不能属于任何个人”[⑤]。卢梭虽然指出了人类不平等的根源是私有制，但又囿于小资产阶级的见解，认为私有制既然已经出现，即无法废除，犹

---

① Discours,Part I.

② Discours,Part I.

③ Discours,Part I.

④ 洛克认为，生命、自由和财产为人类的自然权利，参见 Locke：Civil Government，Ⅱ，Soca.4,27,28,54,95 ect.

⑤ Discours,Part Ⅱ.

之儿童既已生长成人，其势不可重纳之于襁褓，他只幻想用限制大资产发展的小资产阶级改良主义办法，来摆脱人类不平等的困厄，这是一种“用蔷薇油来治疗重病”（马克思语）的办法，它是无济于事的。虽然如此，卢梭能指出人类不平等的根源是私有制，否定了私有权是“自然权利”的一种，指出它是由于土地占有产生的一种“人为权利”，“此种权利与依自然律产生的权利，系截然的两物”[①]，从而否定了私有权的所谓“神圣不可侵犯性”。无疑的，其思想比其同时代的其他资产阶级启蒙思想要进步得多。

卢梭盱衡他所处时代人民在封建统治下的种种困厄苦难，因而，他在描绘自由平等的自然境的同时，又认为人类的科学与艺术、人类的文明都驱使人类堕落。他在《论科学与艺术》一书中，申论人类的文明愈进一步，人类也愈堕落一步，随之而来的苦难也愈深一步。

卢梭的这一看法引起了当时及以后许多人的争论。当时卢梭的一些论敌们曾大加诋毁，以此攻击卢梭此种主张是无视人类文明的进步作用，要求人类“重返自然”是一种“开倒车”的思想。伏尔泰当时就发表了他那封有名的《谢赠书信》，讽刺卢梭说：“从没有人用过这样大的智慧，企图把我们变成畜生，读了你的书，真的令人渴慕用四只脚来走路了。”以后研究卢梭思想的各家，不少人也都认为卢梭是欧洲“重返自然论”的首创者，甚至以后有些小资产阶级无政府主义者，曲解卢梭的学说，企图把他拉为同道。此外，另有一些研究者认为卢梭只是主张人类重返结成国家之初，并非要求重返未结成国家以前。这一问题成为研究卢梭者聚讼纷纭的问题，同时也是关系对卢梭思想评价的重要问题。

诚然，在卢梭的著作中，对这个问题有不少含混、矛盾之词，但我觉得要弄清此问题，不仅要全面考察卢梭的著作，而且还应结合他对于所处时代的态度以及卢梭学说的阶级局限性加以分析，这样才可能得出较正确的看法。

卢梭在许多著作中论及自然，对自然的含义也极为驳杂含混，约而

---

① Discours,Part Ⅱ.

言之，他的“自然论”不外涉及三个方面：一为物理学上的自然，也就是地水火风物质上森罗万象的大自然；二为心理学上的自然，也就是人类精神方面的自然——精神的先天状态；三为社会学或历史学上的自然，也就是社会发展前期的人类自然状态。

在第一方面，他认为，大自然是单纯、和谐、尊严、同意的至善至美之境，它具有无限真、善、美的性质。他又从而认为，在冥冥之中，有一完美的“自然律”，形成这一切，支配这一切，基于这一观念形成了他的“自然神谕”的哲学思想。他这方面的思想，只是认为一切应“顺应自然”，不能背反自然，一切如能遵循“自然律”，一切就能止于至善。他曾说：“一切都按照正确的自然道路前进。[①]”“顺应自然”并不等于“重返自然”，自然的性质即向前发展的，“重返自然”即背反了自然，而非“顺应自然”，从卢梭这种自然主义的理念中，自不能得出“重返自然”的结论。

在第二方面，他认为，人类精神的天赋状态是非善非恶、涵育天和的混沌未开状态，除了首先求自我生存之外，并具有对同类的怜悯恻隐之心，[②]而以后私有制出现，人类进入“政治社会”，种种文明成为人类精神的层层蒙翳，明德不彰，积久遂至变质。他的这种看法，特别在《论科学与艺术》及《爱弥尔》两书中，颇多偏激之词，易生误会，似觉卢梭所主张的自然主义旨在“重返自然”，要洗尽人类文明之铅华，重还人类本来之面目，但细加探索推敲，实有未然。首先，他所主张的自然主义其中心思想在于“顺应自然”而非“重返自然”，那么他在人性这一问题的看法上，当然也只是寻求人性与自然相适应，遵循着自然律向前发展，进入另一新境界，而非要求人类绝圣弃智，重返无知无识的动物状态，他只是反对违背自然律的文明，而并非举人类一切文明而排斥之。违反自然的文明是人性的翳障和使人类堕落的因素，此种文明固然是他主张排除的，但如能有顺应自然的文明，却正又是他往复胸臆，惶惶以求者。如果说他主张举人类一切文明而粉碎之，重返人类之初，那

① Discours,Part II.

② Ibid,Part I.

他又为何在颠沛困厄之余，不惜殚精竭虑，著数十万言的《爱弥尔》和《民约论》，以阐发其教育思想和政治思想，探求人类未来的理想社会。其次，披览其《爱弥尔》一书，更可清楚地看出他的自然主义教育思想，也旨在顺自然之道以设教，力图摧毁当时违反自然人性的经院式教育，解去此种人性上的缧绁，使人类明其明德，更趋于一种新的境界，并非要人类归真返璞，重返自然，他在《爱弥尔》中就曾说："我不是以自然状态中的自然人类为目的，我的目的是在于社会状态下的自然人类。"他在《民约论》中也曾说："当使一个人脱离自然状态，化愚昧的动物为灵慧的人类时，这个人定会感谢此种幸福的。[①]"从他这类说法来看，更可看出其真意所在。当然，他的自然主义教育思想是唯心主义的，盲目地放任自流是其恶果，但尚不能以此就得出他在教育上主张"重返自然"的结论。至于他在《论科学与艺术》一书中，多偏激之词，以后，他在《忏悔录》中也承认该书是他著作中论证最薄弱无力的一本。

在第三方面，即对社会的自然这一问题，我认为卢梭也不是"重返自然论者"，他既不是主张重返人类原始的自然状态，也不是主张重返结成国家的初境，而是向往一种新的社会，一种模糊的乌托邦式的小资产阶级民主共和国。因为根据他的自然主义的中心思想即旨在"顺应自然"而不是"重返自然"来推断，他不会主张社会列车倒驰；他已认识到社会是前进的，韶光易逝，驻春无术，人类已无法重回到它的童年。在他的思想深处，也绝不会主张人类重返原始的自然，他在《论不平等的起源与基础》的最后部分就清楚地指出："如果说我主张毁灭社会，重返森林原始生活中去，这是按照我的论敌们自己的想法所得出的结论。[②]"同时，初成国家的社会已出现了不平等和奴役关系，不平等和奴役关系正是他所深恶痛绝的，当然他也不会主张人类重返此境。但此种初民社会既然与其本衷不符，为何他在著作中又讴歌这一社会，结合卢梭对其所处时代的态度以及他的小资产阶级局限性来看，这不过是他对当时封建主义和教权主义残暴统治的极度憎恨，借赞美初民社会作为对

① Du Contra`,Social,I,8.

② Discours,Part I.

当时旧制度的抗议而已。因此，在他的想象中，人类未来的社会实非重返原始社会或初成国家的社会，而是转变为更高极的、基于他所主张的社会公约的社会。诚如恩格斯指出，卢梭的所谓不平等又重新转变为平等，“不是转变为没有语言的原始人的旧的自发的平等，而是转变为更高级的社会契约的平等。[①]”至于他在立论上的一些含混矛盾，这不仅是他激愤既深，发为言词易涉偏颇，而且更是他小资产阶级所处的矛盾地位反映到意识形态方面的结果。至于他所憧憬的社会，究竟应做如何情状，囿于时代和阶级，他是模糊的，他一面指出私有制为万恶之源，另一面又不敢芟除这一毒根，徘徊无计之余，只提出他的小资产阶级民主共和国的幻想，企图限制私有，并借小私有来维持人类的平等和自由，当然，这种架空的幻想永远是不可能实现的。

卢梭、霍布斯、洛克三家对自然境的看法不同，如上述，正由于三家立论的出发点不同，因而其学说的趋归亦各异。现再进一步评论三家对由自然境进入国家的看法和主张。

霍布斯从“性恶论”和人类初境是一种私杀黑暗状态的看法出发，从而认为人们为了防止争杀流血，不得不相互协约，共举一特定个人或团体，将个人的全部自然权利永远让予这一共举者，以维持相互间的安宁，推举既定，契约关系即行终结，人民应绝对服从共举者，对让出权利永无收回之权，因为不如此，又重驱人类返回争杀之境，违反了与约者的初衷[②]。霍氏此说法，虽然将君权从“神授”变为“民授”，在当时有一些积极意义，但其结论却反成为君主专制的张本。

洛克从“性善论”和人类初境是一种和平乐善状态的看法出发，从而认为人类只是由于意见偶有不合发生争执，缺乏公共仲裁者为之排难解难，作道德上的评断以息事宁人，因而相互协约，共举特定的个人或团体，与约人部分的、暂时的让给一些自然权利，使之成为仲裁者，借以维持原有的道德[③]。此学说赋予君主权力暂时的和部分的有限性，否定

① 恩格斯:《反杜林论》第144页，人民出版社，1956年版。

② 参见Hoppes,Laviatlen,Chas,p.14,15,17,18.

③ 参见Locke:Civil Government,II,secs.128,135,149,168.

了专制君主的无限和无上的权威，从而为资产阶级君主立宪制找出理论根据。

卢梭从人类本性是非道德的、人类初境是孤居独处的这一看法出发，从而认为人类经过悠长的许多世纪，才逐渐发生交往，为了联合众力，互助互利，乃相约结成一种共同体，形成了国家，国家的主权属于人民，人民的自然权利根本未曾全部或部分让予任何人。在他看来，人类初境非厮杀无已的状态，人类自无必要舍弃鼓腹而嬉之乐境；相约自缚，将天赋权利让予他人，自陷于鞭捶之苦狱。同时，他认为自然人是非道德的，进入社会要求于社会的也必然繁多，不只在于寻求一个道德上的仲裁者，他从而赋予国家主权除自我限制外的无限性。此学说在趋归上与前两家不同。

卢梭在阐述这个问题的过程中，提出了他著名的“主权在民”“主权不可让予”和“主权不可分割”的思想。

在他看来，任何人对他人无自然权利，人人各为自己的主人，每个自然人都有天赋的自由权利，这一权利是一切权利的根本，是一切权利所从出，而人的自由又依赖自由意志而体现。人以自己的自由意志，共同合意，相约建立一个单一的共同体，此共同体是全体个人意志合成的共同意志（Volonte Généralé）的体现物，此共同体称为“公人”（Personne Publique），其在静的状态下称为国家，在动的状态下称为主权，而法律又是主权的体现物。国家为主权之体，法律为主权之用[①]。意志在性质上为不可让予他人之物，如意志可让人，这正像我弃我而不自有，弃其所以为人的根本[②]。正由于这样，所以体现共同意志的主权，当然也永远不能让予他人[③]。他又进一步申论，主权不仅在性质上是不能让予的，而且也是人民不愿让予的，绝不会有人愿意缔结这样一种契约，自己只承担一切义务，而不享受任何权利，他方又只享受无限权利而不承担任何义务；而且纵使出现如此契约，订约人也无权代其后世子子孙孙出让

① 参见Du Contrat Social,I,6.

② 参见Ibid,I,4.

③ 参见Ibid,I,1.

其自然权利，使之永远陷于奴役缧绁之中[1]。

主权既然永远不能让予他人，所以国家结成以后，主权仍属于原缔结者的全体人民，而且永远属于全体人民。人民在社会契约上发生了二重关系，一重是成为主权者的一分子，另一重是成为主权者统治的对象，前者与其他与约人对立，后者与国家对立。但人民在订约以后，必须服从国家，忠爱国家，由于他自己是主权者的一分子，也就是服从他自己，忠爱他自己，如不服从国家，那就要强制他服从，主权是公共意志的体现，强制个人服从主权，正是强制其服从包括他的意志在内的公共意志，从而体现了他订约时的初衷，保障他的自由和其他人的自由。[2]从这里看出了卢梭的爱国主义思想，这一思想不仅影响了法国革命过程中雅各宾专政时期法国人民爱国主义的表现，而且也影响了雅各宾专政时期建立公安委员会等专政机构，厉行对反革命分子的镇压，雅各宾派当时的这些措施，保卫了革命的法国和法国的革命。至于每个与约人把全部权利交给此一共同体，是否有指与约人的天赋自由，他又进一步认为："与约人将自己的权利转给社会全体，对个人并无毫末之捐，因为大家的条件相同，条件既同，自不会有人会有损害他人之心。[3]"不仅如此，而且人的自由在进入社会后，失去的只是天然的自由（Liberté Naturelle），但所得的却是社会的自由（Liberte Givile），前者虽多而不稳定，后者虽少而有保障，[4]他认为人人都可以把自己的权利同等地交给共同体，同为主权者之一，又同为统治者，权利与义务并无差等，法律面前，人人平等。因此他曾说："每人都同等地把自己的权利交给社会全体，其结果等于未交给任何人，而且每人都享受他人所享的同等权利，其结果，不仅失之于他人，又同等地得之于他人，而且由此获得较大的权利来保障每个人的权利。[5]"

① 参见 Ibid,I,4.

② 参见 Ibid,I,7.

③ 参见 Ibid,I,6.

④ 参见 Ibid,I,6.

⑤ 参见 Ibid,I,6.

他又进而申论政府的地位问题。他认为主权不可让予，主权永远属于人民，至于政府，它只不过是受主权者委托，居于主权者和被统治者之间，代主权者表达其意志，执行其权力，其本身并非主权者。主权者和政府是一种雇佣关系，政府只是主权者雇佣的仆役而已。

如果政府行其私意，不执行主权者的意志，那么一国之中，就出现了两个主权者，一个是合法的，一个是不合法的，而政府违背了雇佣契约，成为不合法的主权者。真正的、合法的主权者——人民，有权设置、变更、撤换、废黜由他们雇佣而来的政府。[①]从这里看到了卢梭对人民革命权利的主张，为反封建的革命找出了理论根据。

他又认为主权是不可分割的。正由于意志是一个整体，不能分属于多人，因此至于立法、司法、行政三权的分别行使，那只是主权行使的分工，并非主权实体的分工。而行使上的分工也可以保证主权的完整统一。主权未尝因之而分割，主权也不可能加以分割，它完整的永远属于人民。[②]

卢梭"主权在民""主权不可让予""主权不可分制"的思想，不仅反驳了霍布斯主权永弃于君主、洛克主权暂时部分让予君王的主张，同时，也反驳了孟德斯鸠三权分立和制衡的学说。卢梭的这一思想在十七八世纪资产阶级启蒙思想中最为激进，它不仅催击君主专制权力、贵族特权的理论根据，使封建统治成为架空了的摇摇欲坠之物，而且更为人民反对封建暴政的革命行动找出了理论根据。他除了反复申论"主权在民"的道理以外，并热情地写道："绞杀或废黜暴君的起义行动是合法的。[③]"

卢梭的政治思想在当时的历史阶段，对反封建、反教权有着很大的积极意义和作用，它曾给予18世纪美国独立战争和法国资产阶级革命以巨大的影响。如法国资产阶级革命时著名的《人权宣言》(*Déclaration des Droits de l'Homme et du Citoyen*) 所载："人生而自由平等，并将继续自由

① 参见Ibid,Ⅲ,1.

② 参见Ibid,II,2.

③ 参见Drscours,II.

平等”（第一条）；“一切主权存在于国家”（第三条）；“法律为公意的体现”（第六条）等，都带有卢梭思想的色彩。至于对当时资产阶级革命民主派雅各宾派的影响，则更为巨大。不仅当时罗伯斯庇尔等领袖人物都自称为卢梭的学生，马拉在革命时期热情地朗读《民约论》于巴黎街头，而且从雅各宾专政时期爱国主义精神的表现和它的重要措施来看，许多地方也都深染卢梭思想的色彩，如雅各宾派在其一个重要文件上标揭它的纲领说：“自由、平等是我们的权利，统一与不可分割是我们的信条，宪法和法律是我们的幸福。[1]”再如1793年的《雅各宾宪法》写道：“社会的目的在于谋人民的福利，政府的设立在于保障人民天然不能失去的权利”（第一条）；“……法律面前，人人平等”（第三条）；“主权在民，主权不可分，不可失，不可弃让”（第二五条）等。此外，卢梭的政治思想对以后其他国家的资产阶级革命运动包括我国的资产阶级民主革命阶段都曾产生过一定的影响。

正因为卢梭思想在当时的历史阶段反封建、反教权的战斗性质，因而，在法国资产阶级革命开始后至1815年“神圣同盟”这一个时期内，随着阶级斗争的白热化，反映到意识形态上来，欧洲许多反动贵族思想家掀起了诅咒法国资产阶级革命、反对启蒙思想特别是反对卢梭思想的浪潮。其中最猖獗者有英国的贝克（Edmund Burke）、法国的博纳尔德（Bonald）等人。贝克诽谤卢梭是“危险的逻辑纺织者”，卢梭的学说“不仅是错裂的而且是疯狂的”[2]，他用恶毒的“鬼怪”“灾难”等名词，甚至用英语中最暴烈的“一个东西”（A Thing）来辱骂受卢梭思想影响的雅各宾党人。他打出“传统”旗帜来反对卢梭的革命思想，认为君王、皇族、贵族、教会和旧传统都是“自然而然”发展起来的，都是“自然的”，因此也是“美好的”，“国家是生者、死者和将生者的联合，人民无权摧毁这条与祖先们血肉相连的纽带”[3]，企图以此来反对卢梭人民革命权利的主张。博纳尔德也发出同样的叫嚣，并在1815年提出以教皇为中

① Archives Parliamentaires,V.70,p.91.

② Burke:Corrospondence,London,1844,V.3,p.204,209.

③ Burke:Reflections on the Revolution in Franch,V.3. p.369.

心的基督教国家“神圣同盟”的反动计划。总之，这些反动贵族思想家们已感到再用老一套“神意”来为君主专制辩解，对已受法国革命洗练后的欧洲，难再有市场，因而，抬出“传统”“历史”“传统权利”“历史权利”来和“自然”“革命”“自然权力”“革命权利”相颉颃，并从而为君权、教权涂脂抹粉。揭开这些说教的反动本质来看，旧药新汤，只不过是把他们的旧日上帝换上一件“传统主义”的薄纱新装，但这并不能掩盖其原来的狰狞面目。

虽然，卢梭的政治思想在当时有其进步意义和影响，但必须指出其思想也有它的时代和阶级局限性，有其消极的一面。

首先，他的政治思想是小资产阶级民主主义思想，他一面看出私有制是人类万恶之源，而又囿于阶级成见，不敢触动私有制，反而幻想：“只有当人人都有一些财产而无人有过多财产之时，才会对人类有利。[①]”因而，他理想中的社会是一种小资产阶级民主共和形式的社会，以为在这种社会里，可以人人平等、自由，可以主权在民，不受奴役，但实质上，他的这种自由、平等和民主的主张，只不过是代表当时资产阶级要求改变封建生产关系的呼声而已。当然他不可能了解人类社会发展的真正规律，不可能了解在资本发展的进程中，资本必然趋向集中垄断，最后私有制必将归于消灭，而在私有制消灭的过程中，小私有又必先趋向没落。卢梭幻想的建立在小私有制基础上的自由、平等和人民主权，正由于这一基础本身就是架空的，因而也都成为不可能实现的空想之物。而且只要私有制尚未废除，社会上有无产者与有产者的存在，就不可能防止有产者强奸“公共意志”，自由、平等和民主在这样的条件下，也不可能具有任何真实内容，都只不过是一种虚假的抽象的幻影。而以后的垄断资产阶级更窃取卢梭的这些口号，加以歪曲阉割，把自由变为他们掠夺杀戮劳动人民的自由，把平等和民主变为他们欺骗、麻痹人民借以维护其血腥统治的外衣。真正的自由、平等、民主，只有在废除了私有制的社会主义国家内，才能得以实现。

---

① Du Contrat Social I,9.

其次，卢梭的全部社会契约说是唯心主义的。不但他所提出的抽象人性论是唯心主义的，而且从历史的实践中，也找不出任何国家形成于人民之间的契约，同时在推理上，原始自然人类也不可能出现契约的观念。因此，连他自己也曾说："人生而自由，而现在深陷缧绁之中，……此种变迁，自何而起，我不得而知。[①]"但以后有些资产阶级学者却强烈辩护，说什么只问事理之当然，不必斤斤于事实之有无等武断说法，甚至有人搜求史乘，找出1620年英国清教徒移往美洲在考德角（Cape Code）签订《五月花号公约》（*Mayflower Compact*）建立殖民地[②]一事，认为此事就足以成为契约说的铁证。这些清教徒并不是国家成立以前的原始人类，而是17世纪英国封建统治下的臣民，《五月花号公约》又何以能作为契约说的历史证据。总之，卢梭的社会契约说既是没有任何历史根据的臆测之说，也是一种用非历史观点来对人类历史发展的推测。这种学说在当时虽起过积极作用，但终归是一种非科学的架空学说。而此种学说基于唯心主义的观察，抽空了国家的阶级性，过分强调个人在国家形成中的作用，也易于滋长以后资产阶级个人主义的恶果。当然，卢梭局限于时代和阶级，不可能真正了解国家是如何形成的，不可能了解国家是社会发展到一定阶段时阶级矛盾不可调和的产物，对国家的起源和本质的科学说明，尚有待于马克思、恩格斯和列宁的伟大论断，恩格斯指出："国家是社会发展到一定阶段的产物，国家是社会陷入自身不可解决的矛盾中并分裂为不可调和的对立面而又无力摆脱这种对立面时的表现。为了使这些对立面，这些经济利益相互冲突的阶级，不致在无谓的斗争中互相消灭而使社会同归于尽，于是一种表面上似乎驾于社会之上而用以缓和冲突，使这些冲突不致超出'秩序'范围以外的力量，就成为必需的了。这个由社会当中产生出来，但使自己驾于社会之上，而日益跟社会脱离的力量，便是国家。[③]"列宁在《国家与革命》中，在引用

① Ibid, I,1.

②《五月花号公约》文载Poore,Constitutions and Charters.

③ 恩格斯：《家庭、私有制和国家的起源》，载《马克思恩格斯文选》第2卷，第316–317页，1955年中文版。

恩格斯上述一段话后指出："……国家是阶级矛盾不可调和的产物和表现。在阶级矛盾客观上达到不能调和的地方、时候和程度，便产生国家。反过来说，国家的存在表明阶级矛盾的不可调和。[①]"

总之，卢梭思想有其阶级和时代的局限性，但其中也包含了不少民主因素，在18世纪启蒙思潮中，他提供了比其前辈更多的新东西。这些，在当时的历史阶段表现了反封建反教权的强烈战斗精神，产生过广泛的影响，并对世界文化做出了一定的贡献。列宁指出："判断历史的功绩，不是根据历史活动家没有提供现代所要求的东西，而是根据他们比起他们的前辈提供了新东西。[②]" 正因为这样，18世纪杰出的法国启蒙思想家卢梭，直到他诞生250年的今天，仍受到世界进步人士的尊敬和纪念。

这是我6月初对合肥师范学院历史系部分青年教师及同学所作学术报告的讲演稿，顷学报编者索取，仓促以应，未细加修订，舛误难免，希读者有以教之。

1962年9月笔者附志

（原载《合肥师范学院学报》1962年第3期）

① 列宁：《国家与革命》第4页，人民出版社，1959年版。

②《列宁全集》第2卷，第150页。

论资产阶级议会制度的反动性和虚伪性

列宁在《我们的纲领》中指出：“他（指马克思）教导我们透过那些积习、政治手腕、奥妙的法律和诡辩的学说看出阶级斗争，看出形形色色的有产阶级同广大的贫苦人民、同领导一切贫苦人民的无产阶级的斗争。①”本文拟就资产阶级议会的反动阶级本质、资产阶级对其议会的维护手段，以及现代资产阶级议会权力的遭变与削弱等方面，分别加以考察和分析，刮除资产阶级议会制度种种粉饰涂抹的骗人保护色，由表及里，阐明资产阶级凭借其议会对无产阶级、劳动人民进行的阶级压迫和统治，剖视资产阶新议会的反动性和虚伪性，从而揭示和批判所谓“议会道路”的错误与危害。

一

“议会”一词，译自西语。西语“议会”，英语为Parliament、法语为Parlement、德语为Parlament。寻其语源，原由拉丁语“Parler”“La”“Ment”三字拼合而成。译其音为“巴力门”，译其意为“说出心思”，引申而译为“议会”或“国会”。但议会一词只不过是资产阶级借用这一拉丁词语，打出假民主招牌来欺掩人民的视听。实质上，此所谓“说出心思”完全是资产阶级说出其自己的心思，说出其如何联合本阶级来剥削和奴役劳动人民的心思。资产阶级议会纯粹是反映资产阶级愿望和利益的场所，完全是资产阶级专政的工具。

①《列宁全集》第4卷，第186页。

资产阶级议会是资本主义经济基础的政治上层建筑。根据马克思主义关于经济基础与上层建筑辩证关系的原理，它产生于这一基础并积极为这一基础服务。正因为这样，资产阶级议会不可能不积极地维护资本主义的生产关系，严酷地压迫和奴役劳动人民，成为资产阶级压迫无产阶级的工具。[①]资产阶级议会是资产阶级专政的工具之一，是劳动人民必须彻底击碎的枷锁。

现分别从资产阶级议会的产生历史、组织结构、组成成分以及它的活动等四个方面，来剖视资产阶级议会的反动阶级本质。

首先，从资产阶级议会的产生历史来看，资产阶级议会是人类社会历史发展到一定阶段的必然产物，是发展到资本主义社会所出现的一种政治制度。更具体地说，它是资产阶级利用人民力量，通过武装斗争取得资产阶级革命胜利后所建立起来的资产阶级专政工具之一。虽然，在早期资产阶级革命时期，资产阶级建立起来的议会制度，在反对封建专制制度方面客观上起了一些积极作用，它比起中世纪的封建专制王权，在历史上是一个进步，但它“始终是而且在资本主义制度下不能不是狭隘的、残缺不全的、虚伪的、骗人的民主”[②]。

资产阶级议会制度最早建立在英国。英国虽然早在11世纪以前即有此种类似议会的政治组织形式，并在十四五世纪其议会已分为上下两院并出现了内阁，[③]但此种议会和内阁的职能仅在秉承王命、佐理王政，是封建专制王权下的辅佐和咨询机关，并不能与王权分庭抗礼，其性质仍是一种封建等级议会而并非资产阶级议会。英国资产阶级议会制度形成于17世纪英国资产阶级革命胜利之后，17世纪中叶，英国自耕农和城市贫民高举革命火炬，经过两次内战（1642—1649年）诛戮了暴君查理一

① 列宁:《无产阶级革命和叛徒考茨基》,载《列宁全集》第28卷,第229页。

②《列宁全集》第28卷,第225页。

③ 英国在11世纪起即有由君主指派的贵族与主教组合而成的议会;1066年诺曼人入侵后,此种会议遭变为“大会”(Great Council),除贵族主教外,加有各郡武士代表12人;1256年,贵族首领西蒙(Simon De Montfold)召集“非常议会”,进一步又吸收了21个城市的代表参加,每个城市2人;14世纪,英国议会开始分上、下两院。迨15世纪,君主又从议会中挑选代表20人左右组成枢密院(Privy Council),嗣后缩减其人数为5—7人组成内阁(Cabinet)。以上这些议会组织形式尚非资产阶级性质的议会。

世，取得了武装斗争的胜利，但资产阶级和资产阶级化新贵族控制了军队的领导权，窃取了人民的革命胜利果实，因而革命后建立起来的政治制度是资产阶级和新贵族联合专政的资产阶级性质的议会制度。嗣后又通过了一系列巩固资产阶级利益的法案和惯例①，使其议会制度逐渐完备起来。18世纪初，在渥皮坡尔担任首相期间（1721—1742年），更创立了首相和阁员对议会负连带责任以及增强首相和内阁阁员的权力等重要宪法性惯例，是为英国“责任内阁制”的滥觞。

在17世纪英国建立起来的议会制度下，政权已由封建君主转入资产阶级和资产阶级化的新贵族手中，英王的权力已被褫夺无遗。英谚所谓“君主不能做错事”已变为“君主不能做事”，英王“自即位至去位，终其一生，无一刻不由他人代为负责”②，一切命令虽然仍都用英王名义发表，但一切命令都须经内阁有关的一个或数个阁员副署方能有效，而内阁阁员又须听从首相的指挥③，英王已成为唯唯诺诺的“虚君”。在英国革命以前，大臣是“君主的大臣”，而革命以后，君主已变成“大臣的君主”了。此种国家权力由封建君主向资产阶级移转的变化，无可置辩地说明了英国议会自其建立之初就是资产阶级专政的工具。

美国议会制度产生于18世纪独立战争胜利不久之后。美国人民群众经过持续六年的浴血苦战（1775—1781年），赢得了武装斗争的胜利，摆脱了英国的殖民统治，取得了独立，这是一次资产阶级性质的革命。在革命进程中，大资产阶级和大垦殖园园主窃取了军队的领导权，人民的革命胜利果实落入其手。革命宣告胜利之初，大垦殖园园主就血腥地镇压了丹尼尔·谢斯领导的农民起义，并匆忙地于1787年5月25日至9月17日，在极端秘密的状态下制定宪法于费城，建立起资产阶级总统制的议会制度，借以巩固大资产阶级和大垦殖园园主联盟的专政。当时制宪会议的代表共55人，其中金融资产阶级24人、大垦殖园园主15人、大船舶主11人，三者合计就共占了50人，其余5人也没有一个是劳动人民的

① 其中最主要的法案有1689年的《权利法案》和1701年的《王位继承法》等。

② Todd: Parliamentary Government in England, 1887, Vol.I, p.266.

③ Dicey: The Privy Council, p.34, pp.40–42.

代表。从这一点也可清楚地看出美国议会自其建立之初就是资产阶级专政的工具。

至于其他资本主义国家无论是法国、日本或其他国家，考察其宪政历史，情况大致与英、美相同。

其次，从资产阶级议会的组织结构来看，资产阶级议会在组织结构方面虽然是多种多样的，但无论是“一院制”议会（如西班牙、芬兰、丹麦诸国）或“两院制”议会（如英国、美国、法国、意大利、日本、印度等）、“内阁制”议会（如英国、日本、德国等）或“总统制”议会（如美国、意大利等），其组织形式虽有些不同，但本质却并无两样，都是资产阶级专政的工具，并且大都标榜所谓“三权分立和制衡原则”（Principle of Check and Balance），①以此来遮障人民的视线，为资产阶级议会戴上一副“民主”的假面具，现以英、美议会为例，揭去这一假面具，从组织结构上来看一看它的反动阶级本质。

英国议会的法律涵义系指“上院”（“贵族院”，House of Lords）、“下院”（“平民院”，House of Commons）和“君主”（King）三者的合体而言。这一合体又常被称为“君主在议会中”（King in Parliament）。它在形式上是英国的最高权力机关，但事实上不仅君主已成为“统而不治”的“虚君”，而议会也大权旁落，权力大都掌握在内阁之手。此种情况于晚近英国政治中表现得更为明显，这一问题容本文后面详论。英国的立法权形式上属于议会，在议会两院中，下院权力较上院大；英国的司法权形式上属于终身制的大法官，大法官又兼任上院议员和内阁阁员；英国的行政权属于内阁，内阁形式上由下院产生，对下院负责。美国议会制度，根据1787年美国联邦宪法第一、二、三章的规定，立法权形式上属于议会的参众两院，司法权形式上属于终身制的最高法院法官，行政权属于总统。从表面上看，英、美议会制度好像是三权分立、互相牵制、互相平衡，建立在所谓“三权分立和制衡”的原则之上，并且其议会又穿上一件假“民选”的外衣，资产阶级御用学者常以此吹嘘其议会

---

① 资产阶级“三权分立和制衡”学说产生的渊源和批判，请参见拙撰《让-雅克·卢梭学案》，《合肥师范学院学报》，1962年第3期。

是什么“体现全民意旨”“代表全民利益”的。他们玩弄这样一套“议会魔术”，妄图把他们的议会装扮成“超阶级”的样子。但如果对议会的组织结构进行一些阶级分析，它的反动本质即可一目了然。在资产阶级掌握政权的前提下，不仅议会议员的产生系玩弄假“民选”的骗人把戏（本文后面详论），而且立法、司法、行政三种权力都紧握在资产阶级之手，三种机关的分立只不过是职能上的分工，而并非权力上的分割。形式上是“三权分立”，实质上是“三位一体”，三种机关一丘之貉，都是资产阶级的专政工具。而三者中，内阁和美国的总统其权力又凌驾于其他二者之上。至于美国总统更拥有无限专横的权力，他连形式上都不由议会产生，不对议会负责，任期之内不能罢免，总揽一切军政大权，并对议会立法有近于绝对的否决权[①]，一切法律都须经总统批准方能生效。他对司法事务也可操纵裕如，因为美国最高法院的法官都是由总统提名征得两院同意而任命的，而所谓征得两院同意，实际上已成为一种“礼貌上的虚文”。美国总统这种为所欲为的独裁权力，连独立战争时代的杰斐逊也将美国总统制议会制度比之于君主专制的新翻版。

由此可见，资产阶级议会绝不是什么“超阶级”的、“全民”的东西，它纯粹是资产阶级专政的工具。诚如毛主席指出：“美国英国这一类型的政府是资产阶级一个阶级向人民实行专政的政府。它的一切都和人民政府相反，对于资产阶级内部是有所谓民主的，对于人民则是独裁的。[②]”

再次，从资产阶级议会的组成成分来看，在资本主义各国的议会中，无不充斥着资产阶级及其代理人，由他们来共同组成这一资产阶级专政机关。有时虽然也有为数甚少的其他阶级代表，但这不过是作为其假民主的点缀与装饰而已。资产阶级议会的早期情况即是如此，而愈到晚近，此种倾向愈趋强烈，不仅其议会中的资产阶级成分愈来愈清一色了，而且垄断资产阶级本身也愈来愈多地直接投身议会之中。譬如英国

① 只有参众两院三分之二的议员通过，才能驳回总统对法律的否决，事实上，此种驳回极为困难，也极为罕见。

②《为什么要讨论白皮书》，载《毛泽东选集》第4卷，第1507页，人民出版社，1960年版。

上院就是全部由敕封贵族、苏格兰和爱尔兰贵族代表、宗教贵族（大主教等）、法律贵族（大法官）等组成，任职终身。在目前英国上院868个议员中敕封的世袭贵族就占800人以上，这些贵族随着资本主义的发展，早都已资产阶级化了，他们的经济利益和资产阶级紧密地联系在一起。英国上院完全是大资产阶级和贵族地主联合的反动堡垒。英国的下院，其议员在形式上号称由“普选制”产生，任期五年，但根据其议会20世纪的档案材料来看，历届下院的议席绝大多数都为资产阶级和工人贵族所霸占，试以1951年的材料为例，在下院625个议席中，代表大垄断资产阶级利益的保守党占321席，工人贵族政党——英国工党占了294席，两者共占下院议席的615席。在这615席中，大垄断资产阶级本身就有173人，大垄断资产阶级的代理人如律师、专家、公务人员等有278人，工党右翼分子有140人，其他成分的只有24人。有些豪门大族在下院议席上，甚至世代相承，连续坐了几个世纪。至于美国议会，其参众两院的议员形式上都号称由“普选制”产生，但从历届美国两院议员阶级成分的材料来看，大资产阶级及其代理人几乎霸占了全部议席。试以1958—1960年美国第86届议会为例，参议院议员100人中就有99人为民主共和两个大垄断资产阶级政党的分子，游离性的议员只有1人，而且也不是劳动人民的代表。众议院议员437人，其中民主共和两党分子就有404人，占了绝大多数，其余少数游离性议员也没有一个是工人或农民的真正代表。资产阶级议会的组成成分，清楚地说明了它是资产阶级专政的工具。

最后，从资产阶级议会的活动来看，资产阶级议会的全部活动都是为资产阶级的利益服务的。这就无可置辩地说明了它是资产阶级专政的工具。资产阶级议会的活动主要有两个方面：一个是所谓对政府的监督，另一个是立法活动。从前者来看，所谓对政府的监督实质是对其政府的维护。资产阶级议会总是玩弄着“大捧小骂”的把戏，伪饰民主，麻痹人民的革命斗志，从而维护其政府的种种反动措施。从后者来看，资产阶级议会的经常活动是制定压迫奴役劳动人民的法律、批准对外侵略的条约、通过庞大的军事预算等，这些活动都是按照资产阶级的需要为其对内对外的反动措施制造“合法根据”。此种情况在资产阶级革命初期既已层出不穷，譬如早在18世纪法国资产阶级革命初期，1791年6月14日法国议会通过一项反动法律——《霞不列法》，严禁工人罢工、集会和结社，违者严惩，法条周密，最为反动，这一条例存续了七十余年，甚至在资产阶级民主派雅各宾派专政时期也不加废弃。诚如马克思指出这一条例的反动本质说：法国资产阶级在革命风暴初期，就敢把劳动者刚刚获得的集会、结社权取消……这种法律借国家警察手段把劳动与资本间的斗争限制在有利于资本的范围内，并经过几次革命、几个朝代照样保持下去，甚至在恐怖政治时期，它也没有被触动。[1]其他如1789年美国议会通过的所谓“煽乱法”，1819年英国议会通过的被称为“禁口律”的六项反动法案等，都是尽人皆知的最反动野蛮的法律。

到帝国主义时期，资产阶级议会仰承垄断资产阶级的意旨，愈来愈多地为其制定大量反动法律，尤其是美帝国主义在第二次世界大战后，其议会更肆无忌惮地通过了许多反动法案。其中最为反动的如1948年6月通过的《斯密士法案》的修订案，竟规定用任何方式表示进步思想的人处以十年以下有期徒刑、一万美元罚款或两刑并处。又如1950年9月通过的《麦卡伦法案》，规定共产党及其外国组织，无论组织或个人都一律要进行登记，个人严禁在政府中担任公职，拒绝登记者处以五年以下有期徒刑、一万美元以下罚款或两刑并处。再如1954年其议会更企图通过《共产党管制法》，进一步规定共产党不得享受合法团体所享有的任何权利。凡此种种规定，堪称酷毒。美国各州议会也助纣为虐，大量通过类似的反动法案，与联邦议会的反动法案互相补充。此类反动的州立法更多如牛毛不胜枚举，仅以1950年的资料来看，在这一年内，地方议会就通过了此类反动法案达三百个以上。此外，在美国众议院中就公开将特务机关作为议会的常设委员会——非美活动调查委员会。这一特务机构建立后，大肆野蛮地迫害进步人士，并捕风捉影，滥肆株连，仅就1958年2月一项统计可知，就指控了一百万人之多，缇骑盈途，赭衣塞

① 马克思:《资本论》第1卷,第937页。

道，全美深陷于白色反革命恐怖之中。

从以上对资产阶级议会四个方面的考察与分析，可以清楚地看出资产阶级议会的反动阶级本质，它纯粹是资产阶级专政的工具。似此情况，如仍有人妄图通过什么“议会道路”和平过渡到社会主义，那真是南辕北辙背道而驰，缘木求鱼非愚即妄了。

二

资产阶级议会是资产阶级专政的工具之一，既详上论，资产阶级对于这一反动专政工具自然视为禁脔，不许他人染指，资产阶级“睡榻之侧岂容他人鼾睡”。对无产阶级、劳动人民来说，资产阶级议会具有绝对的排斥性。列宁指出：“在资产阶级的民主制度下，资本家千方百计（‘纯粹的’民主愈发达，方法就愈巧妙，愈有效）地排斥群众，使他们不能参政，不能享受集会、出版等自由……”①

资产阶级对其议会的维护是不择手段的，花样繁多，备极狡毒。统而言之，不外两个方面：一个是公开使用反革命暴力镇压人民；另一个是伪饰民主欺骗人民。而后者又端赖前者为后盾，前者更为最主要的手段。

马克思列宁主义教导我们：国家本身就是一种暴力。历史上所有反动统治阶级都是依靠反革命暴力来维持其统治的。资产阶级议会制度自第一次在英国建立起来以后，已有近三百年的历史了。如对资本主义各国的宪政历史加以考察，无数历史事实也告诉我们，资产阶级为了维护其专政工具——议会，除了玩弄五花八门假民主的“议会魔术”以外，更经常的是公开使用其有组织的反革命暴力来镇压劳动人民，尤其是在阶级斗争尖锐、阶级力量对比不利于资产阶级之时，资产阶级绝不会有任何犹豫，立即抛弃其“民主”的假面具，暴露其狰狞的真面目。资产阶级不仅按其需要，随时以暴力撕毁宪法、宣布选举无效、解散议会、

①《无产阶级革命和叛徒考茨基》，载《列宁全集》第28卷，第229页，1956年版。

宣布共产党非法，而且总是首先发动其反革命武装暴力，实行反革命军事政变，发动内战，血腥地屠杀无产阶级和劳动人民。此种情况，翻阅史籍，触目皆是。可见资本主义国家的宪政历史完全是一部暴力屠杀人民的历史，在资产阶级假民主的幌子上，染满了劳动人民的泪和血。

至于资产阶级在伪饰民主欺骗人民以维护其议会方面，手段是多种多样的：

资产阶级伪饰民主欺骗人民以维护其议会的第一种手段是在其议会中实行所谓的“政党政治”。资产阶般的“政党政治”无论是“两党政治”（如英、美等国）或“多党政治”（如法、意、比等国），形式虽有不同，但本质却并无二致，都是阳借假民主之名，阴行独裁之实，借此来欺骗人民，维护其议会。

英、美两国议会实行所谓的“两党政治”，即在其议会中存在两个较大的资产阶级政党，资产阶级以一党在朝，一党在野，轮流执行。资产阶级一面使在朝党为它疯狂地掠夺人民，一面又使在野党在一些无关宏旨的细碎问题上伪装反对，将人民的不满情绪诱引到它的周围，到一定时期，使上朝者下野，在野者上台，如此循环更替，有如钟摆的左右摆动，以维持资产阶级统治的时针运行不息，阻止无产阶级政党的建立，麻痹人民的斗争意志，并借两党的“轮流执政”来进行资产阶级各集团的政治分赃。特别是到帝国主义时期，英、美两国议会中的两党都同为垄断资产阶级政治上的代理人，两党之间，更无轩轾，两个资产阶级政党利用它们之间虚张声势的毫无内容的决斗来欺骗人民，转移人民对切身利益的注意①，从而维护其议会，巩固其统治。

至于资产阶级议会的所谓“多党政治”，即在其议会中存在较多的资产阶级政党。资产阶级常借几个资产阶级政党结成的反动政党同盟，来控制议会中的多数，实行议会垄断。形式虽与“两党政治”不尽相同，但其反动本质与作用是全然一样的。

资产阶级伪饰民主欺骗人民以维护其议会的第二种手段是：一面维

①《美国总统选举的总结和意义》，载《列宁全集》第18卷，第397页。

护其宪法防止人民触动；一面又按其需要，恣意修改宪法，甚至撕毁宪法。

资产阶级宪法是维护资产阶级利益的所谓的纲领性的“根本大法”。资产阶级议会制度基于其宪法产生，资产阶级维护其宪法，正是为了维护其议会。

资产阶级宪法无论是所谓“刚性宪法”（Rigid Constitution）或“柔性宪法”（Flexible Constitution），其作用都在于防止人民触动资产阶级的利益。所谓“刚性宪法”即其宪法的修改须经较普通立法程序繁难的手续。美国联邦宪法、第二次世界大战前的意大利宪法[①]及1830年的法国宪法[②]等都属于此类。如美国联邦宪法第五章规定：宪法修改须经两院三分之二议员或三分之二州议会的提出，并经两院四分之三议员或四分之三州议会的通过，才能修改宪法[③]。美国联邦宪法之所以规定如此繁难的修宪手续，其目的即在于维护资产阶级的利益，防止人民撼动这奴役性的“法律锁链”。因此美国联邦宪法自制定以后，很少做大的修改，据统计资料显示：1789—1900年百余年间只通过修宪案15件，嗣后的六十余年修宪案更锐减为6件。而这些为数甚微的修宪案，有些只是无关宏旨的修改，并且在事实上也都流于形式，不加实行。

所谓“柔性宪法”即宪法修改手续一如普通立法程序，如英国宪法。英国宪法本由一些宪法性质的法案与惯例缀合而成，并无成文的宪法法典。因而其修宪手续与普通立法程序无异。如对英国宪政历史文献进行综合考察，不难看出有这样一个特点：即英国议会一面不断以符合资产阶级利益和要求的新法案补充英国宪法的内容；一面又标榜什么“尊重传统”，使“古制、遗俗早已成为陈迹而不合时宜者，仍保留于现代”[④]，甚至如议会开幕时的宗教祈祷仪式，议长状如魔鬼的假发与权杖等中世纪礼仪，无不大量保留。优孟衣冠，前朝袍笏，种种奇形怪状，

---

① 参见Brusa：Italian in Marquardsen's Handbuch des Offentichen Rechets,pp.12-18,pp.181-182.

② 参见Dicey：Law of the Constitution，p.116.

③ 参见G.V.Bryces：American Commonwealth,Cha.p.34. 及Studies in History and Juris Prudence, Part.Ⅲ.

④ W.R. Anson：The Law and Custom of the Constitution,vol.I, p.1.

直使议会讲坛变成古庙神龛。资产阶级就是利用这样的手法，以古旧面目来掩蔽人民耳目，借传统绳墨来捆缚人民手足，从而维护其宪法和议会。

资产阶级一方面以各种手段防止劳动人民对宪法和议会的触动，另一方面在阶级力量对比不利于资产阶级时，资产阶级对其平日吹嘘的所谓“神圣不可侵犯”的“根本大法”却又视若弁髦，恣意修改撕毁。希特勒纵火焚毁议会大厦的阴谋案件就是举世周知的例证之一。1932年德国选举时，德国共产党得票600万张，比纳粹党多得160万张选票，资产阶级利益受到威胁，希特勒立即撕毁宪法，解散议会，纵火焚烧议会大厦，并大批逮捕德国共产党人。可见资产阶级玩弄议会把戏是非常有限度的，帷中伏甲，对劳动人民随时都可用白刃相加。

资产阶级伪饰民主欺骗人民以维护其议会的第三种手段是：一面以“普选制”吹嘘“民主”；一面又严格限制和剥夺劳动人民的选举权，拒劳动人民于选举之外。

资产阶级限制和剥夺劳动人民选举权的花样至为繁多，大体上可以分为三类：

第一，乱刈选举区。英国早在1832年以前就存在许多所谓的“腐朽城市”（Rotten Boroughs），如400 000万人的利物浦和4 000人的蒂福尔德在议会中就同样占两个席位。甚至像邓威池（Dunwich）一城，久经沧桑之变，早已汩没海底，但仍保留其下院席位。此种情况，迭经人民反对，虽有1832年、1867年和1884年三次所谓的“国会改革”，但直至晚近，选区的划分仍极不平衡、极不合理。根据1905年英国选举资料所示：许多选区的人口数相去二至三倍，但在下院的议席却相等，汉都一区仅有14 935人，与爱塞格斯南区217 030人相比，悬殊几达十五倍，而在下院的议席却相同。[①]资产阶级就是故意用此种不合理的选区划分办法来保持其在议会中的优势。此外，现代英国议会选举前，资产阶级更按其阶级利益，经常将无产阶级占优势的地区化整为零并入他区加以消

① 参见Report on Electoral Expenses,1905,London,Vol.62,p.333.

散，并在资产阶级政党控制的地区，任意设选区，以增多资产阶级在议会中的代表名额。至于美国乱划选区的情况与英国如出一辙，都旨在拒绝劳动人民代表进入议会大门，如人口1 800万的纽约州与人口18万8千人的内华达州在参议院的议席同为2席。

第二，玩弄选举法。资本主义国家的议会选举多采取一种所谓的“相对多数选举制”。即其议员的当选不必获得过半数选票，只要有相对的多数票即可当选。英、美等国的议会选举就是采用此种办法，如美国众议院议员很多人得票不到选民投票的十分之一即被送入议会。在此种选举制度下，为绝大多数选民痛恨和反对的资产阶级政党候选人，只要较其对手多骗得一张选票即可进入议会，绝大多数选民的选票如同废弃。可见资产阶级的选举丝毫不能反映选民的意志，资产阶级吹嘘其议会是什么“民族意志的镜子”，适成为其反面的讽刺。资产阶级之所以采用此种选举办法，其目的是便利其代理人的当选，从而维护其对议会的控制。

美国总统的选举办法尤为反动。美国总统的选举采用一种所谓“间接两级复选制”。其办法简要言之，即第一步先由各州按该州在参众两院中代表的总数，选出“总统选举人”（Electors）；第二步再由“总统选举人”选举总统。而总统候选人又由民主共和两个垄断资产阶级政党的全国代表大会提名。如此选举，广大劳动人民根本就无法对总统人选提出任何意见。美国资产阶级就是用此种反动的选举办法强奸民意，把他们忠实的走狗捧上“总统”宝座。美国的“普选制”完全是一种弄虚作假的骗局，充分表明了资产阶级民主的虚伪性和欺诈性。

至于法国议会的选举制在1958年戴高乐上台以后，采取了一种“单人选区两轮多数制”。所谓“单人选区”即每一选区在议会中的代表数为一人。所谓“两轮多数”即首轮投票无人获得过半数选票时，即淘汰首轮得票不满选票总数百分之五的候选人并没收其高额选举保证金，然后再进行第二轮投票；第二轮投票时只需相对多数即可当选，不必获得过半数选票。资产阶级利用此种选举办法，在第一轮中先尽量淘汰无产阶级政党和进步政党的候选人，然后再在第二轮中结成反动的资产阶级政党联盟，以相对多数当选。正由于法国垄断资产阶级1958年将其选举法修改成为上述反动的办法，因而这一届法国议会选举，法国共产党只获得10个议席，比1956年陡然减少了140个议席。

第三，限制选举资格。资本主义国家对劳动人民的选举资格限制严格，名目繁多，花样百出，其荦荦大者有财产、居住期限、教育程度、年龄、选举登记、种族歧视等，务必将劳动人民的选举权剥夺殆尽而后快。

例如，英国议会选举，在财产限制方面：其选举法规定只有拥有年值40先令的土地所有人、年值50镑的土地租户、年值10镑的房屋的房主或占用人才能有选举权。在居住期限的限制方面：规定在城市或近郊七里以内居住满六个月者（在苏格兰为一年）才有选举权，又规定富有者在一个以上选区有住所者，可以获得一个以上选区的选举权，至于家庭佣工则被认为附居在主人家内，一律以无住所论，全部剥夺其选举权。在年龄限制方面：规定只有满21岁的成年人才有选举权。此外，更规定许多繁杂的选举登记手续，借以排斥劳动人民的投票，甚至在其大学选区内也用征收高额选举登记费的办法来剥夺贫苦学生的选举权利。

如将英、美两国的选举法加以对勘，美国对劳动人民选举权的限制较英国更为狡酷。美国自1787年联邦宪法颁布以后，直到1870年才在形式上取消了所谓的“肤色”限制，1920年才在形式上取消了“性别”限制。但实际上，仍以各种严酷限制并结合暴力，剥夺贫苦白人、妇女、黑人、印第安人、波多黎各人、墨西哥人、爱斯基摩人和阿留申人的选举权，在美国存在着极端严重的“贫富”“男女”“黑白”的不平等。

根据粗略统计，对美国选民资格的限制不下50余种。在财产限制方面：各州都有不同花样的财产限制。如美国南部8个州规定了不等的选举人的人头税；7个州规定只有纳税人才有选举权；13个州规定赤贫或依靠所谓“救济金”为生者无选举权等。凡此种种，全美广大贫苦大众的选举权都被剥夺无遗。在居住期限的限制方面：有23个州规定只有连续定居在一定地区满一年者，才能有选举权，其余各州也都不等地规定为半年至两年。这样，就剥夺了在资本主义社会中日逐衣食流徙不定的劳动人民的选举权。在年龄限制方面：规定满21岁者才有选举权。这样，剥夺了18—20岁青年的选举权。在教育程度限制方面：有22个州规定只有能用英文阅读或书写者才有选举权。像密西西比州更骇人听闻地规定，只有能“正确”解释美国宪法全文者才能有选举权。在资本主义国家中，教育程度和财产是密切联系在一起的，贫苦大众衣食不遑，焉论教育，这种限制实际上是要排除劳动人民于政治生活之外。在种族歧视方面：不少州的州立法对黑人的选举权加以种种无理限制，例如有的州规定黑人进行选民登记须有两个白人为其作证等。资产阶级更组织许多反动团体如“三K党”“白种人公民委员会”等，到处虐杀黑人，阻挠黑人选举，1960年贝克郡选举时竟无一个黑人前往投票站投票，美国选举时的阴森恐怖可以想见。美国劳动人民在上述种种狡酷限制下，约有2 500万人的选举权横遭剥夺，几占全体选民的半数，居于资本主义国家的首位。

此外，资本主义国家在进行选举时，更是黑幕重重。不仅贿赂、舞弊、弄虚作假达到肆无忌惮的无耻程度，而且资产阶级更经常对选民进行威胁、恐吓、人身迫害甚至公开屠杀，种种反革命暴行，触目惊心，真是罄竹难书。

资产阶级伪饰民主欺骗人民以维护其议会的第四种手段是：一面形式上赋予议会立法权，以此来吹嘘“民主”；一面又使用各种卑鄙手段阻挠不利于它的议案提出与通过。

资产阶级为了防止不利于它的议案于其议会中通过，故弄玄虚地设置重重障碍，规定了许多烦冗的议事程序。试以英国为例，根据英国议会的议事规则，政府提案居于绝对优先讨论的地位。在安排议事程序时，许多“个人提案”就被留中不发，扼杀于后台。此外，对所谓“后座议员”（即普通议员）的提案和动议又加以重重限制。如限制“后座议员”只能在十个星期五晚上极短促的时间内提出议案或动议，这一时间又故意安排在议员晚间就餐之时，与会者更寥若晨星，常因不足法定人数而休会。又如限制“后座议员”的发言时间一般只准五至十分钟。因此，“后座议员”在每届议会中只能有极少数人借抽签的方法侥幸获得提案或动议的机会，为其虚假的民主点缀一点门面。即使如此，资产阶级对此类提案或动议如遇有对其不利的情况发生时，除随时利用资产阶级政党在议会中的多数优势加以否决外，并经常使用一种被称为《断头台法》的程序[①]，由议长匆匆中止辩论，草草加以否决。如果在万一情况下，此类不利于资产阶级的提案或动议冲破重重难关，在议会中获得通过，资产阶级又可以使用行政的否决权加以否决。至于美国议会在这方面的限制更为严格，美国总统不仅有更广泛的权力，肆无忌惮地直接否决此类议案，而且还有一种被称为"口袋否决权"（Pocket Veto）的权力，即凡在议会休会前十天送交批准签署的法案，总统可以一律不加理睬，纳入口袋。资产阶级常使其议会将此类法案迟迟送交总统，借此加以扼杀。此外，美国总统又可指使最高法院法官根据所谓"宣布违宪权"[②]对不利于己的法案宣布其违宪而使之失效。此类事例在美国宪政历史中屡见不鲜。如20世纪30年代美国最高法院即在总统授意下做出《铁路工人养老金法案》与宪法"抵触"无效的反动裁定。可见在资产阶级议会中，要想通过对人民稍稍有利的法案固已困难重重，而要使此类议案不遭到资产阶级政府的否决而见之实施，那更是难于上青天了。

总之，通过以上对资产阶级维护其议会的诸种手段的分析和无数的历史经验证明，无可置辩地得出这样一个结论：资产阶级以暴力和欺骗、公开和隐蔽的各种狡毒手段维护其议会，在这样的条件下，"劳动群众参加资产阶级议会的门径被千百道墙垣阻隔着"[③]，资产阶政议会对无产阶级、劳动人民来说，完全是一个紧紧封闭的世界。因此，如果资产阶级的军阀官僚国家机器没有被摧毁，那么无产阶级及其可靠的同盟者在议会中的多数或者是不可能的，或者是靠不住的。更何况取得议会的多数也并不等于旧国家机器（主要是武力）的摧毁，新国家机器（主要

---

① 1877年，爱尔兰民族运动领袖查理·巴勒尔为阻止镇压爱尔兰民族运动的《强行法案》在议会中通过，曾作长达41小时的演说，企图使该法案因会期结束而搁置。因而，资产阶级1882年通过一项《中止辩论程序法》（即所谓《断头台法》），只需100人提议，议长即可斩杀辩论，付诸表决。

② 根据1789年9月24日通过的《美国司法制度法案》，美国最高法院对法律有解释权，如认为法律与宪法相抵触，即可宣布该项法律无效。资产阶级常利用这一规定，宣布不利于它的法案"违宪"，使之无效。

③ 列宁：《无产阶级革命和叛徒考茨基》，载《列宁全集》第28卷，第229页。

是武力）的建立。通过“议会道路”实现社会主义完全是痴人说梦的呓语，它是绝对不可能的。

三

资产阶级议会是资产阶级专政的工具之一，但它并不是主要的。资产阶级国家机器的主要部分是武力，是军队、警察、特务、法庭、监狱等反动的军事官僚机构，而不是议会。

如果对资本主义各国的议会发展历史进行综合性的考察，可以看出有这样一种趋势：资产阶级议会的权力日趋削弱，资产阶级的军事官僚机构日趋强化。这种趋势，到帝国主义时期特别在第二次世界大战以后，表现得更为剧烈。

其之所以产生上述趋势，推其主要原因，不外两个方面：第一，到帝国主义时期，帝国主义国家经济上形成了垄断。经济上的资本日益集中和垄断，当然就要求政治上的权力日益集中和垄断。特别到第二次世界大战以后，帝国主义国家既然在经济上实行垄断，政治上也就必然要更加反动了。第二，到帝国主义时期，帝国主义的各种矛盾都高度尖锐化起来，阶级斗争发展到空前剧烈的程度。特别到第二次世界大战以后，在帝国主义国家内部，无产阶级的力量更加壮大，愈来愈猛烈地展开对垄断资产阶级的斗争；在国际范围内，社会主义阵营日益强大，亚洲、非洲、拉丁美洲的民族民主革命运动怒潮澎湃，愈来愈沉重地撼动帝国主义殖民统治的基础。在这种新形势下，一方面，帝国主义的反动统治日益遭到本国人民和全世界被压迫人民的反对和打击；另一方面，帝国主义又必须靠吮吸国内外劳动人民的膏血才能生存，帝国主义的反动本性永远不会改变。因而，在自由资本主义时期，经济上尚未形成垄断，政治上的封建残余势力尚未全部肃清，无产阶级也还未成为强大的政治力量，资产阶级尚有可能较多地给予议会权力，伪饰民主，以便于它对人民的统治。但到帝国主义时期，情况丕变，垄断资产阶级势必要急剧加强其军事官僚机构、削弱其议会权力，以便集中力量镇压人民反抗，维持其摇摇欲坠的反动统治。列宁早就指出：“垄断资本主义（帝国主义就是垄断资本主义）的政治上层建筑，就是从民主制转向政治反动。[①]”此种情况到第二次世界大战后表现得更为剧烈。

虽然现代资产阶级议会的权力日益削弱，已成为军事官僚机构的附庸，但其议会的反动阶级本质是永远不会改变的。资产阶级议会在资产阶级专政的国家机器中，仍然起着一定的反动作用。资产阶级对这一专政工具并非弃置一旁，不加运用。

垄断资产阶级为了便于推行其日益反动的对内对外政策，需要议会为其制造“法律根据”，披穿“合法”外衣，再加上垄断资产阶级通过其议会伪饰民主，对群众中的落后层尚可散布一些幻想；垄断资产阶级复杂的内部关系以及垄断集团间的政治分赃也还有赖于议会做一些调节，因此，垄断资产阶级在急剧削弱其议会权力的同时，并不会丢弃这一假民主的商标。

现代资产阶级议会权力削弱及其军事官僚机构强化的情况，主要表现在以下三个方面：

第一，最主要表现为垄断资产阶级拼命扩充和加强它的反革命武力。

到帝国主义时期，特别是第二次世界大战以后，帝国主义各国和各国反动派的军队、警察、特务等反革命暴力机器都普遍急剧地增强起来。垄断资产阶级以其反革命武装暴力，对内更加残酷野蛮地镇压人民，厉行法西斯横暴统治，对外更加疯狂地肆行侵略和扩张。特别是美帝国主义，它到处设立侵略军事基地，到处进行武装干涉，到处输出反革命。

第二，表现为资产阶级议会立法权的急剧削弱。

资产阶级议会的主要职能是立法。到帝国主义时期，特别是第二次世界大战以后，其议会的立法权更急剧削弱，议会已完全沦为形式上的立法机关。关于这一点，连资产阶级的宪法学者也不得不承认：“政府对议会立法的控制有愈来愈强的趋势。[②]”美国反动头子艾森豪威尔甚至公

①《列宁全集》第23卷，第34页。

② Todd：Paliamentary Government,London, V.II,p.39.

然叫嚣“立法权和行政权……必须掌握在一人之手”①。

到帝国主义时期，特别是第二次世界大战以后，帝国主义各国有一种普遍现象：垄断资产阶级通过其反动政党组织和作用的强化，使其政府愈来愈强烈地干预和直接指挥议会的立法活动。垄断资产阶级的军事官僚机构完全凌驾于议会之上，发纵指使，号令一切。而一小撮垄断寡头抱持反革命武力，隐身于政府与议会幕后，形成“太上政府”和“无形议会”，成为政府和议会的真正主人。

此种情况，美帝国主义表现得更为突出。20世纪以来，美帝国主义的垄断资产阶级政党——民主共和两党的组织和反动作用日益强化。美国总统通过其反动政党，不仅严格控制议会竭力使不符合其意图的法律无法通过，并更进一步直接指挥议会按其意图从事立法活动。特别在第二次世界大战后，美国总统常常用“国情咨文”方式对议会立法直接发号施令，甚至在咨文中添加立法的细则。如1947年的“国情咨文”指使议会立法，形成了反动的“杜鲁门主义”；1948年的“国情咨文”指使议会立法，形成了反动的“马歇尔主义”；1956年的“国情咨文”指使议会立法，形成了反动的“艾森豪威尔主义”。

到帝国主义时期，特别是第二次世界大战以后，帝国主义各国另有一种普遍现象：增强所谓的“委托立法”。

“委托立法”又称“行政立法”，即形式上由议会委托行政方面代为立法。资产阶级借口现代政务纷繁，且多专门性质，具体的立法细则须责成有关行政主管机关管理其事，才能切实有效。帝国主义各国都以此为借口，普遍增强其“委托立法”。但剖视其实质，增强“委托立法”的目的，只不过是垄断资产阶级为了集中权力，强化军事官僚机构，以便有力地维护其反动的专横统治而已。“委托立法”原为议会立法的一种补充手段，但到帝国主义时期，以附庸蔚为大观，越俎代庖，骎骎焉几乎取议会立法而代之，议会逐渐沦为“行政立法”的登记机关。

英国在这一时期，每年“委托立法”的数量较议会立法平均要大三

① "Times",March 12,1956,New York,p.12.

十倍之多。如1953年议会立法只有61件，而“委托立法”竟多达1 937件。又如美国的“委托立法”，在林肯担任总统期间只有2件，而到1933—1944年时，10年之间竟多达3 703件。第二次世界大战以后，美国总统更大量发布“行政命令”从事“委托立法”。在这些反动的具有法律性质的“行政命令”中，最称狡谲酷毒的为1947年3月21日杜鲁门发布的9853号和1953年4月27日艾森豪威尔发布的10450号两个最反动的“行政命令”。9853号“行政命令”即所谓“忠诚检查令”。该命令规定：任何文职人员都应接受所谓“忠诚”的全面检查，稍涉嫌疑，立即加以迫害。10450号“行政命令”即所谓“政府任用安全要求”（Security Requirements for Government Employment），更扩大所谓“不忠诚”的范围，并加强迫害，简化手续。在这两个反动的“行政命令”下，垄断资产阶级指使其鹰犬，捕风捉影，滥肆株连，道路以目，举国骚然。而10450号“行政命令”至今仍为美帝国主义法西斯暴政的有力工具。至于其他帝国主义国家增强“委托立法”的情况，也都大同小异，只不过不如美帝国主义突出。譬如意大利宪法授予总统广泛的权力，总统可以大量发布法律性质的命令。“委托立法”的增强，标志着议会立法的削弱和政府权力的扩大。

第三，表现为资产阶级议会监督行政权的日益削弱。

资产阶级议会另一职能是所谓对行政的监督。到帝国主义时期，特别是第二次世界大战以后，帝国主义各国的议会对行政的监督权日益削弱，已名存实亡，徒具形式。到此时期，垄断资产阶级政党的组织与反动作用日益强化，垄断资产阶级政府通过其政党控制和操纵议会的力量也日益增强，于是资产阶级议会的所谓监督行政权更加化为子虚乌有了。名义上是议会监督政府，事实上却是政府控制议会。政府对议会事事颐指气使，议会对政府处处仰承鼻息，检视文献不难看出此种嬗变情况。如英国议会中传统的所谓对政府的“质询”，就愈来愈限于无关宏旨表面热闹的事项，而且还不准就“质询”进行辩论和表决，这一被资产阶级惯常吹嘘的所谓“质询权”，实质上只不过是一种“贼喊捉贼”的花招。至于美国，宪法上一些所谓议会监督行政的规定，全然是一纸空文。美国总统权力的横暴独裁更为帝国主义各国之最，即使在形式上，美国总统也不由议会产生，不对议会负责，政府部长及高级官员都由他任免，他综管百政，兼长三军。财政预算等重要议案，他可以通过被他控制的议会内各种专门委员会加以操纵，甚至和战一类大事，有时也不事前交付议会通过。1950年垄断资产阶级又指使其议会通过一项最反动的法案——《国内安全法》，根据这一法案，美国总统更可事先强使议会授权，以便他随时按垄断资产阶级的需要，独断地宣布全国处于所谓的“紧急状态”，发动其反革命武装暴力对人民进行血腥镇压。帝国主义时期，美国总统的独裁权力视专制暴君为尤甚。美国议会的所谓监督行政权已完全成为其法西斯专政的装饰品。

上述资产阶级议会及其军事官僚机构权力升降隆替的嬗变情况，清楚地说明了到帝国主义时期特别是第二次世界大战以后，垄断资产阶级专政愈来愈法西斯化，虚假的民主外衣愈来愈破烂单薄，这就更进一步能证明了资产阶级国家机器的主要部分是武力，而不是议会。列宁早就指出：“请看一看任何一个议会制的国家，从美国至瑞士，从法国至英国和挪威等等，那里真正的‘国家’工作是在后台决定而由各部、官厅和司令部来执行的。议会为了愚弄‘老百姓’，专门从事空谈。①”似此情况，如有人还迷恋资产阶级这一伪饰民主的裹尸臭布——资产阶级议会，重弹考茨基之流的老调，鼓吹什么“议会道路”，并且新歌再唱，更胜前腔，那岂不使无产阶级浪掷斗争力量，削弱革命意志，从思想上先解除无产阶级的武装！

四

从以上对资产阶级议会制度多种剖面的考察与分析可以清楚地看出：

（1）资产阶级议会是资本主义经济基础的政治上层建筑，它积极维护着剥削劳动人民的资本主义生产关系。它是资产阶级专政的工具之

①《国家与革命》，载《列宁全集》第25卷，第410页。

一。对无产阶级、劳动人民来说，资产阶级议会完全是不可调和的敌对物。因此，“工人阶级一般不能简单地掌握现成的国家机器，并运用它来达到自己的目的。①”工人阶级必须进行无产阶级革命并把革命进行到底，通过暴力革命，彻底粉碎包括资产阶级议会在内的全部资产阶级国家机器，才能实现无产阶级专政。这一马克思列宁主义的根本原理不容有任何歪曲和篡改。

（2）资产阶级一面伪饰民主欺骗人民，以千百重深沟高垒阻拦劳动人民进入议会大门；一面更经常倾其反革命武装暴力镇压人民，以维护这一反动的资产阶级专政工具。而到帝国主义时期，特别是第二次世界大战以后，随着阶级斗争的剧烈，垄断资产阶级愈来愈狂暴，这是资产阶级专政的常规。可见在资产阶级还掌握其军事官僚机器的条件下，无产阶级要通过选举取得“议会中的稳定多数”是不可能的。所谓“议会道路”，对无产阶级、劳动人民来说，完全是一条“此路不通”的死胡同。在历史上从来就没有过从资本主义和平过渡到社会主义的先例，无产阶级绝不能通过什么“议会道路”实现社会主义。

（3）资产阶级国家机器的主要部分是武力，而不是议会。资产阶级正是依靠反革命暴力来维持其反动统治的。到帝国主义时期特别是第二次世界大战以后，资产阶级议会权力衰弱及其军事官僚机构强化剧烈，帝国主义各国和各国反动派政治上愈加反动，这就进一步证明了任何反动统治阶级不推是不会倒的，“世界上还没有一个不经过斗争就自动下台的统治阶级。②”无产阶级当然愿意和平取得政权，但资产阶级绝不会拱手让出政权自动退出历史舞台，他们总是首先对无产阶级、劳动人民使用反革命暴力，镇压群众革命运动。可见暴力革命是无产阶级革命的普遍规律，是用无产阶级专政代替资产阶级专政的必由之路。无产阶级必须通过武装斗争，以革命暴力回击反革命暴力，彻底打碎旧国家机器，建立无产阶级专政，才能实现向社会主义的过渡，这是马克思列宁主义最重要最根本的一条原理。这一原理随着时代的推移愈来愈显示出其无

①《共产党宣言》第2页，人民出版社，1954年版。

②《列宁全集》第28卷，第32页。

比伟大和正确。

无数历史经验和教训也告诉我们：谁坚持这一马克思列宁主义原理，谁就能取得无产阶级革命的胜利；谁背弃这一马克思列宁主义原理，谁就要断送掉无产阶级革命。第二次世界大战后，从中国到古巴一系列国家的无产阶级革命的胜利，毫无例外地都是通过武装斗争和抗击帝国主义侵略与干涉才取得的。1917年伟大的十月社会主义革命的胜利，也正是由于以列宁为首的布尔什维克党坚持了这一原理。而差不多在同时的德国，当时也出现了相当成熟的革命形势，但是，由于德国社会民主党右翼背叛了这一原理，他们迷信议会，不支持工人的武装斗争，妄图把社会主义和平地嵌入资产阶级议会的框子里，因而就断送掉了革命，使德国在1918年出现了垄断资产阶级专政的“魏玛共和国”，并为以后希特勒法西斯反动统治的建立铺平了道路。可见，所谓“议会道路”不是什么别的道路，正是一条反对革命、取消革命和断送革命的道路。德国的覆辙犹新，足为后人殷鉴。

马克思列宁主义者在对待议会斗争这一问题上，一向认为在一定条件下应当进行必要的议会斗争。但议会斗争从来就不具有独立和主导的意义，它必须服从和服务于无产阶级武装夺取政权建立无产阶级专政这一革命的总任务和总目标。因此，列宁教导我们：无产阶级政党在一定条件下应进行必要的议会斗争，但必须坚决反对对资产阶级议会有任何迷信和幻想。无产阶级必须把议会斗争和广泛的群众革命运动结合起来，利用资产阶级议会讲坛，面向议会窗外，揭露并抨击资产阶级专政的反动本质和政治骗局，启发无产阶级、劳动人民的阶级觉悟与政治觉悟，蓄积革命力量，为无产阶级革命准备条件。议会斗争的作用是非常有限的，无产阶级在任何时候都应当把主要精力放在群众斗争上面，“应当把百分之一的精力用在这个清谈馆上（指资产阶级议会——引者注），而把百分之九十九的精力用在群众上。[①]”无产阶级的主要任务在于蓄积革命力量，武装夺取政权，建立无产阶级专政。绝不容许以所谓“议会

①《列宁全集》第26卷，第32页。

道路”来代替“革命道路”，从而麻痹人民的革命意志，削弱人民的斗争力量，危害无产阶级的革命事业。“如果把阶级斗争局限于议会斗争，或者认为议会斗争是最高的、决定性的、支配着其余一切斗争形式的斗争，那就是实际上转到资产阶级方面去而反对无产阶级。[1]”

（原载《合肥师范学院学报》1964年第1-2期）

①《列宁全集》第30卷，第241页。

沙俄霸权主义和维也纳会议后近代国际关系的变化

对于沙俄争夺世界霸权、疯狂侵略扩张的“史的研究”，近年来学术界已取得了一些成果，但对于沙俄霸权主义和近代国际关系变化之间的关系，目前尚少研究。而研究这一问题对加深认识新沙皇继承老沙皇衣钵，变本加厉地推行霸权主义的反动性和危害性，以及反帝、反霸斗争的重要性和必要性，都具有重要的现实意义。本文从国际关系史这一领域，就沙俄霸权主义对维也纳会议后到第一次世界大战前一百年间国际关系的变化所起的反动作用和广阔影响，加以综合考察和论述，以澄清新沙皇为了美化老沙皇对国际关系史所做的歪曲，还历史以本来面目，从而揭示沙俄霸权主义是国际危机和战争的“催酵剂”，沙俄是闹得天下不得安宁、给人类带来无穷灾难的罪魁祸首，是疯狂侵略中国和血腥镇压中国人民革命运动最凶恶的敌人。

一

1480年，莫斯科公国刚刚摆脱蒙古金帐汗国的统治，就立即对周围地区进行不断的兼并，到1547年伊凡四世建立封建农奴制的沙皇俄国后，历代沙皇更是怀着强烈的霸权主义野心，疯狂地向外侵略扩张。三百多年间，它以平均每天一百三十平方公里的速度向外扩张，从一个小小的莫斯科公国，扩张成为以东欧为中心的横跨欧亚拥有二千二百八十多万平方公里的庞大帝国。

沙俄霸权主义历来都是为其统治阶级服务的。它在封建农奴制初期是适应农奴主的需要；在后期，随着资本主义在农奴制内部的发生、发展，它除了适应农奴主的需要之外，还适应当时新兴大商人的需要；到资本主义和帝国主义时期，它又适应大地主和资产阶级以及垄断资产阶级的需要。尽管沙俄由封建农奴制国家发展到资本主义国家和军事封建帝国主义国家，自彼得一世以来，“它的方法、它的策略、它的手段可能改变，但是这一政策的主旨——世界霸权是不会改变的。[①]”

沙俄的封建农奴制是最野蛮、最落后、最残暴的专制制度，以后走上资本主义道路又是通过自上而下的“农奴制改革”；到帝国主义时期又带着极大的封建农奴制残余形成“军事封建帝国主义”[②]。由于这样的历史条件，就使俄国人民长期深受封建的、军事的以及后来又加上资本主义的、垄断资本主义的重重剥削和压迫，生活极端贫困，形成长期的国内市场狭窄。沙俄的地主阶级和资产阶级为了弥补其孱弱的经济，必然“热衷于作为扩大俄国市场手段的新的侵略的”[③]。而且也正因为经济上处于相对劣势，它又必然要以军事侵略为其向外侵略的主要手段。因此，沙俄霸权主义的侵略政策不仅经历三百多年愈演愈烈，而且比其他剥削阶级统治者表现得更加贪婪、残暴和狡诈。正如伟大领袖毛主席指出的：“俄国皇帝是世界上最凶恶的一个统治者。[④]”

沙俄的霸权主义具有无限贪婪性。早在建国之初，伊凡世就自封“沙·君士但丁”（Tsar Constantine）尊号，自命为东罗马帝国末代皇帝恺撒·君士但丁（Ceasar Constantine）的继承人，“沙”（Tsar或Czar）即“凯撒”（Ceasar）的转音。从对“沙皇”这一称号由来的考察就可以看出，沙俄霸权主义是它由来已久的反动传统政策。早在17世纪初，它就把侵略矛头指向极东，逐步夺占了广阔无垠的西伯利亚，在1638年直抵鄂霍次克海海滨[⑤]，并在1643年（明·崇祯十六年）侵入中国领土黑龙江流域。沙俄外强中干，在中国各族人民和清政府的抗击下多次遭到惨

① 马克思：《1867年1月22日在伦敦纪念波兰起义大会上的演说》，载《马克思恩格斯全集》第16卷，第226页。

② 列宁：《第二国际的破产》注一，载《列宁文选》第2卷，第635页。

③ 恩格斯：《沙皇俄国政府的对外政策》，载《马克思恩格斯全集》第22卷，第53页。

④ 毛主席：《关心群众生活，注意工作方法》，载《毛泽东选集》第1卷，第125页。

⑤《索伦诸部内属述略》，载《朔方备乘》卷二。

败，遏止了沙俄武装入侵者的继续扩张，于1689年（清·康熙二十八年）同中国签订了《尼布楚条约》（又名《黑龙江界约》）[①]。1727年（清·雍正五年）又同中国签订了《布连斯奇条约》（又名《恰克图条约》）[②]。18世纪初，沙俄多次发动侵略战争，四向进行辐射式的大扩张，彼得一世向北发动了长达21年对瑞典的“北方大战”，夺取了所谓“北方窗口”波罗的海的出海口，叶卡捷琳娜二世向南两次发动对土耳其的战争，夺取了所谓“南方窗户”黑海的出海口，并向西伙同普、奥两国三次瓜分波兰，西逼欧洲腹地。此外，又夺占了北美洲的阿拉斯加。维也纳会议后更肆无忌惮地侵略巴尔干、近东、西亚、中亚、远东和中国，“梦想建立一个从易北河到中国，从亚得里亚海到北冰洋的伟大的斯拉夫帝国”[③]。沙俄得陇望蜀，欲壑难填，妄图把地球一口吞下。

马克思在查阅18世纪英国的外交档案后写成的《18世纪外交史内幕》，对18世纪沙俄无限扩张的霸权主义曾做了深刻的揭露。虽然新沙皇为了推行其世界霸权主义，对老沙皇的侵略曲加辩护，曾任苏联副外长佐林等人所编的《外交史》第一卷，胡说什么《尼布楚条约》是俄国作了“重大的领土让步”，沙俄夺占波罗的海的海口和三次瓜分波兰是“收复失地”，并吞克里米亚是“保证南俄安全”，侵略巴尔干在“客观上”有助于巴尔干人民的“解放”等，但是，马克思主义经典著作和无数中外历史文献铁证如山地证实了沙俄霸权主义无限贪婪的侵略性，并深刻揭露了新沙皇欲盖弥彰的谎言。

沙俄的霸权主义又具有极端残暴性。在它漫长的向外侵略的过程中，充满了屠杀各国人民最野蛮、最残暴的血腥记录。如在“八国联军”侵华时，沙俄就派出了三万九千名军官和十七万三千名士兵组成庞大的侵略军团[④]，对中国人民烧杀淫掠无所不为，“它们杀人放火，把村庄烧光，把老百姓驱入黑龙江中活活淹死”[⑤]，甚至它在以前侵略中国

① 详细条款参见钱洵：《中俄条约斠注》。

② 详细条款参见钱洵：《中俄条约斠注》。

③ 恩格斯：《沙皇俄国政府的对外政策》，载《马克思恩格斯全集》第22卷，第17页。

④ 参见兰生：《俄中战争》(G. A. Lensen: The Russo- Chinese War)，第42页。

⑤ 列宁：《中国的战争》，载《列宁选集》第1卷，第215页。

时，还惨无人道地吃人肉①。不仅如此，它又是镇压各国人民革命运动最残暴的刽子手，“沙皇政府是整个文明世界的反动势力的主要堡垒”②，欠下各国人民的血债是数不清的。但是，革命火焰不是任何反革命残暴手段所能扑灭得了的，沙俄的霸权迷梦正是在国内外人民的不断英勇抗击下，成为一枕黄粱。

沙俄的霸权主义还具有异常狡诈性。它在国际事务中，翻手为云，覆手为雨，单方撕毁条约，中道出卖盟国，寡廉鲜耻，背信弃义，最称狡毒。它经常轮换打出“保护希腊正教”“援助民族解放”“裁军”“和平”“友谊”各色各样的旗号，作为它霸权主义的遮羞布。如它在第一次世界大战大战前，明明是疯狂扩军备战，却两次出面召开海牙裁军会议，掩耳盗铃，把自己打扮成为“和平天使”，事实上，第一次海牙裁军会议只发表了一个空洞宣言，第二次海牙裁军会议连裁军问题都没有讨论。

此外，沙俄霸权主义又具有两个特点：第一个特点是在争夺陆地霸权的同时，争夺海洋霸权。彼得一世是一个“向自己的继承者指示种种侵略方针的帝王”③，他怀着争霸海洋的野心，把新都建在“一个为进行世界阴谋而精心选中的地方”④——彼得堡，并大肆扩建海军。沙俄争夺海洋霸权的路线有四条：一条是向北夺取波罗的海的海口，进而伸入大西洋；一条是向南控制君士但丁堡、鞑靼尼尔和博斯普鲁斯海峡，挤进地中海；一条是侵略远东和中国，觊觎太平洋；一条是向中亚扩张，进而南逼印度和印度洋。虽然它力小谋大，多次受阻于列强，但贼心不死，这一反动政策至今仍被新沙皇奉为至宝。第二个特点是它的霸权主义的战略重点在欧洲。沙俄是一个欧洲国家，近代欧洲拥有雄厚的经济力量；欧洲列强又攫取了广大殖民地，因此，它要夺取世界霸权，必须首先摧败欧洲劲敌，然后才能雄视世界。沙俄向外侵略虽然东奔西突，

① 俄国作家华西里著作记载，转引自丁名楠等：《帝国主义侵华史》第1卷，第5页。

② 列宁：《评沙皇的欧洲之行和黑帮杜马某些代表的英国之行》，载《列宁全集》第15卷，第428页。

③ 马克思：《18世纪外交史内幕》第六章。

④ 马克思：《18世纪外交史内幕》第六章。

但其战略重点在欧洲则是始终没有改变的。

正由于沙俄霸权主义有这样一些特性和特点，因而促成了近代国际关系的许多变化、转折、危机和战争。

二

自1815年维也纳会议到19世纪60年代末，是资本主义继续发展的时期，但资本主义已逐渐走完了它的上升阶段。这一时期的阶级矛盾和民族矛盾异常尖锐而复杂。

1815年，沙俄利用各国人民战胜拿破仑的机会爬上欧洲大陆的霸主地位后，它的霸权主义野心愈来愈大，它到处捣乱、失败、再捣乱，成为这一时期国际危机、冲突和战争的一个重要因素。沙俄在此时期的霸权主义侵略政策主要有三个方面：

第一，建立欧洲大陆封建政治体系，扩大欧洲大陆霸权。拿破仑被战败后，1815年，俄、英、普、奥诸强国举行维也纳会议，"会议的真正目的，在于瓜分战败国的赃物"[①]，它们挥舞"正统主义"和"补偿原则"，不顾各国人民的愿望和民族利益，重划欧洲地图，建立欧洲大陆的封建政治体系，种下了此后的许多祸胎。而此次会议的最大幕后操纵者就是四强中的沙俄。同年，沙皇又为首组织"神圣同盟"，用"正统主义"和"干涉主义"维护欧洲大陆的封建秩序，干涉和镇压各国革命运动，旧封建王朝的一顶顶褪色王冠被沙皇刺刀挑送到西班牙、葡萄牙、荷兰、那布勒斯和意大利的一些小邦，连教皇也被送回梵蒂冈"神龛"。在欧洲大陆上，百合花和玫瑰花纹章[②]一时狂飞乱舞，前朝衣冠纷纷粉墨登场，欧洲各国人民经受了一场沉重灾难，这正是沙俄霸权主义带来的结果。但是，沙俄所掀起的这股逆流只不过是旧时代亡灵的回光返照和空谷回音而已。到1830年，法国七月革命推翻了波旁封建王朝，标志着"神圣同盟"的基本解体，连"神圣同盟"核心人物梅特涅当时也惊呼：

①《梅特涅回忆录》(*Metternich Memories*)，第2卷，第474页。

② 百合花为法国波旁王朝纹章；玫瑰花为西班牙波旁王朝纹章。

“旧欧洲的末日来临了。[1]”1848年革命更进一步使沙俄树立起来的欧陆封建政治体系烟消云散，沙俄的欧陆霸主地位也因此大大削弱了。

沙俄这种霸权主义带来的另一后果是维也纳会议后国际关系发生了新的巨大变化。

俄、英两国长期以来关系密切，英国在18世纪曾出卖当时的盟国瑞典，大力支持俄国打败瑞典，“主要由英国帮助俄国成为波罗的海的强国”[2]，以后又多次和沙俄联合对拿破仑作战。但到此时期，沙俄羽毛丰满，极力扩大欧陆霸权，和英国正面争衡，英国养虎遗患，自食其果，正如马克思指出：“不论是和彼得一世同时代的英国人，或是下一代的英国人，都没有从俄国向波罗的海的推进中捞到丝毫好处。[3]”英国面对新对手老沙皇对其世界霸权的挑战，外交政策发生了巨大变化。1822年卫罗拉会议（Congrss of Verona）时，英国为了维护它在拉丁美洲的侵略利益，反对沙俄打着“神圣同盟”的旗号，借镇压西班牙殖民地独立运动侵入拉丁美洲，英国代表威灵吞公爵中途退出会场[4]，英国外相坎宁并公开倡言，维也纳会议所保障的只是领土方而已，并非政权方，列强无权干涉他国内政，否则英国有权阻止“干涉”。英国已不是以往消极地用“非干涉主义”来反对沙俄的“干涉主义”，而是用“反干涉”来反对沙俄的“干涉”了。英、俄由长期的友好关系公开分道扬镳。同时，英国的多年争霸老对手法国已因拿破仑战败，一时无力和英国争长较短，英、法由疏远、敌对而走向接近、联合。法国在七月革命后，外交上更亲英反俄，俄、法关系也日趋恶化。

沙俄这种霸权主义侵略政策又导致了它和美国的对立。1821年，沙皇发布敕令，要求自美洲西北岸下至北纬五十度的领土归属俄国，加以卫罗拉会议时沙俄又打算侵入拉美，因而在英国外相向美驻英大使纳煦提出英美联合对沙俄进行反干涉的建议推动下[5]，美总统门罗在1823年

①《梅特涅回忆录》(*Metternich Memoires*)，第5卷，第23页。

②《马克思恩格斯全集》第29卷，第11页。

③ 马克思：《18世纪外交史内幕》第三章。

④《剑桥近代史》(*The Cambridge Modern History*)，第10卷，第34页。

⑤ 纳煦：《敦伦宫廷驻使记》(Rush：Residence at the Court of London)，第406页。

12月2日发表国会咨文，在咨文头尾两段提出俄皇敕令违背美国权益，美国反对欧洲国家再在美洲占领新殖民地，不允许把欧洲政治制度移植到美洲[①]。这就是所谓“门罗主义”或“门罗宣言”（Monroe Doctrine）。门罗主义的真正意图只不过是美国视美洲为其禁脔，不容他人染指而已。

此外，沙俄操纵维也纳会议保持德意志和意大利的四分五裂，形成一个分制软弱的中欧，以利于它西向欧洲腹地扩张。这样，就造成了德意志和意大利的长期不统一，并埋下了此后德意志统一和意大利统一过程中多次战争的火种，这也是沙俄霸权主义带来的又一后果。

第二，争夺欧洲侧翼土耳其，伸向地中海，和英国争霸欧洲和海洋。在近代世界历史上扰攘最多、战争频起的是所谓“东方问题”[②]，也就是列强如何肢解土耳其帝国及其属地的问题。沙俄从彼得一世起，就一直“垂涎君士但丁堡以建立它对世界的统治权”[③]，两百多年来，它多次发动对土耳其的战争，酿成国际关系方面的无数纷争和战祸，直接或间接地播下了许多祸胎。

早自1774年，沙俄通过战争迫使土耳其签订《库卡克-开拉齐条约》（*Treaty of Kuchuk Kainarji*）[④]，夺取黑海沿岸、阿速夫和一些特权后，又多次发动对土耳其的战争，迫使土耳其签订一系列不平等条约——《雅西条约》（*Treaty of Jassy*，1792年）、《布加勒斯特条约》（*Treaty of Bucharest*，1792年）、《亚得里亚堡和约》（*Peace of Adrianople*，1829年）和《安吉阿尔-斯凯莱西条约》（*Treaty of Unkiar-Skelessi*，1833年），不断攫取土耳其的大片领土和许多特权。特别是《安吉阿尔-斯凯莱西条约》所附秘密条款，规定土耳其禁止俄国以外国家的军舰出入海峡，而对俄国舰队则给予驻泊海峡之权，这实际上“把土耳其置于俄国的实际统治之下”[⑤]。19世纪，英国“东方政策”的主旨，在于保持土耳其表面上的独

① “门罗宣言”并非一个单一文件。咨文详见理查逊：《历届总统咨文和文件》（Richardson: Messages and Papers of the Presidents），第2卷，第209页。

② “东方问题”是开始于1839年外交学和历史学上的一个术语。

③ 马克思：《18世纪外交史内幕》第五章。

④ 库卡克-开拉齐是多瑙河上一个村庄的名字。

⑤ 恩格斯：《沙皇俄国政府的对外侵略》，载《马克思恩格斯全集》第22卷，第40页。

立，由英国控制这一东西方的要道；法国为了维护其在埃及的利益以及在近东的商业权益；奥国为了保持它在多瑙河上的航运，都一致反对俄国对土耳其的独占。但是资产阶级政府各怀鬼胎，目光短浅，只图苟安一时，不惜养痈成患。当沙俄在近东步步入侵时，英、法诸国虽然有时也故作姿态，将舰队驶往近东海面游弋示威，但只要沙俄以退为进，暂时龟缩，它们就产生“和平”幻想，和沙俄在谈判席上携手言欢，加以英、法当时在争夺埃及方面也存在矛盾，因而使沙俄在近东日益坐大。1840年和1841年两次《伦敦协约》（*Convention for the Pacification of the Levant*），就是列强搞幻想式“缓和”的产物。当时英、法这种对沙俄妥协的政策是现代帝国主义国家“绥靖”和“缓和”政策的雏形。这是一种饮鸩止渴的政策，不仅不能制止危机和战争，反而鼓励像沙俄这样贪得无厌的国家，肆无忌惮地得寸进尺，使危机愈演愈烈，火上浇油地加速了战争的爆发，19世纪英、法对沙俄在近东的妥协终于导致了克里米亚战争，就是历史的明证。1854年，沙俄和英国、法国、土耳其、意大利的撒丁王国展开了一场欧洲规模的大厮杀，在这场克里米亚战争中，色厉内荏、外强中干的沙俄遭到惨败，1856年订立《巴黎条约》，规定黑海中立化，禁止各国军舰出入；禁止沙俄在黑海沿岸设置兵工厂；多瑙河航行自由，由国际共管等。沙俄在近东的侵略势力受到沉重打击。

由于沙俄霸权主义在近东的挑战，使战后列强力量的对比和国际关系发生巨大变化。英国增强了在近东的势力，法国在欧洲重振声威，而沙俄则“搬起石头打自己的脚”[①]，战后被推入内陆。英、法和沙俄战后的关系更加恶化，沙俄和德、奥的关系日趋接近。沙俄西侵受阻，转而向东，伺机再起。

第三，疯狂侵略亚洲，蓄积争霸欧洲的力量。这一时期，随着资本主义的发展，西方殖民强盗加强对亚洲的侵略，受到亚洲各国人民的英勇抗击，形成了亚洲人民第一次反封、反殖的革命高潮，尤其是中国的太平天国革命运动，给殖民主义入侵者以极其沉重的打击。

① 毛主席：《在苏联最高苏维埃庆祝伟大的十月社会主义革命四十周年纪念会上的讲话》第5页，人民出版社，1957年版。

沙俄在克里米亚战败后，更蜂拥而东。在第二次鸦片战争时，它乘机在1858年、1860年和1864年迫使清政府签订了《瑷珲条约》《北京条约》和《中俄勘分西北界约》等一系列不平等条约，攫取中国东北部和西北部的大片领土。接着又大举侵入中亚，兼并了塔什干、浩罕和布拉罕三汗国，南逼印度，“就将直叩印度大门了”[①]。

此外，沙俄在1741年侵占了北美的阿拉斯加，并在1863年3月美国南北战争时派出两队舰艇，分赴旧金山和纽约，企图等待有利时机加强它在北美的侵略利益[②]，一度引起和英国的紧张关系。此后，沙俄为了缩短侵略战线，集中力量争夺欧洲，在1867年3月29日，将阿拉斯加和阿留申群岛以七百二十万美元卖给美国。美国国务卿西华德漏夜赶办手续，签订条约[③]，买下了这一“打开太平洋和北极的钥匙”[④]。美国在买下后的20年，所征海獭税金就超过了全部买价[⑤]。

这一时期沙俄对东方侵略的加强，引起了它和列强特别是和英国的尖锐矛盾，从而对19世纪70年代后列强在远东勾结、争夺的复杂国际关系的形成产生了很大的影响。

三

1871年震撼世界的巴黎公社敲响了资本主义的丧钟，资本主义开始了它走向衰落的降弧，19世纪最后30年，资本主义向帝国主义过渡。随着资本主义生产和资本的日益集中，列强更加要扩大侵略来苟延资本主义的残喘，这样，就更加激化了殖民地人民和列强的矛盾，导致了殖民

---

① 恩格斯：《俄国在中亚细亚的进展》，载《马克思恩格斯全集》第22卷，第642页。

② 哥尔德：《俄国舰队和内战》，载《美国海军史评论》，(Golder：The Russian Fleet and the Civil War, in “American Navy Hist·Rev.”)，第22卷，第801页。

③ 参见布勒洛夫：《西华德生平》(Beneroft：Life of Sward)，第2卷，第474–477页。

④ 美国《国会报告》(*Congressional Globe*)，第四届国会第二次会议，第五部分，附录：第3663页。

⑤ 参见：布朗：《从经济立场看白令海交涉》，载《耶鲁评论》，(Stanley Brown：The Berlin Sea Controversy from an Economic Standpoint,in the “Yale Review”)，第2卷，第196页；福斯特：《外交回忆录》(Foster：Diplomatic Memories)，第2卷，第22页。

地民族解放运动的高涨。同时，也使列强之间的矛盾更加锐化，争夺更加剧烈。但这一时期，世界殖民地尚未被瓜分完毕，列强互相争夺尚有回旋的余地，一时还不致大动干戈，而且它们又都在为争夺霸主地位拼命扩军备战，蓄积最后的赌本，因而形成了一个短暂的、相对的“和平武装”局面。但这个局面随着殖民地被瓜分完毕，就被打破而狼烟四起了。

19世纪末，资本主义进入帝国主义阶段。由于资本主义发展的不平衡性，后起的资本主义国家的经济力量超过了老牌资本主义国家，而后者夺占的殖民地却远远超过前者，随着世界上的殖民地被瓜分完毕，帝国主义国家势必要按“资本”和“实力”，用战争重新分割殖民地，因而帝国主义世界大战被提到历史日程上来。现代战争产生于帝国主义。[①]第一次世界大战正是帝国主义制度的产物。在帝国主义国家中，军事封建帝国主义的沙俄经济上处于相对劣势，因而它更加要扩大新的侵略，并用超限度力量疯狂扩军，以弥补经济上的相对不足，它全然不顾人民死活，把孱弱的经济竭泽而渔地投入战争机器，在第一次世界大战时它动员的陆军人数高达一千二百万人之多，在交战双方国家中首屈一指[②]。大战前沙俄加紧推行霸权主义，扩大新侵略，对大战爆发起了一定的加速作用。

这一时期沙俄的霸权主义侵略政策主要在于夺取土耳其和巴尔干，以及加强对亚洲的侵略。无论是前者或后者，其目的都是为了夺取欧洲霸权。

1870年，普法战争爆发，沙俄趁英、法无力东顾，单方宣告1856年《巴黎条约》关于限制俄国黑海自由的条款作废，并在1872年，沙皇拉拢德、奥两皇缔结了“三皇同盟”。沙俄这些基于霸权主义的外交活动成为“东方问题”再起纷争的张本。

1875年，巴尔干半岛上的黑塞哥维那州斯拉夫人起义，沙俄认为时

① 列宁:《齐美尔瓦尔得左派的决议草案》,载《列宁全集》第21卷,第324页。

② 参见卡庇罗:《欧洲近现代史》(J.S.S Chapiro: Modern and Contemporary European History),第35章。

机已至，打着“援助”的幌子，脱去以往“保护希腊正教”的旧道袍，换上“援助斯拉夫兄弟”的新时装，于1877年对土耳其宣战，迫使土耳其签订了《圣斯蒂法诺和约》（*Treaty of San Stefano*），攫取了许多领土和特权，实际上把土耳其置于俄国单独“保护”之下，这是沙俄“确立对欧洲的统治的决定性的一步”[①]。沙俄企图对土耳其独占，遭到英、德、奥三国的强烈反对，英舰驶入玛麦那海，并调大军进驻马耳他。沙俄在列强的威慑下，1878年6月13日，同英、法、德、奥、意、土诸国举行柏林会议，签订了《柏林条约》。柏林会议是19世纪仅次于维也纳会议的一次重要国际会议。它暂时缓和了长期成为欧洲战神魔影的“东方问题”，促成了短暂的、相对的“武装和平”局面。但是，这种局面是异常脆弱的。

《柏林条约》使沙俄吐出了根据《圣斯蒂法诺和约》夺取的领土和特权的大部分，驱逐沙俄势力远离海峡地区。《柏林条约》使奥国取得波黑两州事实上的占领权，奥国及其后台德国的势力更逼近近东，从而促成了以后德国的“东进政策”。《柏林条约》把塞尔维亚和保加利亚各裁为三部分，阻碍了斯拉夫人的民族解放，引起了以后巴尔干的许多纷争和战祸。英国乘机迫使土耳其签订《英土条约》，取得了塞浦路斯，增强了它在东地中海的势力。这一切诱发了许多次国际危机和冲突，促成了此后国际关系的大分化和大改组，并逐步形成了帝国主义的两个对峙的军事阵营，埋下了第一次世界大战的火种，而肇其端者就是沙俄的霸权主义侵略政策。

柏林会议后，国际关系出现了新的态势。沙俄极端愤恨德国“以怨报德”的出卖行为，德、奥也把俄国看成是它们“东进”的障碍。昔日盟友，今成仇敌，“三皇同盟”解体。德、奥为了强化对付俄、法的力量，1879年8月秘密订立了《德奥同盟条约》，规定一方受到俄国攻击时，他方应全力协助（第一条）。德国又唆使法国向北非侵略，借以引起法、意之间的矛盾，把意大利拉到它自己这一边，在1882年5月20日于

① 恩格斯：《俄国沙皇政府的对外侵略》，载《马克思恩格斯全集》第22卷，第20页。

维也纳秘密订立了德、奥、意《三国同盟条约》，规定意或德受法攻击，或缔约三国之一受到其他一国以上攻击时，同盟三国应共同作战（第一、二、三条）[①]。三国同盟的缔结，列强对峙的两大军事阵营的一边已告形成。德国企图利用三国同盟作为中欧的“环攻炮台”，将来大战时可以东向沙俄，西指英、法。但意大利是一个动摇的同盟者，大战开始后倒向英、法一边。

三国同盟缔结后，俄、法都感到威胁，双方由疏远而接近，1888年和1889年，俄、法订立贷款协定，法国以巨额贷款和新式武器给予俄国。1891—1893年，双方秘密签订了一系列军事协定和外交协商，统称之为《一八九三年俄法协约》。《一八九三年俄法协约》到1918年才由法国政府用《黄皮书》（*Livre Jaune*）公布。《一八九三年俄法协约》规定德国或在德国援助下的意大利攻击法国时，以及德国或在德国援助下的奥国攻击俄国时，缔约国应共同作战。恩格斯指出当时列强国际关系的特点时说：“大陆上的大的军事强国分为相互威胁的两大军事阵营，一方是俄国和法国，另一方是德国和奥国”[②]。这两大列强军事阵营固然是资本主义强国争霸的产物，但19世纪70年代沙俄霸权主义的近东侵略政策对两大军事阵营的形成也起了很大的促成作用。

至于英国，它在外交上一向采取所谓“光荣孤立”的传统政策，即英国不同其他国家缔结较长期的同盟，以免“双手被束缚”，而是利用经济优势，坐观各国力量对比的消长，随时变化其对外政策，以维持“均势”，从而巩固并扩大其殖民地和世界市场。这一政策是19世纪90年代前英国外交政策的基调。英国在此时期虽然还没有同法国结盟，但已倾向于支持法国，企图利用法国来牵制新兴的德国。

这一时期，列强在亚、非、拉展开了白热化的争夺。沙俄也极力向非洲东北部渗透，与英、法、意诸国争夺红海门户的“非洲之角”；并更集中力量加强侵略亚洲，企图用对东方的新掠夺来充实其争霸欧洲的力

---

①《三国同盟条约》第六条规定，双方应严守秘密。条约文本详见朴雷布朗：《奥匈帝国秘约集》(Pribran：The Secret Treaties of Austria-Hungary,1920)。

②《马克思恩格斯全集》第22卷，第49页。

量。而英、法诸国也只图苟安一时，乐于把这股祸水东引，以免它向西侵扰。但是英、法这种嫁祸于人的打算，到头来反而自食其果，19世纪晚期，沙俄侵入阿富汗一带和波斯（今伊朗）北部，和英国多次几乎兵戎相见。

这一时期沙俄对中国的侵略尤为疯狂，1871年强占中国领土伊犁，1881年强迫清政府签订《伊犁界约》，并连续强迫清政府签订1882年《喀什噶尔界约》、1883年《科塔界约》、1884年《续勘喀什噶尔界约》等不平等条约，强割中国领土帕米尔西部大片土地。19世纪半个世纪内，沙俄强迫割去了中国领土一百五十多万平方公里[①]，相当于三个法国和十二个捷克之大。沙俄又企图独占中国东北，1891年开始修筑西伯利亚大铁路，并准备完工后延展到中国境内。但1894年日本发动甲午战争，迫使清政府签订《马关条约》，攫取中国领土台湾、澎湖列岛和辽东半岛，并控制朝鲜，俄、日侵略势力在中国顶头相撞，发生尖锐矛盾。俄国勾结德、法进行所谓“三国干涉还辽”，表面上向日本作“友谊劝告”，实则以战争威胁日本吐出辽东半岛[②]。沙俄又借此向中国要挟，并用百万卢布巨款贿买大卖国贼李鸿章，在1896年签订《中俄密约》，夺取中东路建筑权，两年后又夺取南满路建筑权及两路沿线许多特权，因而引起了列强在中国夺取铁路建筑权的狂潮，英国在1897年、法国在1898年先后夺取了滇缅路和滇越路的建筑权[③]。此外，1898年3月，德国强租胶州湾，俄国强租旅顺、大连，又引起了列强强租中国海口的狂潮，紧接着就是英国强租了威海卫，要求“期与俄国租借旅大相同”[④]，以后法国强租了

①《一九六九年五月二十四日中华人民共和国声明》。

② 参见玛克玛雷：《同中国和关于中国的条约与协议（1894—1919）》[Macmurray: The Treaties and Agreements with and Concerning China（1894—1919）]，第1卷，卡内基国际和平基金会，纽约版，1921年，第50-53页。

③ 参见玛克玛雷：《同中国和关于中国的条约与协议（1894—1919）》[Macmurray: The Treaties and Agreements with and Concerning China（1894—1919）]，第1卷，卡内基国际和平基金会，纽约版，1921年，第123-124页。

④《国会文件》：1898年，中国，第一号，（Parliamentary Papers, 1898, China, No. Ⅰ）。

广州湾[①]。列宁指出："欧洲各国政府一个接一个拼命掠夺（所谓'租借'）中国领土……欧洲各国政府（最先恐怕是俄国政府）已经开始瓜分中国了。[②]"

进入帝国主义阶段后，沙俄在1899年又进一步和英国达成瓜分中国的协议，划分在中国的"势力范围"，以长江流域归英，以长城以北归俄，从而又引起了列强瓜分中国强划"势力范围"的狂潮。

到此时期，美国资本主义的发展已超过英国，居于世界首位，它除了加强侵略拉丁美洲外，并扩大对远东的侵略。但这时列强已在中国强划了"势力范围"，侵略者的筵席已座无虚席。1899年9月，美国国务卿海·约翰向各国政府发出通牒，宣布"门户开放"政策，提出"门户开放，利益均沾"，要求列强在中国攫取的"势力范围"内，对其他国家在关税率、铁路运费、港口费用等方面"一视同仁"[③]。当时沙俄正怀着独占中国的野心，与美国这一政策矛盾很大，因而在列强复文中，以俄国的复文最为暧昧[④]。美国这一政策的实质是它利用经济优势，把资本和商品无限制地侵入中国，谋求在中国的优势地位。海·约翰就曾说："唯一使我们感兴趣的是门户开放政策和我国公民自由参加发展工商业的权利。[⑤]"俄、美两国在中国狭路相逢，发生尖锐矛盾。

由于帝国主义对中国的疯狂侵略，1900年，中国人民掀起了气壮山河的义和团运动，给侵略者以致命打击。沙俄在"八国联军"中，是最凶狠残暴的刽子手，它不仅疯狂屠杀中国人民，并且分兵五路，用十五万大军强占中国东北三省达三年四个月之久。沙俄企图独占中国东北，

① 参见玛克玛雷：《同中国和关于中国的条约与协议（1894—1919）》[Macmurray: The Treaties and Agreements with and Concerning China（1894—1919）]，第1卷，卡内基国际和平基金会，纽约版，1921年，第123-124页。

② 列宁：《中国的战争》，载《列宁选集》第1卷，第214页。

③ 参见格雷斯瓦德：《美国远东政策》（A.Whitney Griswold: The Far Eastern Policy of the United States），第475-580页。"门户开放"政策的方案详载此书。

④ 参见《一八九九年的外交关系》（Foreign Relations, 1899），第128-142页。此书为美国政府按年编印的总统咨文和慎选的重要外交文件。美国"门户开放"政策的通牒及各国复文均详载此书。

⑤ 但尼斯：《美国的冒险外交（1896—1906）》[A.L.P.Dennis: Adventure Diplomacy of the United States（1896—1906）]，第376页。

急剧锐化了和日本的矛盾，也引起英、美的强烈反对，这样就导致了“英日同盟”和“日俄战争”，而“英日同盟”和“日俄战争”对远东和国际关系又直接或间接地产生了巨大而广阔的影响。

从世界范围看，在这一时期帝国主义纵横交错的复杂、尖锐矛盾中，以英、德矛盾和俄、德矛盾最为重要，而19世纪90年代以后，英、德矛盾更发展成为最主要的矛盾。19世纪90年代后的英国，经济上既被美、德超过，失去了“世界工厂”的优势地位，又面临德国对其霸权的新挑战，加以沙俄出兵占领中国东北，企图造成独占中国的优势，以及19世纪末沙俄又大肆扩建海军，远东均势因沙俄霸权主义的膨胀有被破坏的危险，因而英国不得不放弃传统的“光荣孤立”政策，改弦更张，寻求盟国，用日本牵制沙俄，谋求远东新均势，以加强和德国争衡的力量，维持其殖民地体系和世界霸权。1902年1月30日，英、日两国签订了《英日同盟条约》，规定：一方与第三国交战时，另一方严守中立（第二条）；如其他国家加入敌方与缔约国一方作战时，缔约国另一方应共同作战（第三条）[①]。英日同盟标志着远东国际新均势的形成和帝国主义国际关系新激变的开端。紧接着英国就调整了它和法国的关系，于1904年8月订立了《英法协约》。

沙俄独占中国东北的霸权主义侵略政策又直接导致了1904年的日俄战争。沙俄这个“泥土做成的大国”，在战争中遭到惨败。美国惧怕俄国1905年革命进一步发展将冲垮沙皇政府的统治，又不愿日本战后过分强大，因而借口日本天皇要求调停，对战争进行干涉[②]。1905年9月5日，日、俄在美国签订了《朴次茅斯条约》[③]。沙俄战败后，远东的国际关系发生巨大变化，战后的俄国对英国远东侵略利益的威胁已基本解除，加以这时英、德矛盾已超过英、俄矛盾，而俄、德在近东和巴尔干的矛盾

① 参见玛克玛雷:《同中国和关于中国的条约与协议(1894—1919)》[Macmurray:The Treaties and Agreements with and Concerning China(1894—1919)],第1卷,卡内基国际和平基金会,纽约版,1921年,第324页。

② 参见丹尼特:《罗斯福和俄日战争》(Dennett:Roosevelt and the Russo-Japanese War),第八章。

③《朴次茅斯条约》文本详见马丁:《俄日战争》(Christopher Martin:The Russo-Japanese War),第235-243页。

也超过了英、俄矛盾，因而，英、俄开始弃嫌修好，互相勾结起来，以便共同对德。1907年9月3日，英、俄订立了《英俄协约》，这一协约和1904年的《英法协约》，以及1893年的《俄法协约》联合成为英、法、俄《三国协约》，和德、奥、意《三国同盟》相对抗，相互对峙的两大帝国主义军事阵营最后完成。

沙俄始终垂涎于近东和巴尔干，直到末代沙皇垂死前夕，犹不忘最后疯狂的一跳，在巴尔干大肆煽动“泛斯拉夫主义”（Pan-Slavism）。这便和德国的“东进政策”发生尖锐冲突，使得20世纪初的东地中海战云匝地，硝烟满天，波黑两州危机和两次巴尔干战争踵继而来，沙俄霸权主义终于在“世界火药库”的巴尔干半岛促成了一场世界大火，1914年，第一次世界大战轰然爆发。

伟大领袖和导师毛主席教导我们：“捣乱，失败，再捣乱，再失败，直至灭亡——这是帝国主义和世界上一切反动派对待人民事业的逻辑。[①]”长达三个多世纪的沙俄霸权主义促成了近代国际关系的许多变化、危机和战争，在它侵略扩张的漫长道路上，洒满了各国人民的血和泪；也充满了各国人民英勇不屈、可泣可歌的斗争。沙俄霸权主义正是在国内外人民革命斗争和民族解放斗争的不断打击下日益削弱，罗曼诺夫王朝的王冠连同它的霸权主义，终于在俄国人民革命斗争的烈火中化为灰烬。人民要革命，国家要独立，民族要解放，历史就是这样无情地指出重温老沙皇霸权主义迷梦的新沙皇未来的可耻下场。

（原载《安徽师范大学学报》1978年第1期）

① 毛主席：《丢掉幻想，准备斗争》，载《毛泽东选集》第4卷，第1423页。

均势和一次大战前二十年国际关系的变化

在第一次世界大战前的二十年间，国际关系的变化异常剧烈。条约、密约、协定、协商、国际会议层出不穷；争夺、勾结、妥协、危机、局部战争此伏彼起；帝国主义列强纵横捭阖，朝秦暮楚，在国际关系上形成了交光叠影、瞬息万变的十分复杂和动荡的态势。对这疾雷破空、惊风振海的二十年国际风云，做一些新的综合研究，由表及里，探本求源，从“历史脉络”中寻求“时代脉息”，这对研究其他历史阶段国际关系的变化和趋向将不无裨益。

一

近代大国之间国际关系的变化经常随着国际均势的变化而变化，而均势的变化又以均势结构的变化为依归。“均势结构”是由大国的经济、政治、军事、社会、文化等各种力量所共同构成的，而大国各自的这种综合力量又受到它们国内的和国际的各种重要因素的制约。大量历史文献证明：每当均势结构发生巨大变化时，这种国际关系必然发生剧烈复杂的变化。变化是表象，是动态；而均势结构才是导致这些表象和动态的重要基础；均势结构的变化又常常先于国际关系的变化，成为预测国际风云变幻的晴雨表。因此，在国际关系史研究领域中，是否可以试一试这样一种研究的新设想，即用对均势结构的考察来研究国际关系的变化。也就是说，不再仅仅浸沉在变化的急漩中观察变化，而是更进一步兼从变化的源头上来探索变化，这样，也许会避免“不识庐山真面目，只缘身在此山中”的弊病，而易于在乱为丝纷的国际关系变化中，找到它的“源头活水”，理清它的来龙去脉，并从而对广阔无垠的国际关系构成“全景视野”，易于拨开各国外交策略所制造的重重迷雾和假象，走出外交迷宫，看清国际关系的遭替、消长和变换，揭示其变化的症结所在，掌握其变化的核心和趋向。

“均势”即“均衡势力”，已成为近代国际关系史上的一个常见术语。早在1648年《威斯特发里亚和约》后，欧洲大国就在推行均势政策。稍后，在英国、荷兰和瑞典反对法国入侵西属尼德兰结成的《三国同盟》的宣言中，更明白地提出了“均势”[①]这个词。自此以后，由大国力量构成的均势结构，并在此结构基础上建立起来的均势秩序，长期控制着近代的国际关系。而近代的这些均势秩序又都是由大国建立并为大国利益服务的。均势是大国力量相互牵制的一种暂时静止的均衡状态。作为导致均势出现的均势结构在其形成之后往往使国际上出现一段时间的“苟安”局面。但是，大国的经济、政治、军事、社会、文化等力量是不断地在变化的，那么，由大国的这些力量所构成的均势结构也必然要随之变化，因此，均势在结构上自其形成均衡之日起，就存在着不均衡的潜在性，它现实上的均衡仅仅是建筑在潜在不均衡基础上的均衡，随着不均衡的潜在性的发展，现实的均衡必将被打破，以新的均势结构来代替旧的均势结构，而新旧均势结构的更替又往往是通过大国战争来实现的。虽然如此，但是在国际关系史上，一个新的均势结构的形成，常常带来一个相对和平的局面，纵然它是暂时的和不稳定的，甚至是“武装的和平”，各大国仍然在扩军备战，增加人民的负担，但是在客观上，它毕竟在一定时期内和一定程度上减除了战乱，安定了社会，休养了生息，发展了生产。

19世纪末20世纪初的均势结构基本上仍是19世纪70年代建立起来的均势结构。1871年《法兰克福和约》结束了普法战争，出现了一个欧陆新霸主——统一的德国，形成了欧洲大陆方面的新均势结构。接着，1878年的《柏林条约》，修改了俄土《圣斯特凡诺条约》，压迫沙皇俄国

① 参见海斯:《近代欧洲政治社会史》第7章。

吐出它在俄土战争中攫取的大部分侵略权益，暂时缓和了长期成为欧洲战神魔影的“东方问题”，又在地中海和近东方面形成了均势新结构。但是这些新的均势结构从其形成的19世纪70年代起，就不断受到冲击。

19世纪70年代，资本主义逐渐形成垄断，向帝国主义过渡。资本主义列强为了发展垄断资本，更需要扩占领土，掠夺资源，倾销商品，输出资本。于是，“开始了夺取殖民地的‘大高潮’，分割世界领土的斗争达到了极其尖锐的程度”[①]。但是，在19世纪末叶以前，世界上的殖民地尚未被瓜分完毕，列强间的争夺还有回旋余地，因而，出现了一个短暂的、相对的“武装和平”局面。

但是，到19世纪末20世纪初，资本主义进入帝国主义阶段后，帝国主义国家间的斗争更加白热化了。一方面，世界上的所谓“自由领土”已被瓜分一空；另一方面，由于资本主义发展的不平衡性，老牌资本主义国家的生产日益被后起的资本主义国家赶上和超过，而前者在世界上夺占的殖民地又远远超过后者。帝国主义争夺殖民地总是按“资本”和“实力”来进行瓜分，在“资本”和“实力”发生新的变化时，势必要按照新的“资本”和“实力”来重新进行瓜分。因此，帝国主义重新瓜分世界的斗争被提到历史日程上来，旧的均势结构已难再苟延残喘，亟待改弦更张。

与此同时，随着帝国主义争夺霸权的日益加剧，帝国主义国家和殖民地、半殖民地人民之间的斗争也更加激化起来，“几万万被压迫的、沉睡在中世纪停滞状态的人民觉醒过来了”[②]。亚、非、拉广大地区掀起了反对封建主义和帝国主义的革命浪潮，特别是“极大的世界风暴的新源泉已在亚洲涌现出来”[③]，在中国，义和团革命运动和辛亥革命的惊雷闪电震撼了东方的上空。

在这样动荡的世纪交替之际，大国之间国际关系的均势结构出现了三个巨变。第一个巨变是世界范围内的均势结构发生巨变，也就是长期

① 列宁：《帝国主义是资本主义的最高阶段》，载《列宁选集》第2卷，第789页。

② 列宁：《亚洲的觉醒》，载《列宁选集》第2卷，第448页。

③ 列宁：《马克思学说的历史命运》，载《列宁选集》第2卷，第439页。

由欧洲大国力量组成的旧均势结构改变成为由世界大国力量共同构成的新均势结构。这是由于美国和日本特别是美国已发展成为世界性强国，从而导致了均势结构空前的、根本性的巨变。第二个巨变是传统的欧洲地区的均势结构发生巨变。这是由于德国的崛起，德国的力量超过了英、法，英、德矛盾上升为帝国主义国家矛盾中的主要矛盾，因而使欧洲旧的均势结构归于解体。第三个巨变是远东地区的均势结构发生巨变，它使旧的世界均势结构发生巨变。这是由于沙皇俄国加强对东方特别对中国的侵略所造成的结果。

19世纪末20世纪初，均势结构发生的这三种巨变，使旧结构为新结构所代替。而基于结构建立起来的均势秩序，也势必要除旧布新，改弦易辙。帝国主义列强为了在这场将要来临的斗争中取得有利地位和称王称霸，种种勾结和斗争蜂拥而起，纵横交错，变化多端，构成了这一时期极其复杂多变的国际关系，导致硝烟弥漫、极其动荡的国际态势。

二

从促使“均势结构”发生第一个巨变的美国和日本方面来看：

19世纪的最后30年，美国和日本的资本主义经济都获得了迅速的发展，特别是美国到19世纪90年代已迅速地赶上并超过了英国。

美国在19世纪60年代还是一个农业占优势的国家。但是，1861—1865年的内战，较彻底地扫除了资本主义发展的障碍；在1874—1914年“第二次工业革命”中，出现了许多科学技术的新发明，并将它们应用于工业。美国是后起的新兴资本主义国家，工业旧装备的固定资本较少，易于改用科技新成就来更新其工业装备，因而，新的科技大大推动了它的工业生产。尤其是在动能方面，美国首先出现了新的突破，1880年它就首先以新的电力动能代替旧的蒸气动能，并在1883年组成了第一个规模巨大的“奇异电气公司”[①]。基于这样一些原因，19世纪70年代后的美国，资本主

① 弗奈兰德和奥塞：《近代欧洲经济史》，1953年纽约版，第196页。

义获得了高速度的发展，铣铁产量到1890年就锐增到9 203 000吨，跃居世界首位，而到1913年更激增到30 650 000吨，为当时英、德、法三国铣铁产量总和的一倍半[①]。1895年，美国的其他工业和一些机器制造业以及新兴工业都远远超过了英国[②]。

日本通过19世纪60年代的“明治维新”，扫除了资本主义发展的障碍，政府提供巨额资金辅助工业发展，引进许多当时欧洲的先进科学技术；19世纪90年代，日本又通过甲午战争向中国勒索2.3亿两库平银的巨额赔款，转化为工业资本。因而，日本资本主义工业特别是轻工业发展的速度很快，1899年纺织纱锭比1889年锐增了十倍，在1871—1894年的二十多年间，日本的对外贸易总额激增了五倍。

到19世纪末叶，美国和日本都已成为世界性强国，但世界的均势结构长期以来都是由一些欧洲大国的势力构成，而基于结构形成的世界均势秩序也长期控制在欧洲几个大国之手。两百多年来，虽然也经历过多次变化，但构成均势结构和掌握均势天平者始终是欧洲的一些大国，所不同的只不过是由这一些欧洲大国转换为另一些欧洲大国而已，从未脱出欧洲范围之外使一些非欧国家分享杯羹。此种情况，征之近代国际关系史文献，自1648年的《威斯特发里亚和约》以来就是如此。《威斯特发里亚和约》结束了30年的战争，基于欧洲大国利益调整了领土和权益，瑞典占领了本土外的大量土地和里加、不来梅、斯特廷等重要港口，成为控制波罗的海的北欧霸主。《威斯特发里亚和约》形成的新均势结构，就是由瑞典、法国等几个欧洲强国的力量所构成，而它所建立的新均势秩序也是控制在这几个欧洲强国手中。1713年，《乌特列支和约》结束了西班牙的王位继承战争，它和翌年的《拉斯塔特和约》，把对庞大的西班牙王国领土的瓜分固定下来，成为18世纪欧洲国家划分疆界的基础，这两个和约形成的新均势结构是由英、法、奥、荷等欧洲强国的力量所构成。它所建立的新均势秩序也是为这些欧洲强国所掌握。1815年，维也纳会议通过《最后决议》，欧洲列强在摧毁拿破仑帝国以后，打着“正统

①《社会科学百科全书》第8卷，1930年纽约版，第301页。

② 弗奈兰德和奥塞：《近代欧洲经济史》，1953年纽约版，第220页。

主义”和“补偿原则”的旗号，不顾民族利益和人民愿望进行大规模分赃，大幅度地重划了欧洲地图。这时所形成的新均势结构仍然是在英、俄、普、奥、法欧洲列强之间调整力量，重新组合，它所建立的新均势秩序照旧操纵在一些欧洲大国之手。1856年结束克里米亚战争的《巴黎和约》，也只是在英、法、意、俄几个欧洲大国间重新调整了一下对均势控制的力量。1871年的《法兰克福和约》和1878年的《柏林条约》后的新均势结构，同样是对德、英、俄、奥、意等一些欧洲大国做较广泛的力量调整而已。

但是，到19世纪末，当美国和日本两个非欧大国，特别是美国成为世界性强国时，均势结构发生了根本变化，打破了结构中清一色欧洲大国的旧传统，加上了非欧大国的强大新伙伴，把长期被欧洲强国控制的均势旧秩序，转变成为由世界性强国共同掌握均势的新格局。均势结构上的这种新巨变，当然不能不给各大国的外交政策和国际关系带来巨大而广泛的影响，不仅欧洲大国和美国、日本的外交政策都需要改弦更张，而且欧洲大国和非欧大国之间，美、日之间，以及欧洲大国之间的双边和多边关系，都将在这种巨大变化的激荡中进行全盘调整，重新组合，以适应均势结构上这种前所未有的新巨变。

现基于这种看法，再进一步对这一时期主要大国的外交政策和国际关系的一些重大变化加以论析，以资佐证。

美国自1776年建国以后，其领土由大西洋沿岸的一条狭长地带扩展成为横贯一大洲的国家，其海岸线由一洋延展到两洋。但是，在19世纪中叶以前，美国的资本主义虽然有了一定的发展，但羽翼还不够丰满，因而，这一时期的美国外交政策的基调是“门罗主义”。1823年，美国总统门罗提出“门罗主义”，宣称反对欧洲大国再在美洲占领新的殖民地，反对把欧洲的封建政治制度移植到美洲方面来[①]。“门罗主义”的提出，在当时是具有拒欧用意的。当然，在稍后的年代里，随着资本主义的发展，“门罗主义”日益发展成为谋求美国自己在美洲扩张的外交政策。而

① 理查逊:《历届总统咨文和文件汇集》第2卷,第209页。

到19世纪末，美国资本主义的发展跃居世界首位成为世界性强国后，美国的外交政策要更进一步在世界范围内与各大国争长较短了。在当时新旧均势结构的巨变中，美国挟其新兴的巨大经济优势，将其外交政策的基调增而为二，即除了对大西洋方面继续实行和扩大“门罗主义”以外，并对太平洋方面开始推行“门户开放”政策。“门户开放”政策标志着美国利用经济优势挤入东方，加强向我国、远东和太平洋方面的扩张。在此以前，美国虽然早已将其势力向远东渗透，并且它也早就对这一地区加以注目，19世纪60年代的美国国务卿西华德就曾说过：“太平洋和那边的大陆今后将成为世界重大事务的重要舞台。”但是那时的美国力量尚未发展充分，力小难以谋大，其外交政策的重点还仅在于对美洲的控制。到19世纪90年代，情况大变了，美国继占夏威夷群岛之后，又通过美西战争占领了菲律宾、波多黎各和太平洋中的关岛，美国的势力日益向东。但由于列强在中国已纷纷自划势力范围，东方筵席的座位已满，而美国却姗姗来迟，因此，1899年9月6日，美国国务卿海·约翰向各大国提出中国“门户开放”的牒文，要求在各帝国主义攫取中国的“势力范围”内“门户开放”“利益均沾”，即要求在各国“势力范围”内，对所有商船、商货在关税率、港口停泊税及铁路运输费等方面“一视同仁”[①]。“门户开放”的提出，最初只是做商务方面的要求，并未涉及政治方面，以后在1900年7月才在第二次补充照会中提出了所谓保持中国的“领土和行政的完整”。当时各大国对美国这一外交政策的态度是：英国在东方经济力量最强，如1898年中国进口关税总额中就有是英国缴纳的。英国并不惧怕美国势力的介入，而且英国还可以利用美国对东方的介入，与之拉拢，作为英国在东方和俄、法竞争的新伙伴，因而，在美国提出“门户开放”政策之前就推动其提出，在提出之后立即欣然同意。德国和美国一样，插足于东方较晚，在中国夺占的权益和势力范围较小，而其经济力量到这时却已发展强大，美国的这一外交政策对德国与列强争衡东方有利，当然它也就表示乐于同意。其余各国对于

①《1899年的对外关系》，第128–142页。

在其势力范围内开放门户感到耿耿于怀，但在世界均势结构已发生巨变的新形势下，也无力拒绝美国的要求，不得不改变其在华势力范围内的独占政策，让美国势力在一定程度上渗透进来。并且也不得不将瓜分中国的脚步稍稍放慢，以免导致相互间的剧烈冲突。因此，各国对美国所提出的“门户开放”政策的复文大都表示基本赞同。只有沙皇俄国的复文最为暧昧[①]，但也未公然加以拒绝。于是海·约翰再次通告各国，认为美国的这种建议被各国接受已是“最后的和确定的”[②]。美国所提出的这一外交政策，在其开始阶段，还仅仅是用照会向各国提出这一建议，各国也仅仅是用复文加以同意或默认，这对双方来说都只具有政治性效力，相互间对此种建议没有条约约束，并不具有法律效力（1922年的《九国公约》，才使“门户开放”政策具有广泛的法律效力）。虽然如此，美国这一外交政策提出后，各大国竟然肯在其睡榻之旁容许美国挤入鼾卧，并且对门户开放的承诺恪守不移，与受条约约束承担国际法义务无异，这一历史情况不仅说明世界的均势结构已发生巨变，欧洲大国已无力拒绝非欧强大国家——美国参加控制均势的行列，而且也说明了各国（包括美国）的外交政策都不得不因均势结构的变化而变化。

进入20世纪后，美国总统塔夫脱进一步发展其面向世界的外交政策，加强对门户开放政策的推行。1909年12月，国务卿诺克斯向各国提出一个计划，建议对中国东北地区的铁路实行“国际化”，即由国际银行集资贷款给中国，收买中东、南满两铁路，并对此两铁路实行“国际共管”，否则，即另修锦州至瑷珲的铁路来与此两铁路竞争[③]。“诺克斯计划”实际上是美国谋求将势力更深地挤入俄国和日本在华的势力范围，这就与俄、日在中国东北的侵略利益冲突甚剧，因而遭到俄、日两国的强烈反对。这时的英国和法国已经同俄国有了协约关系；英国和日本又订有同盟条约，所以英、法对美国的这一建议持中立态度。与此相反，德国对此却“极表赞同”，因为德国想借“诺克斯计划”的实现，来促使

① 玛勒:《美国对外条约和会议》第1卷,第244-260页,或《1900年国会报告》,中国,第2号。

②《1899年的对外关系》,第128-142页。

③ 威尔朗贝:《外国在华权益》,第316页。

美国和俄、日矛盾的尖锐化，从而离间英、美关系，这样，既可以牵制和削弱英、俄、法三个“协约国”在欧洲对德斗争的力量，又可借此示好和拉拢美国，增强以德国为首的“同盟国”的势力，一箭双雕，大有利于德国。在此以前，1908年德国曾大肆鼓吹美国、德国和中国结成“美-德-华三国同盟”，并唆使中国派遣唐绍仪赴美活动，其事虽因美国采取对日妥协政策于同年11月同日本签订了《罗德-高平协定》而未成[①]，但可以看出当时德国蓄意拉拢美国以反对英、俄、法，则和对待“诺克斯计划”的态度，在外交政策上前后是一致的。美国图谋“中国东北铁路国际化”的外交政策，虽因谋夺俄、日侵略权益过甚，遭到两国的坚决反对而未能实现[②]，但同样引起了各国外交政策和国际关系的广泛变化。美国的这一外交政策促使了俄国和日本的进一步接近，于1910年两国订立了秘密协定，相约彼此不把势力插入对方的势力范围，并在中国东北地区受到其他国家威胁时，两国协调立场，谋求一致。这样，就使得俄国减少了东顾之忧，增加了西移的力量，从而导致了协约国阵营力量的增强和同盟国阵营力量的减弱。

美国面向世界外交政策的加强在另一方面又鲜明地反映在巴拿马运河事件上。1903年，美国通过订立《巴拿马运河条约》，独占了运河建筑权和“运河两岸十里土地和水流的完全权利和管辖”[③]。这一条约不仅表明美国加强了其战略地位、商业利益和对美洲的控制，而且也表明在世界性均势结构的巨变新态势下，美国由一洋外交向两洋外交转变的强化。关于巴拿马运河建筑权的问题，长期以来，英、美双方争执不下，英国多次坚持不肯放弃。根据英、美1850年《克来顿-希尔威尔条约》[④]规定，英国拥有运河的部分建筑权，但到1900年，双方顺利地签订了《海-潘斯福尔特条约》[⑤]。英国承认了美国对运河建筑和管辖的独占权，

---

① 玛克玛雷:《同中国和有关中国的条约与协议(1894—1919)》第1卷,第769页。

② 玛克玛雷:《同中国和有关中国的条约与协议(1894—1919)》第1卷,第769页。

③《1904年的对外关系》,第543页。

④《克来顿-希尔威尔条约》文本见玛勒:《美国对外条约和会议》第1卷,第659页。

⑤《1901年的对外关系》,第245页。

并在订约之后撤走了它驻扎在西印度群岛的海军舰队。英国之所以对美国作如此重大的让步并非偶然，其目的：一方面是鉴于美国的兴起，面对已发生巨变的世界性均势结构，择友而交，对美国先作让步，以便在未来控制均势新秩序的斗争中联合美国，增强英国的力量；另一方面也在于缩短战线，抽出力量，在变化的新形势下，加强与其他大国的斗争。可见美国这种两洋外交政策的强化，不仅导致了英国对美外交政策的转变，而且也给予英国在对待其他国家的外交关系上以一定影响。

再从日本方面来看：日本自“明治维新”以来，随着资本主义的发展，逐步废除了过去在列强压迫下签订的不平等条约，收回了权益，伸张了国力。但是，日本在解除自身枷锁的同时，开始推行向外扩张的外交政策，矛头主要是指向中国和朝鲜，谋求称霸远东，再进而雄视太平洋。19世纪70年代，日本吞并了琉球，并向朝鲜步步紧逼。到19世纪末，随着日本成为东方强国，它向外侵略的外交政策更大大加强起来，直接和间接地对远东和世界均势以及国际关系造成了广泛的影响。

1894年，日本挑起中日“甲午战争”，迫使中国订立《马关条约》，夺取台湾、澎湖列岛等大片中国领土，并勒索巨额赔款。这样，就使得原有的远东均势失去均衡，从而导致了一系列国际关系的变化。《马关条约》原规定有日本强割辽东半岛一项，但日本攫取辽东半岛和沙俄在中国东北的侵略权益势成水火，两不相容，于是沙俄在1895年勾结法、德两国联合对日本作所谓的“友谊的劝告”，实际上是以战争相威胁，强迫日本退还辽东半岛。当时的法国因为与俄国已缔结了协约，有结盟关系；德国因为想趁机加剧日、俄矛盾，把沙俄军事力量拴在远东，以利于德国在欧洲对付法国，因而三国各怀鬼胎，相互勾结，进行所谓的“三国干涉还辽”。这一事件锐化了日、俄矛盾，并随着两国对远东侵略的加强，导致了20世纪远东国际关系一系列的剧烈变化。

三

从促使“均势结构”发生另一个巨变的德国方面来看：

政治上长期陷于四分五裂状态的德国，在19世纪上半期仍然是一个经济落后的“诗人和思想家”的牧歌式国家。但是，通过普法战争取得了统一，扫除了资本主义发展的障碍，加之后起的资本主义国家能够较多地运用当时科学技术的新成就，德国工业在19世纪70年代后获得了快速的发展。如钢铁工业采用了新的“汤姆士冶炼法”，生产的速度比英国快七倍，到1900年德国的钢铁产量超过了英国，仅次于美国，跃居世界第二位①；煤的产量到1913年也赶上了英国②。因此，西方有些经济学家评论这一时期德国经济的发展时曾认为：“德国的建成，煤与铁实比铁与血更为重要。③”这时期科学技术的新发展最主要有两个方面：其一为电力新动能，其二为化学工业。德国在电气工业方面发展很快，仅次于美国。至于化学工业，德国则居于世界领先地位。1900年，德国城市人口已超过农村人口，对外贸易额居于世界第二位④。这一切都标志着德国到此时期已一跃而为世界性强国。

但是，德国是后起的资本主义国家，当它投身于抢夺殖民地斗争的时候，可供夺取的地区已所剩无几，它在夺取殖民地的数量方面远比英、法等老牌资本主义国家少，据1914年统计：英国夺占的殖民地为12 044 000平方英里，法国为4 110 000平方英里，而德国夺占的殖民地则只有1 231 000平方英里⑤。因而，德国与英国、法国两国尤其是与英国的矛盾非常尖锐，德国力图取代英国的世界霸主地位，将其殖民地攫入己手。

在近代国际关系史上，英、德两国基本上长期处于友好的状态。拿破仑战争时期，英、德多次结成同盟，共同战斗。以后在普鲁士用王朝战争进行统一德国的过程中，英国为了维持欧洲均势，对德不仅中立，而且还加以左袒，两国的关系一直到19世纪80年代大体上还相处无间。但是，到19世纪末20世纪初，英、德矛盾在帝国主义国家矛盾中上升为

---

① 弗奈兰德和奥塞:《近代欧洲经济史》第221页,1953年纽约版。

② 美国劳动局:《欧洲煤矿工人》,1959年。

③ 坎勒斯:《和平的经济结局》第81页,1920年纽约版。

④ 波加尔特:《欧洲经济史》第321页,1942年纽约版。

⑤ 克雷:《英国殖民政策(1783—1915)》第8章,1926年牛津版。

主要矛盾。19世纪70年代到第一次世界大战前，德国外交政策的变化就是随着这种形势的变化而变化的。

十九世纪七八十年代，俾斯麦执政时期的德国外交政策，概而言之是：联合奥地利，拉拢意大利，示好英国和打击法、俄两国。总的目标在于建立德国的欧洲陆上霸权。在此时期，德国力图进一步打击法国，甚至还想发动第二次对法战争来彻底摧毁法国。此外，又极力设法孤立俄国，拉拢奥国作为盟国，于1879年缔结了《德奥同盟密约》。密约规定：缔约国一方受到俄国攻击，他方应用全部军事力量相助（第一条）；缔约国一方如受到另一国进攻，他方应严守善意中立，如进攻国得到俄国的帮助，缔约国双方应共同作战（第二条）[①]。这一密约的矛头主要是针对俄国的，因为这时的俄国已成为德国在欧洲大陆上争霸的主要对手，加以柏林会议时德国支持奥国取得巴尔干半岛上波黑两州的占领权，德、奥势力侵入近东，和俄国的矛盾又日益加剧。德、奥同盟除了共同对付东方的俄国外，同时又借此来增强对西方法国的威胁。接着，俾斯麦为了拉拢意大利，又唆使法国夺占突尼斯，在地中海强化意大利和法国之间的矛盾，从而拉意大利入盟，于1882年订立了德、奥、意《三国同盟密约》，规定：如法国攻击意大利或俄国攻击德国，以及缔约三国中的一国或两国受到非缔约国两国或两国以上进攻时，缔约三国应以全部军队相助（第二、三条）[②]。“三国同盟”的缔结标志着列强在未来大战中两大对峙的帝国主义军事阵营的一翼初告形成。俾斯麦又指使奥、意两国于1887年两次与英国订立《地中海协定》，调整三国在地中海、巴尔干和土耳其方面的关系[③]，使《地中海协定》和《三国同盟密约》发生联系，虽然，这种联系是非常松懈的，但至少暂时阻挡了俄、法两国和英国的接近。同年，俾斯麦又狡猾地与俄国缔结了《再保险条

① 布雷姆：《奥地利—匈牙利帝国密约集（1789—1914）》第1卷，第25-31页，1921年哈佛大学版。

② 布雷姆：《奥地利—匈牙利帝国密约集（1789—1914）》第1卷，第65-75页，1921年哈佛大学版。

③ 布雷姆：《奥地利—匈牙利帝国密约集（1789—1914）》第1卷，第95-105页，1921年哈佛大学版。

约》[①]，谋求在德国一旦对法作战时取得俄国的中立。这样，对德国来说，既有德、奥、意《三国同盟密约》对德国的保险，又有这一条约对德国的再保险，俾斯麦这个玩弄外交联合的魔术师在19世纪90年代以前结成了复杂的外交罗网，使俄、法两国外交上陷于孤立。

到19世纪90年代德皇威廉二世亲政后，德国资本主义日益赶上并逐渐超过英国，旧有的均势囊袋已装不下德国日益肥硕的身躯，势将脱颖而出，与世界旧霸主英国抗衡。德国的外交政策也就从俾斯麦时期的“欧洲政策”一变而为威廉二世时期的“世界政策”了。这时德国的外交政策概而言之就是：支持奥地利，拉拢美国，离间俄、法，更核心的是打击英国。

德国外交政策的这种新变化给各大国外交政策和国际关系带来巨大而广泛的影响，首先受影响的是俄、法两国。19世纪80年代的德、奥、意“三国同盟”本已使俄、法深感威胁，而到19世纪90年代，德国实行“世界政策”，更向俄、法步步紧逼，尤其是德、奥势力加紧向巴尔干和土耳其渗透，企图使德、奥势力从波罗的海以建瓴之势由北而南，纵切欧洲，形成一个“中欧环攻炮垒”，一旦有事，就可以东指俄国，西向法国。这样，更使俄、法两国惶惶不可终日。于是两国迅速靠拢，改善关系，法国在财政上大力支援俄国，借此进行政治上的拉拢，两国在1891—1893年签订了一系列外交上、军事上的协商和协定，这些统称为“俄法协约”。“大陆上的大的军事强国分为相互威胁的两大军事阵营，一方是俄国和法国，另一方是德国和奥地利。[②]”

德国的新外交政策也给予英国的外交政策以重大影响。

到此时期，德国对英国的严重挑战主要在两个方面：一在近东，一在海洋。19世纪90年代末，德国对世界战略要地、欧洲的东南侧翼——近东地区，虎视眈眈，日益加强其“向东进击”的政策。1898年，威廉二世亲赴近东作“圣地巡礼”，向土耳其示好，就是德国加紧东进的信

① 布雷姆：《奥地利—匈牙利帝国密约集（1789—1914）》第1卷，第247-281页，1921年哈佛大学版。

②《马克思恩格斯全集》第16卷，第33页。

号。1903年，德国从土耳其手中取得了巴格达铁路的建筑权，准备修建通过柏林、君士但丁堡到巴格达的“三B铁路”，使其势力直捣近东和波斯湾，严重地威胁英国殖民地——埃及和沟通地中海、红海的战略通道苏伊士运河，以及“英国王冠上的明珠”的印度。这就急剧地激化了德国和英、俄、法特别是和英国之间的矛盾。

德国对英国更严重的新挑战是海洋争霸。德国为了谋求其“世界政策”的实现，把它的未来着重地放在海洋上。因而，19世纪90年代后，德国大肆扩建海军。1895年，建成重要的海军战略基地——基尔运河，沟通了北海和波罗的海；1898年和1900年，又两次在帝国议会中通过极其庞大的《海军造舰法案》，快速增建大型重吨位的“无畏舰”，急起直追，有赶上英国海军之势，构成了对英国制海权的严重威胁。英国自纳尔逊在特拉法加海战中取得对拿破仑的胜利后，海上霸权一直不容别人染指，英国为了维护其海王地位，在海军方面实行一种“两强标准”的原则，即英国不论何时都要保持其海军实力和吨位不少于其他两大海军强国，这已成为英国的海军传统政策。拥有当时最强大陆军的德国猛烈展开对英国的海军竞赛，构成了对英国的致命新挑战。

英国面对德国这两种严重的新挑战，加以俄国在远东的侵略又日甚一日地变本加厉，进入20世纪后，英国放弃其传统的外交政策，寻求盟国，对德国进行外交上的反包围，并加紧备战，准备一决雌雄。

四

再从促使均势结构发生又一巨变的沙皇俄国方面来看：

沙皇俄国自1861年农奴制改革后，扫除了资本主义发展的一些障碍，资本主义工业获得了进一步发展。生铁产量在19世纪80年代增长了三倍；煤和石油产量在1890—1900年间也增长了三倍；其他工业生产也得到一定的发展，到19世纪末20世纪初，俄国变成了“封建军事帝国主义”国家。

由于沙皇俄国长期存在着极端落后的农奴制，在农奴制的沉重压迫和剥削下，俄国广大人民群众生活异常贫困，国内市场长期狭窄，俄国统治者为了弥补其孱弱的经济，自建国以来就不断四向作辐射式的猛烈扩张。以后走上资本主义道路又是通过“由上而下”的农奴制改革，并带着很大的农奴制残余进入帝国主义，以致俄国的帝国主义经济和当时其他帝国主义列强相比，仍处于相对劣势的地位。这样，沙俄统治者就必然要以军事侵略为主要手段，用不断的新掠夺和新占领来弥补其经济力量上的不足。因而，沙俄在形成帝国主义后，向外侵略愈演愈烈。

沙皇俄国自克里米亚战争失败和在柏林会议上受到列强挟制之后，向巴尔干侵略受阻于西方列强，于是转而向东，进一步加强对中亚、远东特别是对中国的侵略，企图在对东方的侵略掠夺中捞取争霸欧洲的新资本，以便在欧洲重整旗鼓，东山再起。克里米亚战败后，沙俄更蜂拥而东，变本加厉地向东扩张。19世纪下半叶，沙俄迫使中国接受《瑷珲条约》（1858年）、《北京条约》（1860年）、《中俄勘分西北界约》（1864年）、《伊犁条约》（1881年）、《喀什噶尔东北界约》（1882年）、《科布多界约》（1883年）、《喀什噶尔西北界约》（1884年）等一系列不平等条约，在短短数十年内，沙皇俄国就强割了中国150多万平方公里的领土。

19世纪末叶，在列强瓜分中国的狂潮中，沙俄在中国东北三省抢夺了大量的侵略权益。1896年，沙俄趁中国大卖国贼李鸿章赴俄贺沙皇尼古拉二世加冕的机会，用百万卢布巨款贿买李鸿章签订了《中俄密约》，攫取中东铁路的建筑权和在该路的运兵权（第四、五条）[①]，接着又夺取中东、南满两路沿线的许多特权。沙俄为了加紧推行依靠铁路进行征服的政策，扩组“华俄道胜银行”，在沙俄控制下兴建中东铁路。1898年又迫使中国订立《旅顺、大连湾租借条约》，强租旅顺、大连两地（第一条）[②]。沙俄又加紧向朝鲜扩张，1886年4月夺取了图们江一带的采矿权，8月抢走了朝鲜在日本海中的郁陵岛的森林采伐权。1900年，沙俄在与列强组织“八国联军”镇压中国人民伟大的义和团革命运动时，又乘机派遣十五万大军，分五路大举侵入中国东北全境，并强占了三年四个

① 马斯：《远东国际关系》第416页，1931年纽约版。

②《1898年国会文件》，中国，第1号。

月之久。

由于沙俄对远东和中国侵略的加强，特别是出兵占领满洲，企图独霸中国东北，这就大大破坏了远东的均势结构，急剧锐化了它和其他帝国主义列强，特别是和日本以及当时在远东和中国最大的侵略权益既得者——英国之间的矛盾。中国拥有众多勤劳勇敢、生气勃勃的人民，幅员辽阔，又居于太平洋上的要冲地位，像中国这样一个在远东、太平洋和世界均势中十分重要的国家，纵然当时的旧中国力量孱弱，但是如果任何国家企图独占中国，必将在均势天平上引起巨大变化，从而在国际关系上导致广泛的影响和严重的后果。这一面近代历史的镜子屡试不爽，20世纪初，沙俄企图独占中国东北，就使它和日本、英国产生了不可调和的矛盾，从而导致了远东和世界均势结构的新激变和国际关系的新变化、新危机。

日、俄在中国和朝鲜的侵略势力本已顶头相撞，矛盾很深，而俄国迫使日本吐出辽东半岛，并在不到三年，它自己又加以强占，更使日本耿耿于怀。因而俄国得陇望蜀地于1900年出兵占领中国东北，使日、俄关系达到极其紧张的程度，日本积极在外交上寻求盟国，并加紧扩建海军，决心和沙俄一战。

至于英国，它和沙俄在波斯、阿富汗各处本已矛盾重重，20世纪初，俄国又出兵独占中国东北，在英国看来，俄国势力在北中国站定后必将由北而南，直逼英国在南中国的"势力范围"，加以俄国强占了旅顺、大连和辽东半岛，脚已伸向太平洋。1891年，俄国又开始修建西伯利亚铁路，1895年12月，此路第一段由切利亚滨斯克至鄂木斯克已开始通车，将来一旦全路建成，俄国的军事和商业势力更将在大陆上便捷地由西而东直抵太平洋之滨，这些又都构成对英国海权的威胁。这时的英国已面临德国的全面挑战，如果再听任俄国在远东坐大，原有的远东均势必被破坏无遗，东方将成为沙俄的"一统天下"。而20世纪初的世界，随着科学技术和交通的新发展，千里之遥，朝发夕至，世界距离已大大缩短，世界各地区的联系日益紧密，牵一发就会扯动全身，远东均势结构变化会直接地使世界均势结构发生变化，沙俄对远东均势秩序的破坏，必将使世界均势秩序解体。这样，不仅大大削弱了英国对德国的斗争力量，并且也必将导致英国霸主地位的丧失和庞大殖民帝国的全面崩溃。

英国在外交政策上，自战胜拿破仑以后，长期实行一种所谓“光荣孤立”的政策，即英国不同其他国家订立长期盟约，以便英国随时按照本身需要变换对外关系，弹性地调整和维持均势，让英国挟其优势经济巧取豪夺，保持霸权。但是，到19世纪90年代，英国一方面丧失了“世界工厂”的工业垄断地位，作为这一外交政策的经济基础已不复存在；另一方面又面对俄国在东方和德国在西方咄咄逼人的严重挑战，英国如果仍旧墨守成规，死抱着传统的“光荣孤立”政策不放，则其结果除了使自己彻底孤立以外，绝不会得到任何一点“光荣”。尤其是俄国出兵占领中国东北，使得远东风云激变，更猛烈地推动英国外交政策开始做根本的大转变，从“光荣孤立”转变到“积极结盟”，为未来帝国主义大战做外交上的准备。它先在远东挑选了新起的日本作为联合的新伙伴，扶植日本，压制俄国，以谋求远东均势的维持。1902年1月30日，英国和日本缔结了《英日同盟条约》，盟约规定缔约国一方与他国作战时，缔约国另一方应严守中立（第二条）；其他国家加入敌方作战，缔约国另一方应共同作战（第三条）①。英日结成同盟的目的在于共同对付俄国，因此不久就爆发了日俄战争。日俄战争时，英国给予日本以有力支持，曾阻止俄国黑海舰队进入地中海，并拦阻俄国波罗的海舰队通过苏伊士运河，大大削弱了俄国海军的作战力量。

由于俄国出兵占领中国东北，完全关闭了美国势力渗入这一地区的大门，大大阻碍了美国对“门户开放”政策的推行，严重地损害了美国在华的侵略利益。因而，美俄关系也趋于恶化。美国虽未直接参加英日同盟，但对同盟积极支持，如日俄战争初期，美国总统西奥多·罗斯福就曾通过德、法两国驻华盛顿大使警告德、法两国，如德、法帮助俄国，美国即出而帮助日本。事实上，美国已成为“英日同盟”的不具名

① 玛克玛雷:《同中国和有关中国的条约与协议(1894—1919)》第1卷,第324页。

伙伴。

英日同盟标志着英国外交政策的大转变、整个国际关系大调整的开始。英国继英日同盟之后，于1904年和法国调整了关系，英国承认法国在摩洛哥的侵略权益，法国承认英国在埃及的侵略权益，缔结了《英法协约》。1905年，俄国在战争中迭遭失败，同年俄国革命又爆发，美国总统鉴于形势的变化，怕俄国过于削弱，日本过于强大，都不利于美国在太平洋和远东未来的扩张，因而出面“调停”战争，日、俄缔结了《朴次茅斯条约》。日俄战争后，远东均势又有了新的改变，俄国战败，力量削弱，已不再成为英国在远东的威胁，加以这时英、德矛盾又已发展超过了英、俄矛盾。而俄国与德、奥在近东和巴尔干方面的矛盾也日益锐化，超过了俄、英在这方面的矛盾，因而，英国又在1907年和俄国调整了双方在波斯（今伊朗）、阿富汗和中国西藏的侵略权益，缔结了《英俄协约》。这一协约和《英法协约》以及早在1891—1893年缔结的《法俄协约》联结起来，统称为英、法、俄《三国协约》，与德、奥、意《三国同盟密约》相对抗。英国与俄、法两国由旧仇变成了新友，德、奥和英国又由旧友变成了新仇。在此期间并出现了许多重要的双边协定，除英、日两国于1905年和1910年又两次续订同盟条约外，法日、美日和俄日之间也纷纷平行地进行双边协商，1907年，法国和日本缔结了协定；同年和1910年，俄国和日本两次签订了政治协定；1903年，美日也签订了《罗德-高平协定》。基于均势结构变化而导致的这二十年国际关系的复杂、剧烈变化，使得壁垒分明、帝国主义对峙的两大军事阵营最后完成了，战神的军刀声在巴尔干半岛上已由远而近，第一次世界大战已在指顾之间。

（原载《世界历史》1981年第2期）

编写全国高等师范院校历史系《世界近代史》教学大纲的两个原则

中央教育部指定安徽师范大学和东北师范大学负责编写的全国高等师范院校历史系《世界近代史》教学大纲已经出版。下面谈谈在编写这一教学大纲中所遵循的两个原则，供使用这份大纲的同志们参考。

一、大纲以马克思列宁主义、毛泽东思想为指导思想，使学生系统地掌握世界近代史的基本理论、基本知识并获得基本技能的训练，从而弄清历史发展的基本线索和脉络

在编写过程中，我们认为必须坚持马克思主义理论，但绝不能搞"教条主义"的照搬，而是要真正运用马克思主义的立场、观点、方法，对具体问题进行具体地分析与研究，结合本门课程的特点来编写。大纲以马克思列宁主义、毛泽东思想为指导思想，来规定这门学科的基本理论和基本知识的教学范围，在体例结构上强调系统性、科学性和思想性的统一，清除了"四人帮"横行时期对本学科的流毒和影响。

世界近代史是世界资本主义社会产生、发展和开始走向衰落的历史。它从17世纪中叶英国资产阶级革命开始，到十月社会主义革命前和第一次世界大战结束为止。它涉及的国家众多，内容非常广泛，诸如各种类型的资产阶级革命与改革；产业革命，工人运动；马克思主义的诞生和国际共产主义运动的兴起；殖民地半殖民地民族独立运动，帝国主义的形成及其初期的历史演变；近代世界文化和科学技术的发展；近代国际关系等，无不有所论述。因此，大纲必须抓住主要历史发展线索和

基本内容，汰除枝蔓，突出重点，史论结合。大纲是从世界近代整体上来阐述各国近代的历史，以体现世界近代历史发展的总过程及其规律，而不是成为近代各国的国别史的连缀式长篇。既要注意到近代各国、各地区的历史特点，又要注意到它们之间的相互关系；既要看到近代各国、各地区历史发展的特殊规律，又要看到它们之间的普遍规律。如果过分强调它们的特殊性而忽视其共同性，势必要导致历史发展的多元论。与此相反，如果过分强调它们的共同性而忽视其特殊性，则历史又将成为千篇一律的公式。大纲强调揭示历史事实与历史真理，也就是包含于人们认识中的符合客观事物及其规律的客观内容。历史的客观内容包括时间、地点、人物、事件，离开了具体的时间、地点、人物、事件，就无所谓历史。对历史要实事求是。如果把历史概念化、公式化，势必弄不清历史的真相，不能把历史具体地重现出来。我们坚决反对“肢解历史”和“放空炮”，坚持理论联系实际，坚持革命性与科学性的统一、观点与材料的统一，完整地反映历史发展的客观规律。

大纲还力求把党的十一届三中全会以来世界近代史这门学科学术研究的新动态和所取得的新成果反映出来。大纲附加了一个基本参考书目，尽可能地反映本专业范围内科学研究的新成果和新资料。

为了贯彻百花齐放、百家争鸣的方针，使学生增加知识，扩大视野，活跃思想，提高分析能力和识别能力，大纲还提出可以根据课程的特点和需要，正确而适当地介绍和评论各种学派的观点。教师本人也可以阐述自己的学术观点，提出研究的新课题，使内容得到不断更新。

大纲在有关章节增添了政治制度、哲学思想、社会思想、文学艺术以及科学技术部分，反映了世界近代的历史全貌，有助于对人类文化遗产、精神财富的了解和认识。但在讲述这类内容时必须要进行阶级的分析，如对资产阶级民主、议会制度的讲述，就绝不能被其冠冕堂皇的词句所蒙蔽，不仅不能只作单纯的介绍，而且还应进一步指出：“资产阶级民主始终是而且在资本主义制度下不能不是狭隘的、残缺不全的、虚伪的、骗人的民主，对富人是天堂，对被剥削者、对穷人是陷阱和骗局。”[①]从而反对那种怀疑和否定四项基本原则的资产阶级自由化倾向。因此，本大纲在安排这类细目时，就结合安排了对这类内容的阶级分析。（见大纲细目。）

用马克思主义的观点评价历史人物，是历史科学的一项重要内容。大纲要求课堂教学对历史人物的评价要坚持历史唯物主义，应当依据历史的真实，在一定的历史范围内，做出实事求是的恰如其分的分析和评价。正如列宁所指出的，“在分析任何一个社会问题时，马克思主义理论的绝对要求，就是要把问题提到一定的历史范围之内。”[②]这就是说，超出“一定的历史范围”，离开具体的历史条件，历史人物的是非功过就失去了时代和历史的客观依据，就得不出正确的论断。

研究历史是不可能脱离现实的。“古为今用”“外为中用”，这是无产阶级研究历史的一个根本原则。我们强调历史研究必须联系现实的需要，是为了更好地洞察未来，掌握当今中外的现实，给人们以科学的历史知识和前进的动力，使人们看到美好事业的前程，并为实现共产主义而奋斗到底。

大纲突出反对霸权主义的斗争，特别是殖民主义、帝国主义国家以及各国人民反对霸权主义的斗争。大纲揭露了老沙皇的扩张政策，增加了老沙皇对外侵略的史实。大纲增加了近代国际关系的内容，指出各资本主义列强矛盾的不可调和和帝国主义国家在世界范围内展开争夺的过程及其实质，使学生通过对近代世界历史横断面的了解，加深其对近代世界历史纵断面的理解，有助于学生较全面地掌握近代世界历史发展的规律。

亚、非、拉各国人民的反抗斗争有着丰富的历史事实。大纲增加了亚、非、拉近代历史的内容，增加了资本主义、帝国主义采用武装侵略、经济侵略、文化侵略等各种残暴阴狠手段的史实，同时还加强了亚、非、拉各国人民斗争的史实，如实地反映了亚、非、拉各国历史在世界历史上的应有地位。

---

①《列宁选集》第3卷，第650页。

②《论民族自决权》，载《列宁选集》第2卷，第512页。

二、大纲强调有机结合本学科的特点进行共产主义思想教育，为建设社会主义精神文明发挥应有的作用

历史学科不仅担负着文化建设的任务，同时也担负着思想建设的任务。它对学生共产主义世界观的形成具有很大的意义。社会主义精神文明是在继承和吸取人类文明全部有价值的物质成果与精神成果的基础上而产生与发展起来的。一部世界近代史为我们在建设社会主义精神文明方面提供了许多具体的、生动的、富有说服力的资料。大纲要求不仅要通过本学科的教学对学生进行爱国主义教育，而且要进行国际主义教育，要有机地寓思想教育于历史教学之中，把教育的实效真正落实到提高学生的共产主义思想觉悟上来。

大纲要使学生通过本学科的学习，了解资本主义发生、发展和开始走向衰落的历史，认识资产阶级的罪恶发家史及其剥削的、反对劳动人民的本性，认识资本主义发展到帝国主义阶段的腐朽性与垂死性等。在这些方面加强阶级分析，从而深刻理解资本主义必然走向灭亡、共产主义必然走向胜利的历史必然性，从而说明历史运动的实际意义，使学生增强为社会主义现代化建设服务的决心，自觉地顺应历史发展的要求，树立起对伟大的共产主义的坚定信念。

资本主义代替封建主义，在历史上是一个很大的转折与进步。所以说资产阶级革命是人类社会历史发展过程中不可避免的历史现象。资产阶级革命的胜利，为资本主义发展扫清了道路，为产业革命的发生准备了条件。产业革命首先发生在英国，继而法国、美国、德国以及日本也先后进入了产业革命时代。本大纲使学生通过对本门学科的学习，了解资产阶级在反封建斗争中的作用，特别是要了解人民群众在反封建斗争中的决定性作用，总结在这些斗争中的经验教训；了解这一时期的生产斗争和科学技术较之封建社会得到了迅速的发展；了解这一时期的资本主义国家吸收外资、技术装备和企业管理的做法等，剖析其阶级性质、前因后果和利弊得失，根据我国独立自主、自力更生的方针，结合社会主义现代化经济建设的现实需要，从历史的角度，汲取其中有助于企业

技术改造的先进科技，并着重批判盲目崇洋的思想倾向。

世界近代史是一部无产阶级形成和壮大的历史，又是一部殖民地、半殖民地人民反对殖民主义、帝国主义、封建主义斗争的历史。本大纲使学生通过学习，了解无产阶级和殖民地、半殖民地人民的英勇斗争，了解随着历史发展而变化和前进的国际共产主义运动的历史；了解马克思、恩格斯、列宁的革命活动及其伟大意义和作用，了解马克思主义各个时期反对“左”的或“右”的机会主义、修正主义思潮的斗争，并总结这些斗争的历史经验和教训，使学生具体地而不是抽象地懂得“四项基本原则”。本大纲强调运用世界近代史上的革命导师、革命先烈的光辉事迹来教育学生，使学生从十分生动、具体、真实的历史事实中，受到深刻的思想教育和革命情操的熏陶，并从而阐明“四项基本原则”的科学性和历史的必然性。

（原载《东北师大学报》1983年第6期，与姜德昌、管敬绪合作）

读《1848年欧洲革命史》

1848年欧洲革命是继17世纪英国资产阶级革命和18世纪法国资产阶级革命以后欧洲的又一次革命大风暴。它已不是在个别国家内爆发的革命，而是在极其短促的时间内，在欧洲许多主要国家爆发的一次震撼整个欧洲的资产阶级民主革命。然而，长期以来，一部由我国学者撰写的1848年欧洲革命专著尚付阙如。现在韩承文主编的《1848年欧洲革命史》已由上海人民出版社出版，填补了我国在这方面研究的空白。全书以丰富的史料展示出1848年欧洲革命错综复杂的历史画面，作者不仅热情赞扬各阶层人民斗争的英勇献身精神，而且分析它的失败与错误，同时作者在对大量史料进行科学分析的基础上，还提出了一些新的见解，给人一些有益的启示。

本书特色之一，是比较客观地反映了经济基础的变化决定着上层建筑的变化这一历史发展的客观必然性。在过去的有关1848年欧洲革命的论著中，大多偏重于政治因素，而对经济因素往往略而不详。本书作者则是从经济和政治两个方面入手，特别注意论述当时各国经济发展所造成的革命原因。如在分析1848年法国革命时，作者一方面指出法国七月革命后资本主义发展的速度及其进行产业革命的过程，另一方面又着重提出法国工业化的速度仍然远远落后于英国。法国资本主义发展缓慢的主要原因是七月王朝在经济方面所推行的各项政策，严重阻碍了法国资本主义的发展，因而导致了法国的二月革命。19世纪30—40年代，各国资本主义都在发展，但每个国家的具体历史条件与民族特点各异，以致资本主义发展的途径也不尽相同。作者在分析1848年德国革命时，从多方面叙述德意志各邦资本主义发展的特点，即资本主义首先在农业中发展的普鲁士道路。作者从经济分析入手，有力地论证了为什么当时德意志各邦强烈要求结束分裂状态，要求形成政治上统一的民族国家。作者对罗马尼亚、捷克斯洛伐克、波兰、匈牙利等国城乡资本主义的发展不仅征引了经济史方面的新材料，而且着重指出这些国家经济的发展受到俄、奥、普的控制和压抑，这就严重阻碍了这些国家城乡资本主义因素的正常发展，造成了各地区之间的发展不平衡，从而使这些国家的阶级矛盾和民族矛盾趋向激化。总之，作者运用历史唯物主义的观点，根据“随着经济基础的变更，于是全部庞大的上层建筑也就会或迟或速地发生变革。[①]”这一马克思主义原理展开了对此次革命全部内容的阐述。

本书特色之二，是比较客观地反映了1848年各国革命的任务及其历史地位。作者指出，1848年欧洲革命是一次范围极广、影响极深的资产阶级民主革命。作者不仅写清了1848年欧洲革命面上的共性，还写清了1848年欧洲革命点上的个性。它同以往的资产阶级革命相比，有着自己的历史特点：

第一，当革命爆发时，在资产阶级与封建贵族地主为争夺政权而斗争的时候，西欧先进资本主义国家的无产阶级已作为一支独立的政治力量登上了历史舞台。他们带着自己的阶级要求参加了革命，并给这场革命打上了自己的阶级烙印；

第二，当时欧洲的资产阶级在领导这次革命时，由于惧怕站在他们背后已经逐渐壮大起来的无产阶级，表现得畏首畏尾、妥协动摇，甚至公开同封建势力结成同盟，反对革命；

第三，在遭受异民族压迫的国家里，民族矛盾与阶级矛盾交织在一起，形成了错综复杂的社会矛盾，但在革命的过程中，民族矛盾逐渐上升为主要矛盾。所以，意大利、捷克斯洛伐克、罗马尼亚、波兰、匈牙利等国的革命又具有民族民主解放运动的性质；

第四，在整个1848年欧洲革命进程中，可以明显地看到两种截然不同的力量和影响：一种是以马克思和恩格斯为代表对1848年欧洲革命的无私支持和真诚地声援，另一种则是以老沙皇为代表的封建复辟势力对

---

①《马克思恩格斯选集》第2卷，第83页。

1848年欧洲革命的蛮横干涉和粗暴镇压。

作者对1848年欧洲革命的任务提出了独到的见解，指出在1848年欧洲革命中各国除了各自的具体任务外，它们还有打击欧洲宪兵沙皇俄国这一共同任务。作者在书中另设专章“沙皇俄国与1848年欧洲革命”，详细论述了这方面的内容。尤其可贵之处是，作者根据史实进行了新探讨。如作者指出，在我们所见到的一些历史著作之中，每当论述到俄国对1848年欧洲革命的镇压时，总是引用尼古拉一世在得知法国革命时的喊叫：“先生，备马吧！法国宣布共和啦！”似乎革命刚一开始，沙俄便已公开进行镇压了，作者研究了尼方托夫所著的《1848年俄国》及其他有关俄文资料，经过缜密审核，认为事实并非如此。作者指出，从巴黎开始的二月革命迅速席卷了整个欧洲，使得尼古拉一世措手不及，尼古拉一世根本没有时间动员欧洲的反动势力，也没有做好战争准备，尤其是俄国因1848年欧洲革命的深刻影响，国内出现了动荡不安的局面，也使沙皇政府未敢立即采取行动。因此，在革命开始时，他也未立即“上马”，而是在革命头几个月内被迫采取防御立场，以等待有利时机。尼古拉一世当时写道：“暂时我们还不能同谁作战。”“目前战争还没有到来。”“现在我们还没有找到发动战争的借口。”“暂时我们还必须等待……”[①]沙皇俄国敢于公开武装镇压1848年革命，是在巴黎六月起义失败以后，它首先以武力绞杀了摩尔多瓦和瓦拉几亚的革命，大规模的武装镇压是在1849年春季。沙皇俄国入侵匈牙利，使匈牙利处于腹背受敌的困境，匈牙利革命于1849年8月被沙皇俄国残酷镇压了下去。作者这种符合历史实际的看法，纠正了过去一些书中认为的革命一开始沙俄就进行镇压的传统说法，有助于我们进一步探讨沙皇政府镇压革命的总策略及其在各个阶段所采取的具体措施，对全面地了解曲折复杂的1848年欧洲革命的进程及其失败的原因也都是有益的。

本书特色之三，是高度赞扬了群众的历史主动性。作者强调指出，没有广大人民群众的革命活动便没有1848年欧洲革命的历史。作者对人民群

① 谢尔巴托夫：《元帅帕斯凯斯维奇公爵》第6卷，俄文版，第214、243页。

众在1848年欧洲革命中留下的光辉业绩大书特书。如在意大利革命中，大写意大利人民英勇奋战，将奥地利军队打得一败涂地，解放了米兰和威尼斯，推翻了教皇的世俗政权，宣布成立共和国，在罗马上空升起了迎风飘扬的三色旗帜。在奥地利革命中，大写维也纳人民将自命为欧洲首相的梅特涅赶下了政治舞台，迫使他男扮女装狼狈逃亡英国。在罗马尼亚革命中，大写倍受压迫的罗马尼亚人民反抗强大的沙皇和土耳其统治，在革命中烧毁了“组织规程”和“贵族谱”，成立了临时政府，写下了永垂史册的“布加勒斯特血浴”一页。在捷克斯洛伐克革命中，大写英勇的捷克斯洛伐克人民在资产阶级自由派不断叛变的环境下，以视死如归的精神抗击文迪什格雷茨的强烈炮火与强大兵力，布拉格的街垒战士浴血奋战，直到生命的最后一息。在匈牙利革命中，大写匈牙利人民在争取民族独立的斗争中迫使奥皇斐迪南一世颁布宪法，承认独立内阁，在打败奥军的同时，庄严地发布了《独立宣言》。在波兰革命中，大写波兰人民这个欧洲不死的勇士又高擎起民族复兴的大旗，他们不仅在波兰的土地上举行起义，而且还以国际主义精神投身欧洲各国的革命斗争中，哪里有战斗，哪里就有波兰人民的足迹。本书明确指出在1848年欧洲革命中，工人和农民阶级是革命的动力。法国无产阶级举起了“打倒剥削人的制度”的鲜明旗帜，以崭新的面貌登上了政治舞台。他们在斗争中不仅创造了武装斗争的新形式，要求推翻旧制度，而且还要求建立一个给人民以政治自由，把劳动人民从资本主义压迫下解放出来的民主的社会共和国。法国无产阶级的这种强烈要求影响了整个革命的进程，丰富了革命的内容，使1848年欧洲革命更加具有鲜明的人民性，并且第一次在那么广阔的领域里表明自己是一个特殊的阶级，不仅仇视封建制度，而且深恶痛绝资本主义制度。总之，作者有力地阐明了历史的主人是人民群众。

本书特色之四，是论述范围比较全面，征引资料比较丰富。本书对1848年革命中罗马尼亚、捷克斯洛伐克、匈牙利和波兰各国的情况给予了较大篇幅的论述，有助于人们对1848年革命的全面研究。在征引资料方面，作者不仅引用马克思、恩格斯、列宁的有关论述与著作，还翻译了大量的俄文以及其他国家资料，这就给本书打下了扎实的资料基础。

本书还有简明的插图，图文并茂地反映了1848年欧洲革命的重大事件与主要人物。在书的末尾还附有《1845—1852年大事年表》和《1848—1849年欧洲革命简图》，为读者学习和研究提供了很大方便。

当然，本书作为对1848年欧洲革命史的全面研究，也还存在着一些缺点和不足之处。

1848年欧洲革命是一次地区极其广阔的革命大风暴，从巴勒摩到巴黎，从维也纳到布达佩斯的广大地区，都此呼彼应地掀起了革命运动。对于这场复杂无比的革命，作为一部1848年革命的专著，不仅要使读者对1848年欧洲革命有纵断面的了解，而且还要加深对1848年欧洲革命史横断面的了解，这对于读者较全面地了解1848年欧洲革命历史发展的契机和规律是很重要的。但作者在本书中往往偏重于就事论事，虽然对一些重要事件写得比较具体，然而对一个事件与当时其他国家事件之间的关系，论断的还不够充分，作者虽然试图从1848年欧洲国际关系这一横断面加以考察和探讨，可惜未能进一步展开。这里固然有其客观原因，但同时也反映出作者对这方面的研究还需要进一步加强，希望将来再版时加以充实。

另外，本书涉及的各类历史人物很多，要求对每个历史人物都做出恰如其分的评价，确非易事。如本书对路易·勃朗这个历史人物的评述，就不甚明朗，评述前后又有些矛盾之处。本书前一段写出路易·勃朗不仅谴责了资本主义制度下劳动人民的贫困，而且还对资本主义竞争的危害作了深刻的揭露与批判。后一段又写出路易·勃朗对于资本主义的批判是很不彻底的，是表面的，他没有能够找出贫困的根本、真正的原因。如此立论发议，似尚欠周密。其他一些地方，作者也不无疏漏之处。如在引言部分，作者强调马克思、恩格斯早在19世纪40年代与普鲁士的斗争，就已经确立了马克思主义在工人运动中的领导地位，这种提法也还值得商榷。

本书虽有这样那样的不足之处，然而，瑕不掩瑜，这本书仍是值得推荐的一部世界史专著。

（原载《世界历史》1984年第1期，与管敬绪合作）

论国际关系史的研究对象、方法及其重要性

一

国际关系史的研究对象问题是关系到这门学科的研究范畴以及建立何种体系的重要问题。对于这个问题，国内学者有不同的看法，国外学者在晚近更是异说纷驰，莫衷一是。

我觉得国际关系史应当以国家与国家间的政治关系和经济关系，尤其是政治关系的发生、发展、变化的历史过程及其规律和趋向为主要研究对象。

国际间的关系是多方面的，特别到近代以后，关系更是复杂众多、密如蛛网，它包括国家之间物质和精神两大领域中的多种关系，但是经济是基础，政治是经济的集中表现，所有这一切多层、多面的复杂关系都集中反映为政治关系，国际关系史应以国家之间的政治关系和经济关系，尤其是以政治关系为其主要研究对象。当然，研究国际政治关系不能脱离对其他诸种关系的综合考察，不能孤立进行。但是，对多种关系研究应有主次之分，不能作等量的研究，不然，这一学科将成为一部社会科学的大百科全书，务广而荒，将使研究一无所成。

国家是阶级的产物，国与国间的关系当然是产生于人类社会出现阶级之后，并一直存续到阶级消亡时。在阶级存续的漫长历史阶段，国际关系中发生关系双方的行为主体也当然主要是国家，虽然在近代特别到当代，随着国际经济和科学技术的发展，国际社会中的行为主体空前增多。但是，这些行为主体和民族国家相比较，在国际社会中仍然居于次

要地位，这些行为主体不仅它们背后的依靠力量是国家，而且它们又都受到民族国家的控制与操纵。当今民族国家在国际社会中的作用并不因为这些新行为主体的出现和发展而有所削弱，相反的却更加增强。国际社会中发生关系双方的行为本体仍然主要是民族国家，国际关系研究的主要对象也仍然应当是国家间的双边和多边关系。当然，从本学科研究工作的整体来看，对国家以外的行为主体在国际社会中的活动，及其相互间或它们与民族国家间的关系，本学科在研究时也应当给予一定的注意。

但是，对国际关系史这门学科的主要研究对象在当代是否仍是民族国家间的关系，现在西方的“世界秩序学派”则力持异说。这一西方资产阶学派兴起于第二次世界大战，现在逐渐代替20世纪40—50年代以汉斯·摩根索（Hans J. Morgenthau）为代表的现实主义学派而风靡于西方，并给予西方大国的外交决策以巨大影响，正因为这一学派影响的广泛和巨大，为了使我们的研究保持正确方向，以及把这门学科建立起我们自己的体系，所以对这一学派的主要论点自不能不加以研究加以辩明和澄清。

新起的“世界秩序学派”包括许多流派，其中最主要的有两派，一派是以美国哈佛大学著名教授斯坦勒·霍夫曼（Stanleg Hrffmann）为代表的渐进派；另一派是以美国世界秩序学科主席罗伯特·C·约翰逊（Robert C. Johnson）和勒斯特·R. 布朗（Lester R. Brown）为代表的现代派，后一派尤盛行于当代西方，不论是前者或后者，他们的主要论点，简括地说，都认为在当代国际社会中，民族国家的作用日益减弱，并逐渐为世界共同体所代替，民族国家已成为陈旧的、过时的传统概念。他们又认为，随着当前这样的时代发展，在当今信息世界里，各国的经济、福利和安全已趋于“一体化”，经济、福利的发展和安全的维持已不可能单独依靠一国的努力，而只能依靠国际合作才能实现，一国的福利与安全存在于所有国家的共同福利和共同安全之中，并且在当代，世界问题已经世界化了。民族国家以相互独立和对立为特征，它们强调各自的国家主权，把可用于谋求全球福利的大量人力、财力，虚掷于各自的国防军备之上，民族国家已成为消除全球性危机和谋求人类共同福利的障碍，因而，他们主张限制、侵蚀和消除国家的主权，建立一个“没有国界的世界”和“天下一家”的“大同世界”。他们又都认为，建立“世界秩序”的障碍多来自第三世界。第三世界国家的贫困导致其内部的动乱，影响所及，往往形成大国间的对立和危机，甚至战争。而第三世界贫困的消除又只能依靠“世界秩序”的建立才能实现。因而，他们都反对第三世界国家真正的政治独立和经济自主的正义要求，主张用给予第三世界国家小恩小惠的手段来压制第三世界国家的政治独立和经济自主。

不论是渐进派或是现代派，其基本观点大致相同，只是现代派的主张更是走向极端。现代派认为，当代已经迅速成为国际普遍合作与和谐的时代，民族国家完全过时，已成为国际社会中的有害无益之物，民族国家应当让位于世界共同体，“国家对立”应当让位于“全球合作”。他们主张对第三世界国家的压制也较前者强烈。渐进派的主张较为缓和，他们还承认那种所谓产自“世界一体化”的“理论模式”与当前国际政治的实际尚有差距。因而，他们主张采用渐进的“节制”办法，即一面用此办法来限制民族国家的主权，一面用此办法来节制大国使用武装暴力，防止相互间的“决定性挑战”，并谋求大国间的妥协与合作。

当前流行西方的这两个学派，他们所鼓吹的“民族国家过时论”和第三世界贫困是世界战乱根源的说教，是对现代国际经济和科技发展的曲解，其目的在于反对第三世界国家真正的政治独立和经济自主，掩盖第三世界贫困的根源来自帝国主义国家剥削的真相，为帝国主义国家加强剥削和控制第三世界制造理论根据和合法根据。他们的学说有其强烈的阶级性，是美国20世纪70年代前后与苏联争霸世界的过程中姑息、缓和阶级政策的鲜明反映。他们的学说不论从理论上或是从事实上来看都是错误而有害的。国家是阶级的产物，在阶级未消亡之前，国家是不会消亡的，国家的作用也不会消失的，民族国家并未成为过时之物，他们的“民族国家过时论”在理论上完全是一种没有根据的主观臆断，从事实上看，随着当代国际经济和科技的发展，国际间的各种矛盾不是逐渐减弱与消失，而是更加锐化和强化，国际贫富距离更加拨开，南北矛盾、东西矛盾、超级大国之间的矛盾以及它们与第三世界国家的矛盾都在日益加剧。他们所鼓吹的“合作”“和谐的“世界秩序”不过是一种虚幻的“空中楼阁”。在当代国家之间的矛盾斗争日益加剧的形势下，民族国家的作用正在日益增强，并不是渐趋减弱，他们的“民族国家过时论”恰恰是对当前时代态势的反面说明。因此，以民族国家间的政治关系为国际关系史的主要研究对象，才不致使研究工作走向歧途。

上面的论述已阐明了在国际关系中的主要行为主体仍然是国家，而国家又是历史范畴的产物，由此可知，在不同的历史条件下，国际关系就具有不同的特征。在古代和中世纪奴隶社会和封建社会历史时期，国家间的关系尚处于低级阶段，那时的国际关系，空间跨度比较狭窄，时间跨度断续而不经常，关系的交叉线也比较简单。

到资本主义特别是帝国主义时期，随着经济与科技的发展以及资本主义世界市场的开拓与形成，国际关系获得飞跃发展，使这一时期的国际关系具有与以前大不相同的特征。首先是帝国主义借助于经济和科技的迅速发展，加强对外扩张，并使其扩张达到无远弗届、无孔不入的地步。因此，这一时期的国际关发展到全球性规模。其次是随着帝国主义侵略的加强，国际间的各种矛盾与斗争空前激化，使这一时期的国际关系空前复杂起来，一句话，到此时期国际关系已由“平面模式”发展成为多方面的、多层次的、快速流动的“网状立体模式”。由于近代以来国际关系的这些特征，加以近现代国际关系又与当前的重大国际问题有着更为密切的关系，因此，在国际关系史的研究工作中应以近现代部分为重点，并应改变过去不重视研究第三世界国家涉外关系的倾向。

尤其应当注意的是，中国这样一个人口众多的大国，特别是中华人民共和国成立后国际地位的空前提高，在国际事务中的作用日益增强，在国际社会中具有举足轻重之势，对于中国在国际社会中的地位与作用更应成为我们对这一学科的研究重点，彻底改变过去国际关系史研究中对中国部分重视不够的错误倾向。

二

首先，谈到国际关系史的研究方法，最根本的一条就是必须以马克思列宁主义、毛泽东思想为指导思想，运用历史唯物主义和辩证唯物主义来进行本学科的研究。只有这样，才能在千变万化的国际关系表象中弄清真相，理清线索，找出规律。

其次，对国际关系的研究，我觉得宜于并重宏观和微观两个方面的研究。前者有助于后者对问题的分听，后者有助于前者对问题的综合，两者缺一不可。而我国当前的国际关系史研究，对具体问题的微观研究居多，对这门学科做总体的宏观研究较少，这是一个值得注意和改进的问题。

上面谈到了国家是历史范畴的产物，既然如此，那么，国家在国际社会中的诸种活动当然必须纳入其一定的历史范畴中加以考察，才能得到科学说明。对国际关系史的研究，不论是宏观的或是微观的，都应如此。除此以外，在微观研究中还宜于采用同时态与历时态的综合、比较方法，固然国际关系史是侧重史的横向研究，通史侧重于史的纵向研究。但是我觉得对于国际关系史上任何一个或数个重要的历史事件、历史人物、外交政策等进行微观研究时，除了对于这类问题出现的当时诸种情况要进行同时态横向的综合、比较研究外，还应结合其出现前后的诸种情况进行历时态纵向的综合、比较研究。这样才能使问题的研究深化，揭示出问题的真相。譬如对1853—1856年的克里米亚战争的研究，除了对1848年革命后欧洲出现的国家新态势，普、奥、法以及英、俄诸国革命前后国家力量和情况的变化等做同时态的横向研究外，还应对自1774年俄、土《库卡克-开拉齐条约》（*Treaty of Kücük Kaynarca*）以来沙皇俄国长期多次对土耳其的侵略扩张，以及对历时甚久、扰攘最多的“东方问题”等进行历时态的纵向研究，才能使这一问题的研究深入，才能弄清为什么在1833年和1834年两次尖锐的“东方危机”未能引爆战争，而到1853年才爆发了近代第一次欧洲规模的克里米亚战争。除此以外，还应对这次战争后沙俄受阻于西方列强，转而向东，加强对中亚、远东特别是对我国侵略的诸种情况进行历时态的研究。只有这样，才能深入探索出克里米亚战争的来龙去脉以及它在国际关系中所起的复杂作用。

在国际关系史的宏观研究方面，近年来我有这样一种不成熟的新构思，即对国际关系的研究宜用于对均势结构变化的考察来研究国际关系的变化。我觉得近代大国之间国际关系的变化经常随着国际均势的变化而变化，而国际均势的变化又以均势结构的变化为依归。均势结构是由大国的政治、经济、军事、社会、文化等多种力量共同组成的，而大国各自的这种综合力量又受到它们国内和国际的各种重要因素的制约。

"均势"，即"势力的均衡"（Balance of Power），它是近代国际关系史上的一个常见术语。早在1648年《威斯特发里亚和约》后，欧洲大国就在推行均势政策。自那时起，由大国力量构成的均势结构和在均势结构基础上建立起来的均势秩序也就长期控制着近代的国际关系。而近代的均势秩序又都是由大国建立并为大国利益服务的，均势是大国力量相互牵制的一种暂时表面静止的动态均衡。作为导致均势出现的均势结构，在其形成之后往往使国际社会出现一段时间的"苟安"局面。但是，大国的经济、政治、军事、社会、文化等力量是经常不断变化的，由大国这些综合力量所构成的均势结构当然也必定要随之做同步的变化。可见，均势结构自其形成均衡之日起，就存在着不均衡的潜在性，它在事实上的均衡仅仅是建筑在潜在不均衡基础上的均衡。因此随着不均衡潜在性的发展，现实的均衡必将被打破，以新的均势结构来代替旧的均势结构。而新、旧均势结构的更替又往往是通过大国战争来实现的。虽然如此，但在国际关系史上，一个新的均势结构的形成，常常带来一个相对和平的局面。纵然它是暂时的和不稳定的，甚至是"武装的和平"，各大国仍然在榨取民膏，扩军备战，但是在客观上，它毕竟在一定时期内和在一定程度上减除了战乱，安定了社会，休养了生息，发展了生产。

历来一个新"均势结构"代替"旧均势结构"时，伴随而来的总是国际关系的大幅度调整和重组。这一情况，征之史籍，班班可考。在近代国际关系史上“均势结构”的几次巨大变换莫不如此。1648年的《威斯特发里亚和约》结束了三十年的战争，欧洲几个大国重新调整了领土和权益，形成了新的“均势结构”，国际关系也紧接着为之一变。但是，在近代国际关系史上，均势结构最大的一次变化是发生在19世纪末20世纪初资本主义进入帝国主义时期。这次新均势结构的形成，导致了国际关系的全盘大调整和大组合，从而加速了第一次世界大战的到来。

这次新均势结构之所以发生前所未有的巨大变化，是因为它打破了由欧洲几个大国掌握均势秩序的传统旧格局。由于资本主义发展的不平衡性，美国、德国和日本等后起资本主义国家经济发展迅速，美国并且已经超过老牌的英国、法国。到此时期，美、德、日三国都已成为世界性强国，其中美国和日本又是两个非欧大国。于是，在均势天平上添进了两颗非欧国家的巨大新法码。长期被欧洲强国控制的均势旧秩序一变而为世界强国共同掌握均势的新格局，均势结构发生了根本的变化。这样，就必然不能不给各大国的外交政策和国际关系带来空前巨大和广泛的影响，不仅欧洲大国、美国和日本的外交政策需要改弦易辙，而且欧洲大国之间的双边、多边关系都要在结构巨大变化的激荡中做广泛的调整，以适应均势结构的这种新巨变。

正由于这种结构上的新巨变，这一时期的美国外交政策发生了巨大变化。美国最主要的外交政策已由1823年“门罗主义”的“一洋外交”，发展成为1899年“门户开放”政策的“两洋外交”。而“门户开放”政策在并无武力威胁的情况下能够使欧洲列强予以承认，正说明均势结构的这种新巨变使欧洲列强无力拒绝美国参加控制均势秩序的行列。并且欧洲列强也因此不得不重新调整它们的远东外交政策，从而又引起了远东国际关系的种种变化。与此同时，英国的对外政策也因此种均势结构的变化而发生变化。最足以说明这个问题的一例是英国对巴拿马运河建筑权的让步。英、美对巴拿马运河建筑权的争执在长达半个世纪的多次谈判中，英国寸步不让，但到1900年，英国却一反常态，不再坚持其对运河的权益，与美国签订了《海-潘斯福德条约》(*Treaty of Hay-Pauncеote*)，无条件放弃了根据英、美于1850年签订的《布莱顿-布尔瓦条约》

（*Treaty of Clayton-Buerwa*），英国所取得的巴拿马运河的部分建筑权，承认美国对运河的独占，英国并在签约之后主动撤走了它驻扎在西印度群岛的舰队。英国为什么作如此重大让步，这个历来为研究者的难解之谜，如果从当时均势结构的新变化来考察，就不难理解了。英国这时之所以改变对美的外交政策，其目的在于面对当时"均势结构"的巨变，英国需要拉拢美国，缩短战线，抽出力量。转而加强对俄国在远东的争夺和对德国在欧洲的争霸①。在这一时期，日本的兴起强化了日、俄矛盾，两国关系急剧恶化，而英国为了维持当时的远东均势，抵制沙皇俄国在远东的猛烈冲击，挑选了日本作为它的新伙伴。正是"均势结构"的新巨变推动英国放弃了传统的"光辉孤立"（Splendid Isolation）的外交政策②，于1902年与日本订立了《英日同盟条约》，导致了1904—1905年的日俄战争。英国并在缔结英日同盟放弃传统的外交政策之后，连锁地于1904年与法国缔结了《英法协约》；日俄战争后，俄国战败，解除了对英国在远东势力的威胁，英国又在1907年与俄国缔结了《英俄协约》。于是英国与俄、法两国由宿仇变为新友，而英国与德、奥两国又由旧友变为新仇。"均势结构"的新巨变带来了国际关系的大变动和大改组，导致了第一次世界大战前两个对峙的帝国主义阵营——英、法、俄协约国和德、奥、意同盟国的最后形成，加速了大战的爆发。

三

近代科技的发展日益消除了地理的限制和障碍，人类的交往和国家间的关系越来越纷繁复杂，一些国家之间关系的建立、发展和变化，不仅直接影响关系的双方，而且往往会牵一发而动全身，使一个地区甚至整个世界都受其影响。所以国际关系学受到前所未有的重视，第一次世界大战后从社会科学中脱颖而出成为一门独立的新型学科。而国际关系

① 参见拙撰《均势和一次大战前二十年国际关系的变化》，载《世界历史》1981年第2期，《中国国际关系史论文集》第一辑载。

② 当前书刊多译为"光荣孤立"。按"Splendid"一词，丝毫不含有"光荣"之义，改译为"光辉孤立"较为确切。

史也成为从世界史中分离出来的一个新的非常重要的分支。

国际关系史研究工作的重要性，首先在于它的研究成果可以为政府制定外交决策和处理重大国事务提供有益的参考。由于这门学科主要是研究国家间政治关系的发生、发展、变化的历史过程，并从中探索其发展规律和未来趋向，所以它的研究成果对政府外事工作能够起到参谋或智囊的作用。

国际关系史的研究工作还可以向从事外事具体工作的人员提供办理各种涉外事务的必要知识，扩大其知识视野，培养和提高其外事工作能力。任何一个当前现实的国际问题，无不有其发生发展和演变的历史过程，有时其历史过程是非常曲折和复杂的。鉴古以知今，了解过去正是为了了解现在和预测未来，所以国际关系史对外事工作者来说是一种必不可少的知识。譬如要正确理解当前苏、波关系问题，就应当知道18世纪俄、普、奥三国三次瓜分波兰以及俄国历次向波兰扩张的历史。①不仅如此，国际关系史的研究还可以为外事工作人员处理涉外事务提供必要的参考资料，使他们对具体的涉外事务能够做出正确的判断、反应和预测，不致有所失误，使他们在折冲樽俎之间能够应付裕如，为维护国家和人民的权益争取最佳的效果，在涉外事务的交涉、谈判或会议中，让历史资料来说话是最有力的发言。譬如在领土争议、边界争议、大陆架问题以及国际债务纠纷等谈判中，最有说服力的根据总是来自国际关系史的史料。对这种史料的搜集、整理、鉴定、分析和解释都属于国际关系史研究的范畴。

在当前经济体制改革和对外开放新的历史时期，我国的涉外事务急剧增繁，不仅专业外事工作者需要国际关系史的知识，广大人民群众对此也有迫切需要，他们希望能很好地了解世界的过去、现在和未来。国际关系中的研究在对人民群众普及和传播有关这些方面的知识，以及为对外开放政策服务方面都具有一定的重要作用。

此外，国际关系史是社会科学的基础学科之一，不论是国际政治、

① 参见教育部统编大学教材《世界史·近代史》(上、下册)的有关部分，人民出版社，1984年版。

国际经济、国际法、国际贸易或是国际金融等社会科学，在内容上常与国际关系史的内容发生交叉，国际关系史知识对这些学科来说也是必不可少的。

正由于国际关系史的研究有其重要的现实意义和实用价值，因而在第二次世界大战之后，各国对这门学科都给予了极大重视，特是美国和苏联，他们集中大批专业人员，成立了许多专业研究中心，大量积累有关资料和信息，撰写大量专著和论文，他们的大量研究工作不仅为其外事工作提供了丰富的资料，而且有助于他们政府的外交决策和对国际问题的预测。他们的论著，连篇累牍，大量刊布，广泛流传，而又都各有其立场和观点。他们就是用这些论著在国际斗争战线上制造有利于他们的舆论。我国在这方面的研究工作，解放以前非常薄弱。虽然在20世纪50年代政府开始重视这方面的研究，但是在“四人帮”横行时期，初绽的新葩又横遭摧残，国际关系史的研究成为重灾区之一。党的十一届三中全会以后，国际关系史的研究工作恢复迅速，但是这门学科的当前发展和我国崇高的国际地位以及我国在国际关系中的巨大作用仍然很不相称，专业资料与图书的不完备，资料工作现代化手段的缺乏，以及专业研究和教学人员的数量和质量都还非常不够，急待加强和充实，尤其是专业队伍迫切需要充实新鲜血液，这更是我们繁荣国际关系史学科的当务之急。

（原载《学术界》1986年第1期）

建校六十年重建三十年喜赋

楚天膏雨桃千树，学苑菁莪六十年。
改革宏猷辉禹甸，弦歌敷教灿新篇。

（原载《安徽大学学报》1988年第3期）

编写世界史小议

近几年，我的研究工作主要有两个方面：其一是1986年应上海辞书出版社之邀，主编一部《世界近代史词典》。参加撰写的有北京大学、复旦大学、南京大学、厦门大学、华东师大、上海师大、四川大学、河南师大、东北师大、安徽大学、安徽师大等十余所高校同行，约收词目五千余条，释文一百五十万字以上，现已完成初稿和部分初核工作，本年内将最后通稿和定稿。其二是在历年所做的近代国际关系史研究专题基础上开始撰写一部《近代国际关系史》，并同时参加全国国际关系史研究会所组织的编委会，与南京大学、外交学院、中山大学等高校同行，联合编写一部十卷本的《国际关系史》（近、现代），约三百万字，现已拟定篇、章、节、目，并开始撰写。

现《学术界》编辑部对我进行学术访问，仅就我在上述两方面研究中的一些甘苦和设想，写成此文，以应其请。

了解世界的过去，正是为了了解世界的现在与未来。尤其是近代和现代则与当代史相密迩，撰写《世界近代史词典》和十卷本《国际关系史》（近、现代）更为当前我国改革开放新的历史时期所需要。它们这些研究成果不仅可为从事这方面教学和科研的人员提供必要的参考资料，向社会人士传播这方面的知识，帮助他们了解世界，而且也为从事外事工作和国际新闻工作的人员提供必要的知识资料，有助于提高其工作能力，甚至有些成果也能为政府进行外交决策和处理重大涉外事务提供有益的参考。

但是，这两个领域的研究难度是很大的。我国治世界史的同行们常说，撰著世界史难度很大，纵横几万里，国家繁多，民族复杂，兴亡嬗替既很频繁，又交光叠影，形成一种宏观上极其纷纭复杂、难以捉摸的历史长卷。面对如此“剪不断，理还乱”的研究领域，如何由表及里，理清脉络，探究源流，掌握各个时期的时代脉息，提出其发生、发展的规律，写成一部严格意义上的世界史，而不是将国别史连缀拼凑而成的世界史，确实非易事。这中间的史料浩如烟海，尤其是时至近、现代，史籍更为浩繁复杂，难于处理。由于涉及国家众多还需掌握多种外语，加以国内对国外原始史料又很欠缺，凡此种种，更增加治世界史尤其是治近、现代世界史和国际关系史的难度。

编纂一部好的词典历来就是一项非常艰巨的学术工作。世界上享有盛誉的《牛津英语词典》被誉为“当代学术成果”之一。其主编詹姆士·穆歇（1837—1915年）自1879年开始同一些学者专家穷三十六年之力才完成词典的大部分，而词典全书的最后一个词直到1928年才诠释完毕，迄今，这部12大卷、487页、收词414 825个的巨著，耗尽九代人的心血，方才告罄。我所主编的《世界史近代词典》虽然在规模上、篇幅上、成书时间上以及人力上都不能与该书相提并论，但也有其自己的困难，诸如以有限篇幅面对近代世界史浩繁的史料，如何执简驭繁，由博返约，汰选精当，繁简适宜；如何既要适合我国需要特别是我国改革开放的需要又能涵容世界此类词典有益的通例，建立具有自己特色的编纂体系，以及如何吸收国内外这一专业的最新成果等，各种困难，也是难以尽述的。

写一部国际关系史远较写一部世界史难，而写一部近、现代的国际关系史更是难中之尤难。

人类自有国家以来就有国家与国家间的交往，就有国际关系和记载此种关系的国际关系史。我国春秋战国时期和西方古希腊时期早就有对国际关系的论述和史的记载。但是从严格意义上说，国际关系学形成于人类社会进入资本主义阶段之时，一般说，大约在1648年签订《威斯特发里亚和约》前后。至于作为一部独立的专门学科则滥觞于第一次世界大战结束后不久，先是1919年英国威尔士大学开设“国际政治”专门课程，次年在伦敦创设“皇家国际事务研究所”，同年在纽约成立“对外关系协会”。此后，各国从事国际关系的专门研究和专业培训蔚起，国际关系学亦成为一门新兴的学科，而国际关系史也由世界史中脱颖而出成为一个独立的新分支。我国对这一科学的专门研究，新中国成立前非常薄弱，新中国成立后在党和政府的重视下，特别在党的十一届三中全会之后，近十年来这一学科发展很快，取得了不少可喜的新成果。但是，对这样一门本来就很繁难复杂，又是一门新兴的学科，如何以马克思主义理论为指导思想来进行开创性研究，“筚路蓝缕，以启山林”，其难度之大就更可想而知了。

国际关系愈到晚近愈众多复杂。到近、现代，国际关系形成了与前时代大不相同的两大特点：特点之一是，到近、现代，随着资本主义市场的形成和扩展，以及国际关系和新科技的发展，国际关系发展到了一个崭新的高度。它突破区域性发展成为全球性规模，国家间的关系密如蛛网，包括政治、经济、军事、社会、文化、民族、宗教、人口、生态、海洋、海底、外层空间等方面的关系，包括物质的和精神的两大领域内的各种关系。国家间的关系已由此前的“平面模式”发展成为多方位、多层次、重叠交叉、快速流动的“网状立体模式”。虽然我们认为国际关系史的研究对象主要是研究国家间的经济和政治关系特别是政治关系，但是对国家间的政治关系也不可能孤立地进行研究，对政治关系之外的诸种关系，在研究上虽有主次之分，但也必须进行综合的考察和研究。特点之二是，在近、现代国际关系社会中，除主权国家以外，新的行为主体大量出现，诸如全球性的、跨国性的和地区性的政治、经济、军事、宗教等各种类型的国际组织和集团，名目繁多，层出不穷。虽然，我们认为在近、现代国际社会中的主要行为主体仍然是主权国家，其他行为主体只居于次要地位，但是国际关系史的主要研究对象仍然是主权国家之间的关系，而非其他行为主体间的关系。但是从研究整体来看，面对近、现代国际社会中的这种新态势，对主权国家之外的行为主体在国际社会中的活动，它们与主权国家间的关系以及它们相互间的关系，在研究中不能不给予一定的注意和研究。关于上述近、现代国际关系的两个特点，我曾著文加以论析，现不多赘（拙作见《学术界》，1986

年第1期)。

由上可见，写一部以史的横剖面为主的近、现代国际关系史，远较写一部以纵剖面为主的近、现代世界史要难。更何况近、现代的国际关系与当前国际上的现实斗争以及主要国家的重大外交政策，紧密关联；并且其中敏感度极大的问题又很多；重要历史事件和关键历史人物，有些影响尚未终了，其发展及后果尚难预测；再加上研究工作所必需的外交密档，因时间密迩，解密的广度和深度又都受到很大的限制。凡此种种，都说明写一部近、现代国际关系史确非易事。

从事此项难度很大的研究工作对我来说，学力远不能逮，无所建树。但多年来从中却领会到做好此种研究所必须注意的几个方面。此间虽自惭汲深绠短，然“虽不能至，心向往之”，愿提出就正与同行。

首先，编写一部世界近代史词典或一部近、现代国际关系史，和编写其他史学著作一样，首要的一条是必须以马克思主义理论为指导思想，用历史唯物主义和辩证唯物主义的观点、方法来筛选、鉴定、驾驭和分析广博丰富的史料，舍粗取精，去伪存真，建立一个马克思主义的具有中国特色的严谨科学体系。有了这样一个体系，才能写成一部既具有科学性、学术性的著作和词典，又能适合我国改革开放时代的需要，为我国物质文明建设和精神文明建设服务。譬如在编写此类词典方面，收词上既要防漏、防滥，使词典具有完整性和系统性，又要同时注意词典的专业性，以及适合我国改革开放的需要。在释义上更需正确运用马克思主义理论，实事求是地进行撰述。又譬如在编写此类专史方面，既要根据各个不同的历史时期欧美大国在国际关系中的不同地位与作用，实事求是地予以论述，更要彻底摒弃西方此类专史的“欧洲中心论”和“大国中心论”的体系，彻底纠正过去长期不重视亚、非、拉第三世界国家在国际关系中的地位与作用的错误。17世纪以来，在国际社会中并存着东西方不同的国际关系结构，即西欧大国的均势结构和东方的特别是中国的封贡体系结构，西方学者之书对后者都故意抹杀，论述极少。这是“欧洲中心论”的露骨表现，应予以坚决纠正。尤其是新中国成立之后，占全世界人口四分之一的新中国，国际地位空前提高，在国际社会中的作用具有举足轻重之势，在我们编写国际关系史的体系中，更应给予应有的地位。

其次，编写此类词典或专史还必须“取材简要”。近、现代的世界史或国际关系史，史料极其浩瀚，已见前论。因此编写此类词典或专著，必然先要搜集数量极其庞大的中外史料，动辄百千万字，不可能全部或大部编入本书，对资料必然百不取一。尤其是词典，更需要执简驭繁。这就需要从大量资料中精心筛选，有一个由“博”返“约”、严格加工的过程。如何“简”？这并不意味着愈简愈好，更不意味着不分主次，随意删砍。“简”的关键在于“要”，简而不要，就是删去了精华，变为空泛无物。因此，必须按史料的主要、次要依次精选，应简则简，应略则略，应留则留，应删则删，在取舍详略上要真正做到恰如其分的“简”。编写近、现代国际关系史，由于史料非常庞大，取材“简”而能“要”固然很困难，而编写世界近代史词典，词目多而篇幅少，做到简要尤为困难。我在青年时期常听到父亲光宣甫谈到写史之难，最难在于删繁取要。他多次谈到清代章学诚编撰著名的《湖北通志》一书的事例。章氏撰写该书《食货·田赋》一门时，将湖北布政使司总汇部册中款项总数统计出来，再结合明代以来关于湖北省财赋沿革和利弊的奏议以及私家论述进行综合比较，有史有论，连缀成篇，仅用四五千言就使读者对该省十一府州数百年间的财赋梗概和利弊得失，洞若观火。而以往湖北省旧志把全省所有各府州赋役全书挨次排比，写了五六百页之多，连篇累牍，反而使读者对全省的财赋总貌和得失茫无所知，昏昏欲睡。章氏所用的这种简的方法，使我们至今还能从中获得启迪。要做到取材简要，删汰简略只是进行“简要”工作的一个方面。而另外一方面，应详的仍必须详，以“要”为标准，做到详简适当。章学诚在其名著《方志辨体》中曾说：“详人所不能详，略人之所不能略。”深得取材简要之旨。这就是说他书所不能详，又正是我书所能详并且是应详者，就应当写详一些而不要轻易简去，这正是体现我书特色之所在。至于他书所不能和不应省略的，已经加以详写了，我书对此又是不必详和不应详的，如不从简，其结果不仅使我书体系复杂，而且因袭他书，重复劳动，徒劳无功。譬如在世界近代史词典中，有些与本专业虽有关系，但属于其他专业辞书的词条，能删则删，其关系较大需要保留者也应从简。因为这些都是他书所不能略已加以详写了的，我书即可不必详写。又譬如在近、现代国际关系史上，有些部分是通史或其他专史所不能略而必须详写的，我书即可从简从略，第一次世界大战各个主要战役的进程，这些都是通史和军事史所不能略而必加详写的，我书即可简而不详，但是对一战期间各国公开的和秘密的外交活动，此他书所不能详又为我书所不能略者，就必须详写而不能简略。此外，在文字方面也应力求简练，准确流畅，通俗易懂。史书不同于文学著作，不需华丽的辞藻，尤其是词典，更要“一字如金”，删汰空论，芟除浮词，言简意赅，深入浅出。我国古代史籍文字多尚简练，有良好的传统，如司马迁《史记》的文字就既简且雅。陈寿的《三国志》的文字更为简要，他对诸葛亮南征五月渡泸这一重要历史事件，只用了六十三字就将主要史实写出，厘然展现于读者之前。（《三国志》中的《后主传》记此事43字，《诸葛亮传》记此事20字。）史书文字切忌枝叶繁多，冗长芜杂，不仅灾及梨枣，而且冲淡主题，费力而无功，诚如章学诚所说：“与其文而失实，何如质以传真。”

编写一部此类词典或专史还必须考核精审。史料的核实是取舍史料和持论发议的基础之一。在大量史料搜集上来之后，如何进行科学的鉴定和考核是一件非常重要的工作，因为史料本身有些是可靠的，有些是不可靠或不全部可靠的。史料有“真”与“伪”，“正确”与“错误”，“完整”与“缺乱”等各种问题，史料又往往掺入一些当时人或后世人的主观意识，不能轻信，也不能妄疑，必须进行精审的考核、鉴定和研究。只有这样，才能使历史真相重现于今日，不致以讹传讹、一错再错。尤其是编写近、现代世界史词典和国际关系史，需要大量取材于国外历史文献，国家众多，观点各异，各国此类文献又都各为其自身利益所需撰写而成，加之绝密的外交原始档案难求，外交上假象很多，迷雾重重，真相最易被掩盖，因此，编写此类词典和专史更需要在对资料的审慎精细考核上下功夫，不然将带来极大的危害。有些珍贵的原始资料往往是孤证独说，弃之可惜，但用之须慎。孤证不能成说，必须从旁证材料或有关的侧面材料上，加以精审的验证，方可征引援用。至于17世纪以来在近代国际社会中曾存在过的中国封贡体系，中国古籍中有许多有关国际关系的珍贵史料，西方学者怀着偏见，对这些都长期不加重视，我们应当彻底纠正这一偏见，对这些珍贵史料大力进行发掘、整理、征引和使用。这也正是我们写此专史的特色之一所在。

在编写此类词典和专史中还必须力求一个“新”字。不仅在体系上要力争建立一个马克思主义的具有中国特色的新体系，而且不论在词典上的选词、释义等方面，还是在专史上持论发议、取舍详略等方面；也不论在史料征引汰选上，还是在研究方法上，都要力摒墨守旧规，因袭陈言，随着前人的足迹亦步亦趋，人云亦云，尤其不能翻译贩卖西方著作的内容，改头换面，成为自己的著作，将世界史方面的词典和专史变成为“翻译史学”。编写一书，如果是东抄西摘，七拼八凑，咀嚼他人剩饭，一无新意，写这样的书，不如无书。我觉得编写一部史书，使其能产生效益，信今而传后，应当唯力之所及，力求“体系新”“方法新”“论析新”和“资料新”，在此“四新”上狠下功夫。学力有深浅，成就有大小，但著述者应持的这些基本态度则一致。创新不等于故意标新立异，故弄玄虚，以无根之空谈、无据之怪论，贴上“新”标签来哗众取宠，欺世盗名。创新也不等于不吸收前人有价值的研究成果，尤其要吸收东西方学者专业研究上有价值的新成果，使它们为我所用。对学术上已有定论者应予重视，不能用曲说诡辩，为翻案而翻案，以此来自炫为创新。对学术上有争议的问题，或兼收并蓄，或选择一说或数说，或阐述自己所持之说兼及其他，予以评估。对史实或史料一时不能确定而又需写入本书者，阐述或引用时应写明“存疑”，留待他人研究，防止传讹传谬。

近、现代世界史和国际关系史是我国当前改革开放的急需，已见前论。但我国这两方面的专业研究和教学人员的数量尚少而且老化，急待加强，尤其迫切需要有志于此专业的青年同志来充实这个专业队伍。前两年曾有些青年朋友以我治此专业多年，略知其中甘苦，就如何研究此专业的问题见询，当时杂谈之余，我曾写有《与青年朋友论学》七律一首，现录此诗殿于本文之尾，作为向有志此学青年的寄语和希望。

诗曰：
毋蹑前人篱下迹，须攀绝巘最高枝。
试看谯氏传薪后，正是陈郎独步时①。
大马捶钩方手应②，解牛批隙在心期③。
掣鲸学海乘年少，白了头颅海已迟。

1989年元月写于合肥逍遥津西畔寓庐。

（原载《学术界》1989年第2期）

① 谯周，三国时蜀人，著有《古史考》，今佚。陈寿早岁师事谯周，但青蓝冰水，远迈前徽，著成不朽名著《三国志》。

② 借《庄子·知北游》大马捶钩不失豪芒事，以喻学贵精勤。

③ 借《庄子·养生主》庖丁解牛批隙导款事，以喻学贵巧导。

应从速解决高校教师的“断代”问题

新中国成立40年来，我国的高等教育事业有了很大发展，特别是中国共产党十届三中全会以来的10余年，高教事业取得了前所未有的成绩。目前，全国各类大学已发展到1 073所，在校本科与专科生达208万人，研究生10万多人，分别为1978年的2.4倍与10倍。为国家培养了330万名大中专毕业生、10万余名硕士生与博士生，其数量比新中国成立后的前30年的总和还多。但是我国的高教事业还面临着许多困难，存在着许多急待解决的认识问题和实际问题。而当前比较突出的问题之一，便是教师队伍的“断代”问题。为了解决这一问题，我们曾专门对北京六所具有代表性的高等院校（北大、清华、北师大、民族学院、首医、北农大）进行调查研究，结论是：高校教师队伍“断代”问题严重，如不立即着手加以解决，必将给我国高等教育事业以及四化大业带来无可弥补的损失。

一般认为，科技人才以15年间隔为一代，我国从1966年“文革”开始，到1982年“文革”后的第一期大学生毕业，整整是16年。高校师资的“断代”问题起初曾引起了有关部门的重视并采取了补救措施。粉碎“四人帮”后，依靠当时数量众多的45—55岁的中年骨干教师，发展了高等教育与研究生教育，完善与补建了一批四化建设急用的学科，然而十余年过去了，他们已全部进入老年，大部分已退休或接近退休，而在此期间对青年教师的关注与培养不够进一步加剧了高校师资的“断代”问题。

目前，全国高校教师年龄的总构成中，35岁以下和50岁以上者占80%左右。35—49岁中年教师理应成为教学、科研中坚力量的所占比例，一般只有20%左右。各院校教师普遍没有形成合理的年龄和职称的梯形结构。例如北京农业工程大学在职教师612名，其中35—49岁的教师90名，只占教师总数的14.7%，并且多半已接近50岁。

教授队伍出现同步老龄化现象，近年将有大批教授退休。据统计，全国56岁以上的教授有11 976名，占教授总数的78.2%，40岁以下的教授只有22人，现在大部分教授、副教授在教学科研及国内外的学术地位，中青年教师在几年之内还很难接替。他们大批退休离职后，必将使学校的教学、科研工作出现严重困难，甚至造成课程取消、科研中断、学科后继无人的被动局面。如中央民族学院1988年和1989年两年时间就有1/3的教授、副教授离退休。该院的民族学系12名教授除终身教授外，到今年底将全部退完；副教授则有14名退休，占全部副教授的63.2%。该系现在已有6门课停开，传统的民族学和世界民族专业已无人讲授，国家下达的科研项目亦无法完成，长此下去，今后面临的困难将会更大。这种状况所带来的影响绝非仅限于教学和学校范围，可能还会涉及我国各民族的团结进步、国家的长治久安。值得一提的是该院藏学研究所的2名教授、1名副教授在20世纪90年代退休后，我国将失掉在藏学研究中原来的世界领先地位。

调查表明，高校师资“断代”表现最突出的是那些课程时数多、教学任务重、创收微薄的基础理论课的教师后继无人。如清华大学在1978年办了物理、数学、力学、电工学师资班，并从一百五六十个毕业生中，留下48人补充到基础课教师队伍中，几年之内，调走3人，出国40人（学成归来的只有1人），留在教师岗位上的只剩下五六人。又如北京农业工程大学的制图教研室，担负着全校学生2 700学时的制图和画法几何课，还开设了5门研究生课。全室的18名教师现在已经超负荷运转，两年后就将有12名教授、副教授、讲师退休，剩下的6人，无论如何也难以维持正常的教学工作。再如首都医学院担负电磁测量教学的只有2名年已超过60岁的老教师，分配来的一名研究生也出国了，简直是后无来者。

35岁以下的青年教师是高校的未来和希望，但这个接班队伍的状况更是令人担忧。他们中间存在着人心思动，流失严重，教师意识淡薄的问题。不少留校任教的毕业生，往往把学校当作联系出国、另寻高就的跳板。例如，清华大学1982年留校毕业生中，已流失了83.2%，1983年留校毕业生已流失了65%，1984年毕业生流失了50%，能经过8至10年的培养成为合格的大学教师的寥寥无几。这种后继乏人的状况使师资“断代”问题呈现出进一步恶化的趋势。

造成青年教师不安心教学工作、大量流失的主要原因是，长期以来政治思想工作薄弱、社会分配结构不合理、工资过低、住房困难等，其中最具体的是高校教师工资待遇太低和缺乏住房问题。在我们所调查的学校中，普遍存在着婚后无房的星期六夫妻。有的婚后几年也没分到房，有了孩子也无处上户口。北京师范大学的情况尤为突出，青年教师无房户竟有800人之多。有些人由于看到解决住房近期无望，只好设法出国或调去大公司，另找出路。1985年以来，高校中掀起的出国热，严重影响着整个青年教师队伍，使他们难以安心于教师工作。如首都医学院1988年和1989两年新增教师213人，以各种名目调走的竟有140人。该院病理生理教研室有14名教师,其中6名青年教师已全部联系好出国。北京农业工程大学从1985年以来每年平均新分来的毕业生46人，而每年平均调走的竟有20人。北京师范大学1988年和1989两年留校133名毕业生补充师资，可是这两年中调出的竟达189人，走的比留的还多56人。在出国热强烈的冲击下，在校的青年教师中有不少人有出国的打算。他们把大部分时间用于攻读外文，准备考“托福”，有的上课迟到早退，有的甚至因念外语忘记来给学生上课。备课不认真，讲课敷衍塞责更是普遍的现象。教师固有的为人师表、教书育人、诲人不倦的优良传统也有“断代”的危险。

综合以上所述，师资“断代”已成为危及我国高教事业从而严重影响四化建设中高级人才来源的问题，国家必须立即着手解决这件带有战略意义的大事。为此，我们提出如下建议：

（1）“百年大计，教育为本”。国家教育的投入要大幅度增加，不能满足于“教育经费的增长大于国民经济增长”的水平，而有赖于采取战略性、突破性的重大决策。近期应达到发展中国家的一般标准，不少于国民经济产值的4%，并以立法确认。为教育事业发展打下物质基础，切实有效地改善教师的待遇，使高等教育的师资“断代”问题在这一政策中得到根本解决。

（2）各大学应立即把师资建设作为头等大事来抓。制定中远期师资培养规划并结合本校的具体情况制定解决教师“断代”问题的应急措施，在困难的情况下做到不缺课、上好课，维持稳定的学校秩序。

（3）适当延长在职教授、副教授特别是女教授的离退休年限。以赢得时间，迅速培养接班队伍。近几年，北京大学实行教授70岁、副教授63—65岁退休的办法，实践表明，不仅可行，而且收到了较好的效果,但需在职称评定、人员编制等方面采取配套措施，以保证教师新生骨干的成长和新鲜血液的补充。

（4）强化中青年教师的培养，尽早造就一批教学科研的新生骨干力量。现在的中青年教师是5—10年后的我国教育事业的新生力量，必须从速采取有力措施，使我们的教学能力和学术水平在短时间内能有较大的提高，尽早脱颖而出，成为我国高等教育事业中的学术带头人。

（5）稳定青年教师队伍。80年代的出国热和50年代的回国热形成了强烈的反差。留人要留心，要加强青年人的爱国主义和共产主义理想的政治思想教育。要切实关心他们的生活困难问题，建议各级财政拨专款盖青年教师公寓，解决青年教师面临的最为窘迫的住房问题，以稳定青年教师队伍。

（6）应建立“高等教育师资基金”，主要用来为留学归国人员创造工作条件，吸收大量回国留学人员，使他们有“用武”之地，以实现其报效祖国的愿望。避免出现有些人满腔热忱而归，因缺乏合适的工作条件又惆怅而去的现象。

造成高校教师“断代”的因素很多，每个学校的情况也不尽相同，有些因素涉及知识分子待遇、脑体倒挂、教育经费等重大问题，希望国家尽早做出必要的调整和安排，有些因素则涉及具体的政策和规定，如关于教师退休、高校师资定编、青年教师出国深造、国内进修等方面制定更灵活的政策和规定，各学校领导则应当根据本校的具体情况，在近期采取相应的有效措施，使青年教师迅速成长。只有上下齐努力，才能在不太长的时间内改变这种“断代”的局面。

（原文载《民主》1990年第5期）

对全国政协七届三次会议第0883、0888、1413号提案的答复

教办〔1990〕023号

张嫚贞、方荣欣、石惠恩等十位委员：

你们提出的关于高校教师队伍“断层”问题的提案收悉。现答复如下：

目前，一些高校、专业的教师队伍确实不同程度地存在“断层”问题。几年前，我委已注意到这个问题，主要是“文革”及其后效应造成了缺少35—45岁年龄段的教师。1998年以来，为了弥补这一损失，高校陆续选留了大量毕业生，仅1977、1978两届毕业生就选留了约四万人，并对相当一部分中青年教师进行了各种培训，对其中不符合要求的人员进行了适当调整，使“断层”在一定程度上有所弥补。但是近年来，随着“出国热”“公司热”的兴起，在高校教师待遇相对较低的情况下，由于中青年教师工作、生活中的一些实际困难没得到很好解决，忽视了思想政治教育和疏导工作，中青年教师队伍中出现了不稳定因素，流失现象是普遍存在的。中青年教师的流失使部分高校、专业队伍本来已相对缓解了的矛盾又突出起来，值得我们重视。

为了较好地解决部分高校、专业队伍的“断层”问题。在教师选留、培养培训、职务评聘、工资晋升和出国留学等工作中，要树立正确的政策导向，稳定中青年教师队伍。我们将从以下几方面做好工作：

（1）加强和做好教师特别是青年教师的思想政治工作，在教师队伍中认真贯彻党的十三届六中全会的决定，加强党同知识分子的联系，建立健全教师的思想政治工作体制，加强国情教育和爱国主义教育，创造条件，让广大教师走与工农相结合、与实践相结合的道路，引导教师，尤其是青年教师树立正确的人生观、价值观，注意树立高校老中青各类教师的先进典

型，使走又红又专的道路在高校教师中蔚为风气。

(2) 高级职务教师的退休年龄不搞一刀切，有的可适当延长。最近国家已同意女性高级专家到60岁退休。对于少数人才流失，再度出现断层的学校、专业，要根据需要，细致做好学术带头人。骨干教师延长退休年龄或退休后返聘工作。

(3) 培养好中年骨干教师，使他们能尽快接班。今后公派出国留学着重考虑35岁以上的中年教师。培养选拔学术带头人，也要着重考虑中年教师。

(4) 要采取积极有力的政策，促使优秀青年教师脱颖而出。要努力克服教师任职资格评审、职务聘任及晋升工作中存在的过分注重资历的现象。尽可能地为教师创造必要的工作条件和环境，进一步用好我委已经设置的资助优秀年轻教师的基金，还要积极努力尽早设立留学生基金。

(5) 积极为中青年教师解决生活待遇、住房等实际困难。今年，我们已经明确高校基本建设经费投资方向主要用于解决教师住房，特别是中青年教师住房的困难。

(6) 留学人员的政策，要有利于稳定国内高校的教师队伍，当然，也要创造条件，多做工作，争取国外留学人员回国服务。

(7) 做好高校教师的补充工作。今后补充新教师在质量上要严格把关，按高校教师的要求，选留又红又专的毕业生。在数量上，严格按照实际需要和编制要求进行补充。在保证质量的同时，根据工作和队伍建设的需要，允许一些学校、专业适当储备一些优秀的毕业生。

(8) 加强对教师的全面考核，继续做好教师培训工作。培训的重点要放在中青年教师的成长上。要克服目前存在的培训、考核与晋升脱节的现象。对进修培训后不能胜任工作、考核成绩不合格的教师，予以调整。

你们提出的有关建议，我们将认真研究，感谢你们对高校教师管理工作的关心。

联系单位及电话：国家教委人事司 658731—2523

国家教育委员会

一九九〇年五月十七日

第二部分　参政议政篇

在社会科学新长征中，当一名攻坚破垒的老兵

在五届全国人民代表大会和全国科学大会胜利召开的鼓舞下，我省哲学社会科学会议也在合肥隆重召开，这将大大推动我省社会科学事业的进一步发展和繁荣，我能够参加这次大会，感到万分振奋和鼓舞。

马克思主义的社会科学密切联系着社会主义各项事业的高速发展，密切联系着国家和民族的前途，是实现四个现代化的一个不可缺少的重要方面。正因为这样，万恶的“四人帮”怀着篡党夺权、复辟资本主义的罪恶目的，就必然要以百倍的疯狂摧残、破坏社会科学。他们最怕人们掌握马列主义、毛泽东思想，识破他们假“左”真“右”的反革命嘴脸，也最怕马克思主义社会科学的发展繁荣，戳穿他们大搞“影射史学”等反革命阴谋。“四人帮”是马克思主义最凶恶的敌人，是破坏社会科学的罪魁祸首！

“四人帮”对我省社会科学事业的摧残破坏，和对自然科学一样，是极其严重的。在他们的指挥棒下，撤销了社会科学的许多专业研究机构，下放了许多科研人员，搞掉了多年累积的大量图书资料，残酷打击、迫害有贡献的老一辈社会科学工作者和广大科研人员，解散科研团队，停止科研活动，我省哲学社会科学联合会和各专门学科的学会都被迫长期停止活动。凡此种种，严重地破坏了新中国成立17年来我省社会科学事业蒸蒸日上的大好局面。他们的罪行累累，罄竹难书。

不仅如此，“四人帮”又疯狂反对、恣意践踏马克思主义的基本理论和毛主席关于无产阶级专政下继续革命的伟大理论，从而造成对社会科学灾难性的大破坏。“四人帮”在哲学方面，大搞实用主义，鼓吹历史唯心主义，反对和篡改辩证唯物主义，把生产关系、上层建筑在一定条件

下的决定作用说成是经常地、无条件地起决定作用，歪曲生产关系和生产力、上层建筑和经济基础的辩证关系，从而否定生产力是决定因素，大批所谓的“唯生产力论”，在科学社会主义方面，他们歪曲关于阶级斗争、无产阶级专政这一马克思主义理论的精髓，颠倒社会主义历史时期的阶级关系和敌我关系，把革命说成反革命，反革命说成革命，妄图变无产阶级专政为资产阶级法西斯专政。

“四人帮”对马克思主义、毛泽东思想的全面背叛和篡改，在社会科学的各个领域中散播了大量谬论邪说，流毒深广，为祸极烈。以史学领域而言，“四人帮”大搞“影射史学”，毒雾弥漫，使历史科学遭到空前浩劫，史学阵地被他们弄成疮痍满目的重灾区。

“四人帮”为了篡党夺权，在史学领域中大肆鼓吹历史唯心主义，疯狂反对历史唯物主义。他们宣扬“儒法斗争永恒论”，江青就公然叫嚣“两千多年来的儒法斗争一直影响到现在，继续到现在，还会影响到今后。”一犬吠影，百犬吠声。“四人帮”的反革命别动队梁效、罗思鼎之流立即连篇累牍地炮制大量黑文，歪曲儒法斗争，把儒法斗争说成是不受时间、空间限制，永恒不变，放之四海而皆准的“神圣”模式，把古今中外的历史以及无穷的未来都一律强行纳入这个模式之内，用儒法斗争代替阶级斗争，以此来从根本上反对阶级斗争是原始社会后人类历史发展的动力这一历史唯物主义的基本理论。他们又鼓吹“儒法斗争主线论”，胡说什么“农民起义内部也出现了儒法斗争”，把我国长期封建社会发展的动力说成是儒法斗争和帝王将相，而不是农民革命和人民群众，以此来反对毛主席“人民，只有人民，才是创造世界历史的动力”的伟大教导。

不仅如此，“四人帮”又大搞实用主义。只要对他们篡党夺权有利，他们就可以完全无视客观真理，不顾客观史实，任意歪曲篡改马克思主义理论，随心所欲地捏造、杜撰、曲解历史，他们会恬不知耻地赤裸裸地叫嚷：“允许想象和发挥，历史可以真真假假嘛！”他们的恶劣行径正是采用唯心思想家陆九渊所说的“六经注我”，颠倒是非，指鹿为马，践踏经典，摧残史学，莫此为甚！现仅举一例，就足以清楚说明“四人帮”玩弄实用主义，大搞“影射史学”的无耻伎俩。在他们炮制的《论孔丘其人》大毒草中，把孔丘“由大司寇摄相事”（《史记·孔子世家》）中的“相”，故意曲解为宰相。并且在他们继续炮制的另一黑文《再论孔丘其人》的原稿中，更露骨地提出“孔丘五十六由大司寇代理宰相”。其实，在孔丘之世，鲁国根本就没有宰相的职名。根据蔡家相《家语证伪》明确考订了“鲁无相名”；《左传》鲁定公十年“孔子相”的杜预注也指出：“相，会仪也。”江永《乡党图考·鲁仕考》更指出孔丘“摄相乃是相礼……未尝相鲁也。”可见孔丘当年在鲁国不过是担任会盟、祭化的司仪、赞礼之官，绝非宰相。以前诸家考证本已确证不疑，而“四人帮”却别有用心地恣意曲解史实，大搞“影射史学”，用心险毒，令人发指！

“四人帮”又横暴地厉行法西斯文化专制主义，“罢黜百家，独尊自己”“顺我者昌，逆我者亡”，甚至打倒别人，再把别人的科研成果夺为己有，进行学术上的“打、砸、抢”。在“四人帮”帽子、棍子飞舞下，学术研究空气被窒息了，历史科学遭受了一场深重的灾难。

“四人帮”篡改马克思主义理论，摧残社会科学事业，搞乱了人们的思想。针对这一严重情况，我们必须在理论上拨乱反正，拨“四人帮”之乱，反马列主义之正，加强学习和研究理论，完整地、准确地理解和掌握马列主义、毛泽东思想，这是全国各族人民的共同任务，是揭批“四人帮”、打好第三战役和实现四个现代化的需要，也是发展马克思主义社会科学和我们社会科学工作者改造世界观与搞好工作的需要，中国是毛泽东思想的故乡，我们一定能够胜利地完成这一在理论上拨乱反正的重要任务。

我是研究国际关系史专业的，深深感到由于林彪，特别是“四人帮”的干扰和破坏，他们把用马列主义、毛泽东思想研究外国作为禁区，他们自己在卖国求荣，却以“崇洋媚外”“洋奴哲学”等罪名打击和陷害别人，致使研究者望“洋”而却步。正因为这样，我国国际关系史这一研究领域至今基本上还是一个空白区，特别是“沙俄霸权主义对近代国际关系的变化、危机和战争所起的反动作用和影响”，更是极少有人从事这一急待研究的工作，这不仅和我们伟大社会主义祖国的崇高国际地位极不相称，而且苏修为了粉饰其霸权主义，歪曲历史，颠倒是非，把老沙皇对别国的侵略和奴役说成是“援助”和“友谊”，并以这种谬论为基调，大量炮制“国际关系史”“外交史”一类书籍论文，流毒国际之间，为祸极烈，对苏修的这些谰言也亟待清除，以正国际视听。在揭批“四人帮”后，“四人帮”炮制的“两个估计”被粉碎了，心情振奋之余，为了澄清苏修御用学者在国际关系史方面散布的邪说，不使谬种流传，去秋我又重操旧业，写了一篇题为《沙俄霸权主义和维也纳会议后近代国际关系的变化》的论文，在十多所高等学校协作编写世界史教材会议上作了一次学术报告，试图通过揭示沙俄霸权主义是国际危机和战争的“催酵剂”，沙俄是闹得天下不得安宁、给人类带来无穷灾难的大敌，以加深对新沙皇继承老沙皇衣钵变本加厉地推行霸权主义的反动性和危害性的认识，以及认识到反帝、反霸斗争的重要性和必要性，现在，我又着手在此基础上写一部《近代国际关系史》，作为向国庆三十周年的献礼。

在英明领袖毛主席最近发出“一定要极大地提高整个中华民族的科学文化水平”的伟大号召下，我决心遵照毛主席“学习、学习、再学习，团结、团结、再团结”的指示，加强马克思主义理论学习，努力改造世界观，抖擞精神搞科研，带好青年教师，高举毛主席伟大旗帜，紧密团结在以毛主席为首的党中央周围，在社会科学的新长征中，当一名攻坚破垒的老兵，只要一息尚存，决不双足停步，革命加拼命，把余年献给党，献给社会主义，献给祖国的四个现代化。为了抒发振奋的心情，写成一绝。

诗曰：
卿云重灿中天日，社鼠城狐尽粪除。
极目神州春似海，好裁黄绢着新书。

（1978年4月3日—7日）

委员的心声：霜毫重洗写新史

省政协常委、师大历史系教授光仁洪是我国史学界的老前辈，1948年毕业于美国芝加哥大学的国际关系史研究院。原是上海法学院的教授，今年六十岁。光教授出生在20世纪初的我国一个思想进步的大学教授的家庭，由于家庭环境的熏陶，再加上他本人的努力，他很顺利地度过了学生时代。回国后，他一直想专一地搞研究工作来填补我国国际关系史研究的空白。由于国内局势的动荡不稳，再加上资料的缺乏，一直未能实现这个宏愿。粉碎“四人帮”后，落实了党的知识分子政策，光教授获得了搞史学的权利。今年年初，社会科学院成立了史学研究所，并制定了一个三到八年的史学规划，委托光教授同南京大学的王绳祖教授和中山大学的蒋相泽教授，合写一部十卷本《国际关系史》（近、现代）。光教授接受任务后，在查找无数繁杂史料的基础上，夜以继日地挥笔疾书。他所承担的近代部分，已经完成了两节内容的初稿。两年前，光教授同全国十四所大学协作主编的一部八十万字的《世界近代史》大学试用教材，最近已被教育部列为全国统编教材，并列入明年上半年人民出版社的出版计划。

在采访中，光教授还对我们说，他准备撰写我省1924年“六二”学生运动的组织者和领导者光昇老先生的传记。我们熟知光教授知识渊博，特邀他题首诗，光教授欣然命笔：

> 真理本须凭践验，宏猷端赖志成城。
> 霜毫重洗写新史，拼竭衰羸奋赤壁。

告辞了光教授，吟诵着光教授的诗句，仿佛看到了一颗老知识分子奋进的心跃然纸上。

（原载《安徽日报》1979年12月31日第2版）

在《中国公路交通史》华东片区第二次编写经验交流会上的讲话

首先，我代表安徽省历史学会，对大会表示热烈的祝贺，向参加这次会议的各省市公路交通专家们表示欢迎。作为一个史学工作者，能够参加这个会议，感到很荣幸，这给我提供了一个很好的学习机会。

编写公路交通史，事关重大，它关系到我国的四化建设，可以为四化提供历史的和当代的广泛资料。同时，对我们史学研究工作来说，也提出了新的课题。党中央和各级政府对编史工作都十分重视，公路交通史的编写就证明了这一点。从当前国外的史学动态来看，也出现了新的历史学派，他们也在研究中国的社会经济史和中国的地方史，可以预见，中国公路交通史的编写，对国际上的史学研究也会产生一定的影响。

大会负责同志要我在这里讲话，我感到很抱歉，因为我主要是研究国际关系史的，对公路交通一无所知。对于如何编写公路交通这样一部业务技术方面的历史，我是外行。只能在这里谈一谈我个人的体会，作为即兴发言。

我认为，编写省的公路交通史，首先，很重要的一条就是要注意到地方特色，我们编写出来的东西，必须反映出本地区的特点。各个省的历史和地理条件不同，某些问题，某些东西，在某个历史阶段，各省的发展情况都会有相同之处而又有不同之处，因此，同一问题在这个地区是重点，在那个地区就不一定是重点。重点的东西，可以写详一些，而非重点的东西就要略一些，如果我们注意到这个问题，写出的东西，不仅能够繁简适宜，重点突出，而且又可以具有地方特色。比如秦代的驰道，以咸阳为中心，向全国辐射，它反映了我国古代灿烂的文明，从编写陕西省的公路交通史的角度来看，这是一个重点；但从我们安徽省的角度来看，当时境内虽然也有一些驰道，但不是重点。其次，我们编写中国公路交通史，作为一部史书，就要参考一些有关的史籍，并要进行大量的资料搜集工作。从搜集资料，经过整理、编写，直到最后成为一部史书，是要花一定时间、付出很大劳动的，既然是写史，就一定要写成真正的史书，不能写成资料长编，更不能写成资料汇编或流水账。

关于写史的指导思想问题。我国史籍传统的体例有编年体、纪传体和纪事本末体，编写史书不论采取何种体例，都必须注意一个主要问题，这就是一定要以马克思列宁主义为指导思想把史和论有机地结合起来。“四人帮”横行时期，史、论问题搞得很乱，史学领域受害很深，疮痍满目，被弄成重灾区。“四人帮”搞以论代史，他们为了篡党夺权，按照自己的反动观点来搜寻史料，截取史料，而在他们授意下所写出来的东西，往往是断章取义，甚至是歪曲。篡改历史，给国家带来很大损失。粉碎“四人帮”以后，史学界通过拨乱反正取得了很多成果。但最近有些史学工作者又出现了一些过分重史料、轻理论的倾向，这应当引起注意，我认为，无论写哪一方面的史，有一条必须共同遵守的原则，那就是必须以马克思主义的历史唯物主义作为指导思想。无论何时都不能离开这一条。我们的史学，从古到今，真正成为一门科学，是在马克思主义产生以后，只有在马克思主义的理论指导下进行史学研究，才能写成真正科学的史书。当然，我们并不否认前人的一些成就，但在今天，我们要编出一部真正的、科学的史书，就必须坚持四项基本原则。以马列主义、毛泽东思想作为我们编书的指导思想，这是我们编写史书最根本的原则和首要的一条。这不论编写何种史书都概无例外，编写公路交通史之类的技术史当然也应当如此。我们只有这样，才能够驾驭史料，正确地鉴定、筛选、研究和运用史料，才能够做到去粗取精，去伪存真，从中找出真正的历史发展的客观规律，才能使立论发议正确，符合科学。否则，就会走到一条错误的道路上去，那是十分危险而有害的。

至于在方法上如何写史，我想用清代杰出的史学家章学诚说过的一些话来说明这个问题，章学诚与唐代的刘知几被称为我国历史上两大著名的史论家，而章学诚的成就比刘知几更远远超过，章学诚花了三十年写成的名著《文史通义》，史学界评论甚高，今天我因为是即兴发言，没带材料，只能就记忆所及，想到哪里就说到哪里，仅供诸位编史专家们参考。

章学诚对于在方法上如何编史，曾经提出了四个字的主张，即他所说的“四要”。

一要“简”：意思就是说我们在编史前，必然搜集了大量的资料，连篇累牍，动辄数十、百、千万字，你不可能统统把它们编进史书，必然要从这大量的资料中间，经过精心筛选，选择成书。这中间就有一个“由博到约”的加工过程，应删则删，应略则略，应简则简，但应详的仍需要详。一部公路交通史，包括经济情况、技术情况，既有近代的，也有古代的，尤其是现代的交通运输飞速发展。材料是大量的，我虽然对公路交通一窍不通，但就我所知，单是古代这方面就有大量的材料，比如我国大量的地方志，就有这方面极其丰富的资料。我国的方志渊源很早，战国时的“禹贡”，已肇其端，唐以前叫作图经，其研究的侧重点是地理。唐以后，范围扩大，进一步记载除了地理以外的其他方面，包括人文、历史和社会经济各个方面，中国现存的八千多种志书，有大量丰富的材料，可以提供编公路交通史之用，长沙马王堆汉墓，就发现有中国最早的地图，属于西汉初期的东西。我们甘肃省的敦煌石窟里，曾发现有大量古籍，其中有两本很重要的图经：一个叫《沙州图经》，一个叫《西州图经》，都是唐代修的，前者修于唐开元年间（713—741年），后者修于唐乾元年间（758—760年），虽然残缺很多，但是，这两部书是现存最早的图经，价值很大。既然是图经，必然反映出交通方面的情况，它在20世纪初被法国人伯希和劫去，幸而在民国初年，经罗振玉整理并影印保存下来。前面讲过，地方志必然有交通方面的资料，自宋代以后，志书更为发展，体例内容更为完整充实，这方面的材料也就更多了，这都属于解放以前的材料。那么，这些大量的材料搜集起来以后，如何将其纳入一部史书，是一个需要精心编写的过程，要通过细致地整理和鉴定，也就是要经过“简”的过程。怎样去简，简得不好把主要的东西简掉了，变成空泛无物。因此，在史料的取舍上，如何真正做到简，是很不容易的。根据我个人的体会，必须做到厚今薄古、详近略远。当然，古代的材料很多。诸位通过编写公路交通史，介绍我国古代在交通运输方面的灿烂文明，这对我们的青少年，对我们的后人进行爱国主义教育，使他们更加热爱我们伟大的祖国，会起到很大的教育作用。作为一部史书对古代部分必要材料当然不能付之阙如，但是，还是应当厚今薄古、详近略远，要把重点放在近代和现代，使之能更好地为四化建设服务。这样的史书，就不仅有它国内的价值，而且也有很重要的国际价值。它必将引起国际的重视，但是这个厚与薄、详与略，也不能机械地对待，由于地区不同，情况就有所不同，比如陕西对秦驰道，就不能过略，要写得详细些，再比如元代的驿站，它一直延伸到欧洲，确实很发达，这也是古代的一个灿烂文明，但是，编写元代的驿道的历史，内地省份的同志，就不一定要花那么大的力气了，因为我们编写地方史，是要反映出地方的特点。至于全国性的公路交通史，对于反映我国古代劳动人民的智慧，为祖国和世界文明发展做出重要贡献的东西，更是要适当地写进去，但比例也不能过大，还是要厚今薄古、详近略远。

怎么详，怎么略？章学诚是这样说的：“详人之不能详，略人之不能略。”（《方志辨体》）就是说，别人书上不能详的东西，而又正是我这本书上所能够详而且必须详的东西，你就有必要把它写详一些，不要轻易地略去。这也正是体现我们书的特色，别人书上不能省略的东西，它已经详写了，如果你的书本无必要详写，但也不略去，而再去详写，这就徒然花费了很多力气，其结果不过是因袭他人，重复劳动，毫无实效，实在无此必要。前面所说的秦驰道问题，有的省要作为重点，有的省则不是重点，就是这个道理。各省区编地方公路交通史，都有一个详他省所不能详，略他省所不能略的问题，但是，各省之间一定要互相配合，要经常交流，避免出现编写上的空白和重复，有些东西，你书上没编，我书上也没编，这就是空白，你书上已经详写，我也去详写一番，这就是重复。而这些弊病，通过省区之间的协调与交流，就会得到好的解决。章学诚在谈“简”时，有他自己深刻的亲身体会，他在编写著名的《湖北通志》时，其中《食货·田赋》一门，他将湖北布政使司总汇部册中款项总数统计出来，再结合明代以来关于湖北省财赋沿革和利弊的奏议以及私家论述进行综合比较，有史有论，连缀成篇，仅用四五千言就使读者对该省十一府州数百年间的财赋梗概和利弊得失，洞若观火。而以往湖北省旧志把全省所有各府州的赋役全书挨次排比，写了五六百页之多，反使读者对财赋总貌和得失茫无所知。他就是用这样一种“简”的方法，找出了湖北省田赋的特点和规律，以及它的利弊得失。从这个例子中，我们编史者可以得到不少启迪和教益。但是，这个简，也不是单纯的简，不是不分主次，乱砍乱删，就叫作简。有些材料不能编入史书，但又很重要，需要保存下来，怎么办？章学诚创立了“立三书”的方法，章学诚的“立三书”，对编写地方史，在方法上是个新的发展。所谓三书就是“志”“掌故”和“文征”。“志”是地方志的核心部分，他主张“志”要“词尚提要”“成一家之言”；“掌故”是有关的典章制度；“文征”是一方的文献。三书之外必须保存的史料则列入“余编”。此外，我国历来在简括史科方法上，有一个有效办法就是图表，我国史书创图表之法，为时之早，居于世界首位。汉朝司马迁就首创此法，他所编的十二诸侯年表，就把大量的珍贵历史资料保存在里面，马王堆汉墓出土的女尸，就是依靠这个十二诸侯年表才查清它的确切年代的。直到现在，用图表这个方法在世界上还是一种很先进的编史方法，而此种方法是我国首肇其端的。除此之外，对许多不能编入正史或篇幅很长的较重要材料，你还可以在正史或图表之外另外搞一些附录，写一些专题。使许多不能纳入正史的有用材料，得到很好的处理。

二要“严”，就是说史书的结构体例要严谨，史料取舍要严谨。要编写一部好的史书，光靠“简”是不够的，还要建立严谨的、符合科学的体例，并要对史料进行严谨的筛选。

三要“核”，就是核实。在编史工作上讲，就是对史料的精心考核与鉴定。大量的史料搜集上来，如何进行考核与鉴定，是一件很重要的工作，因为这些材料本身，有些是可靠的，有些就不一定很可靠，史料有“真”和“伪”，“正确”和“错误”，“完整”和“缺乱”各种问题，必须进行考核与鉴定，史料又往往掺进一些当时人的主观意识，不能轻信，要很好地研究。考核与鉴定，只有这样才能使当年的历史真相，通过史料真正地重见于今日。有的时候，还会遇到这种情况，史料只有一条，这叫作孤证，没有旁证，孤证是不能成说的。但又是一条很珍贵的稀有材料，如何验证和使用，那就要从其他的旁证材料、侧面材料中找出足以验证它的价值的东西。所以编史者对史料的鉴定工作比搜集材料还要费事。实际调查来的口碑材料与文字记载往往有出入，关于口碑材料，这中间有个记忆力的问题，有时口述者因年深日久记忆错误，对史实加以误传。此外又有一个口述者当时所处的环境和地位问题，口述者从不同的角度和不同的程度上看问题，对史实的口述就会有所不同，比如口述一个全军投入的战役，担任师长或团长的人，只能反映出他们所看到的和所知道的那一部分，而不能反映出全军战斗的全貌。一件史料，你要删去它比较容易，要证实它很难，要否定它更必须有充分的证据。

四要“雅”，就是说史书的文字要准确、流畅、通俗易懂。他反对追求华而不实的辞藻，因为编写史书不同于写文学作品，我们是研究历史的，要从史料中找出规律来，没有这些，你写的东西文辞再好也没有用，司马迁的“史记”，文字既简且雅，陈寿的《三国志》文字更加简练，对诸葛亮南征五月渡泸这一历史事件，他只用了六十三字，就把主要之事写出来了。（《三国志》中《后主传》记此事四十三字；《诸葛亮传》记此事二十字。）史书的文字要准确、简练，力戒浮文，不要把一部史书写得枝叶繁多，篇幅冗长芜杂，既冲淡了主题，又使人看了昏昏欲睡，应当准确简要、流畅生动、言简意赅、通俗易懂。章学诚说：“与其文而失实，何如质以传真。”就是这个道理。

因为事先没有准备，受命于仓促之际，临时想到哪就讲到哪，很可能有不妥之处，请批评、指正。

（此讲话稿根据录音整理，1983年11月15日又送请光仁洪教授审阅修改后打印的。）

安徽省公路交通史编写委员会

（1982年6月）

中国农工民主党
安徽省第四次代表大会开幕词

各位来宾、各位代表、各位同志：

在全国各族人民欢庆新中国成立三十五周年的大好形势下，中国农工民主党安徽省第四次代表大会，现在开幕了。

我们这次大会是在中共安徽省委和农工中央的领导和支持下召开的。今天，中共安徽省委、省人大、省政府、省政协和各兄弟党派省级组织、各有关人民团体、各有关单位的领导同志莅临指导，我们感到极大的鼓舞和荣幸。我谨代表与会全体代表和全省成员向各位领导同志致以衷心的感谢和诚挚的敬意。

参加这次大会的一百一十多位代表，代表着全省六百多名成员。代表中，有参加民主革命的老同志，有近两年参加组织的新同志；有在四化建设中做出显著成绩，被评为模范和先进工作者的同志；有我省医药卫生、工程技术、文化教育和其他方面的专家学者；还有热心我党工作、勤勤恳恳、任劳任怨、做出成绩的专职干部。代表们来自全省各地，会集一堂，标志着我们组织济济多士，后继有人，兴旺发达。我代表主席团向与会代表和全省为四化建设做出贡献的成员，致以亲切的慰问和敬意。

当前，我国和我省的形势发展很好，国民经济稳步前进，科学、教育、文化、卫生、体育事业进一步发展，政权和法制建设进一步加强，社会治安明显好转，安定团结的政治局面更加巩固，爱国统一战线也出现了兴旺发达、生气蓬勃的新局面。在这个大好形势下，我们召开这次大会，意义是极其重大的。

我们这次大会的议程是：进一步贯彻农工民主党第九次全国代表大

会的精神，听取和审议第三届省委会的工作报告，确定今后的工作方针和任务，选举新的省委会。我们正处在迎接新的经济振兴和新的技术革命的伟大时代，我们的一切工作必须服务于社会主义经济建设这个中心，适应振兴经济、技术革命的需要，当前要围绕经济体制改革和对外开放两件大事开展工作。因此，我们这次大会的方针是：以四项基本原则为指导，总结工作经验，认清国内外形势，明确今后任务，进一步发挥组织作用，充分调动广大成员的积极性，认真致力于体制改革和对外开放，为建设高度的社会主义物质文明和精神文明做出新的贡献。

各位代表、各位同志，我们这次大会承担的任务是十分重要的。我们希望与会的同志集中精力，解放思想，畅所欲言，结合改革的形势，对会议的各项议题，展开充分讨论，提高思想认识。我们深信，在中共安徽省委的关怀下，大家一定能够共同努力，把这次大会开成一个团结的大会、胜利的大会、开创工作新局面的大会，进一步团结全省成员，同心同德，开拓前进，为完成20世纪80年代的三大任务，为我们祖国的振兴富强，贡献出我们全部的智慧和力量。

预祝大会圆满成功！

敬祝各位领导和同志们身体健康！

（原载中国农工民主党安徽省委员会编印《农工安徽通讯》1984年第6期）

安徽省哲学社会科学联合会第三次代表大会开幕词

同志们：

安徽省哲学社会科学联合会第三次代表大会，现在开幕了，出席这次代表大会的代表共382位。其中省属62个学会研究会选出代表290位，地市社联代表63位，由省社联同有关方面协商提名的代表39位。

新的一年刚刚开始，极目神州，花团锦簇。在这样天时、地利、政通、人和的时候，举行这样的盛会，正是象征着我省学术的繁荣昌盛。今天，省委、省政府、省人大、省政协的领导同志亲临大会指导，省委负责同志还将在大会上作重要讲话，我省的一些兄弟单位领导同志也光临了我们的大会，我们感到十分光荣，受到很大鼓舞。我谨代表大会主席团和全体代表向他们致以诚挚的感谢和崇高的敬意！

这次代表大会是全党全民正在深入学习贯彻党的全国代表会议精神的时候召开的。我们要以党代会文件精神作为我们这次大会的指导思想，来开好这次代表大会。

这次代表大会是在中共安徽省委的直接领导和关怀下召开的。为了开好这次大会，去年7月和12月省委常委曾两次开会讨论了社联的工作和领导班子的建设。省委常委认为，我省社联自1978年恢复以来，队伍不断扩大，各种理论研究和学术活动开展得很活跃，为繁荣我省社会科学事业做了许多工作；对于促进我省经济建设的发展，加强两个文明的建设起了积极作用。要求社联在今后的工作中，进一步动员全省广大社会科学工作者，坚持马列主义、毛泽东思想的基本原理，坚持理论联系实际的原则，积极投身四化建设的实践，为加快我省两个文明的建设做出应有的贡献。省委还就省社联的领导体制、代表大会的主要议题以及省社联领导班子组成的原则等做了明确的规定。正是在省委的正确领导和亲切关怀下，在省委宣传部的直接指导和社科院的支持下，依靠各个学会的积极准备，我们才得以顺利地召开这次代表大会。

我省社联自1978年恢复和重建以来，已经近8年了，学会组织从恢复时的6个发展到今天的62个，16个地市已建立了社联组织，还有南陵、歙县也建立了社联组织。近几年来，由于机构改革、人事变动，省社联第二届委员会成员中有许多同志已不再从事社联工作，急需通过代表大会选出新一届委员会，以加强对社联工作的领导。同时，根据第二届社联章程关于每三年举行一次社联代表大会的规定，也早已超过很长时间了。从社联工作适应新形势的要求出发，也需总结历年来的工作经验，更好地按照我省第四次党代会的精神，特别是党的全国代表会议的精神，进一步明确社会科学工作的方向和任务，有重点、有计划地开展社联工作，进一步组织和动员全省社会科学工作者投身四化建设实践，探讨新的重大理论问题和实际问题，更好地学习、坚持和发展马列主义，为促进社会主义物质文明建设和加强社会主义精神文明建设做出新的贡献。因此，现在召开这次代表大会是非常必要的，也是比较及时的。

在新的历史时期，哲学社会科学工作的根本任务是什么呢？

中共中央1982年48号文件指出，研究和解决我国社会主义现代化建设中提出的重大理论问题和实际问题，是哲学社会科学工作的根本任务。要加强社会主义现代化建设过程中多方面发展规律的研究，包括现代化建设过程中可能带来的影响和问题的预测。要加强应用研究，努力发展一切可以直接应用的部分，用来推进现代化建设的实际工作。要重视社会科学的基础研究，社会科学队伍中还应当有一部分同志把普及工作担负起来。

中共中央关于制定国民经济和社会发展第七个五年计划的建议中又强调指出：社会科学要加强对马列主义基本原理的研究，大力开展有关我国社会主义现代化建设中重大理论问题和实际问题的研究，为促进社会主义物质文明建设和加强社会主义精神文明建设服务。“七五”期间，要围绕经济、科技、社会发展的战略问题和以城市为重点的经济体制改革的重要课题，深入开展研究，力争拿出一批高质量的研究成果。要加强新兴学科、边缘学科的建设，充实社会科学研究体系。

我们要坚决完成党所提出的工作任务，自觉地坚持理论联系实际的原则，更好地为两个文明建设服务。各个学会在注意基础理论研究的同时，都要紧紧围绕全面改革这个大题目去做文章。从自己的学科特点出发，从不同的侧面去探讨经济体制改革以及其他各条战线上的改革问题。对社会主义精神文明建设的研究也要放到十分重要的位置上来，下功夫写出有分量的调查报告、理论文章和专著，卓有成效地开好学术讨论会和报告会。还要继续搞好哲学社会科学的普及工作，积极宣传马列主义、毛泽东思想，普及哲学社会科学知识和法律知识。我们要及时掌握社会动态，了解社会需要以及社会科学各门类的新知识和新信息，大力培养理论人才，壮大理论队伍。我们要组织力量，开展专题理论研究。在理论上要勇于突破，要建设具有安徽特色的学派。当前，我省要研究的理论专题较多，如楚文化史、桐城学派、徽州的历史文化以及安徽革命斗争史、历史人物与学术思想等，特别是要围绕经济、科技、社会发展的战略问题和以城市为重点的经济体制改革的重要课题，深入开展研究。各学会应当切实规划一下，组织力量搞好专题研究，力争早出成果，多出成果，出好的成果。

这次代表大会是我省社会科学界的一次盛会，是开创社联工作新局面的大会。这次大会的主要任务是深入学习和贯彻党的全国代表会议的精神，总结社联工作，明确今后任务，并选举产生第三届省社联委员会。这次大会的主要议程是：(1) 听取省委的报告；(2) 听取并审议省社联工作报告；(3) 修改和通过社联章程；(4) 选举产生第三届省社联委员会。

同志们，当前，我们的祖国正面临着继辛亥革命、中华人民共和国成立两次大腾飞之后，在20世纪内实现第三次大腾飞的伟大时代。社会科学同自然科学一样，是促进经济建设发展，加强社会主义物质文明和精神文明建设的一个重要方面。我们要把这次代表大会开成一个团结奋斗、再展宏图的大会。我相信，通过大家的努力，我们这次代表大会一定能够开好，对于更好地贯彻执行全国党代会的精神，完成省委交给的任务，发展我省的社会科学事业，加快我省的两个文明建设，将会起到重要的促进作用。我们全省的广大社会科学工作者，也必将更加刻苦自励，以高昂的精神状态、创新求实的作风、科学高效的工作和方法，肩负起时代赋予我们的光荣而又艰巨的任务。同志们，让我们更加紧密地团结在中国共产党周围，坚持四项基本原则，为繁荣我省的社会科学事业，在实现中华民族的第三次大腾飞中，做出我们更大更新的贡献。

祝大会圆满成功！祝同志们身体健康！谢谢大家。

（1986年）

新春的希望

今年的春天，是“七五”计划的头一个春天。放眼全国，政通人和，春光明媚，风景宜人。“六五”计划完成得很好，改革的步子迈得比原来预计的大，效果比原来预计的好。党中央下最大决心端正党风，端正社会风气。这些阵阵春风吹暖了全国人民，在此虎年，大家正以虎虎生气，在党中央的团结奋斗、再展宏图的号召下，为实现“七五”计划开拓前进。

在过去的一年里，我们安徽农工民主党的全体同志在医卫、文教、科技各条战线上辛勤劳动，取得了不少成绩。面对新的形势，更加懔懔于自己责任的重大，将百倍努力为四化建设服务。我们的任务很多，要做的事端绪纷繁。当前至关重要的是坚持改革。“七五”计划把改革放在首要位置，改革是我们社会主义制度的自我完善。要建设具有中国特色的社会主义现代化祖国，只有通过改革的途径才能实现，而改革要经历不断探索、不断创新的过程。改革工作是艰巨的、细致的，我们必须从各自的工作岗位，积极投身到改革的前列，竭智尽能，献计献策，为改革出力。

我们还有一个自我教育的问题，自我教育是劳动人民内部的自我思想建设，是社会主义精神文明建设的组成部分。我们有自我教育的优良传统，应当继续发扬。要努力学习马克思主义的基本理论，学习中国共产党的路线、方针、政策，学习统一战线的理论，学习民主党派老一辈坚决接受中国共产党的领导、与党亲密合作的光荣传统。学习爱祖国、爱人民、有理想、有道德，为社会主义四化建设奋进不息的先进典型，真正做到以马克思主义指导自己的行动，根据马克思主义的基本原则和基本方法，结合不断变化的实际，探索和解决新问题。正确认识当前政治经济的好形势，坚定信心，进一步确立全心全意为人民服务的思想，立足本职，发挥优势，为中华腾飞做出新贡献。

“日净山如染，风唯革欲丽”，和风送服，万物皆春，极目神州，企瞻前景，欣然有怀，提出上述希望，愿与全省农工民主党同志共勉。

（原载中国农工民主党安徽省委员会编《农工安徽通讯》1986年第1期）

中国人民政治协商会议安徽省第五届委员会常务委员会工作报告

各位委员、各位同志：

省政协五届三次会议到现在已经一年了。过去的一年，是我国实行以城市为重点的全面经济体制改革的第一年。一年来，在“慎重初战，务求必胜”的方针指导下，全国人民在改革方面不失时机地迈出了勇敢的一步，各条战线都取得了可喜的重大成就。在中共安徽省委的领导下，全省人民团结奋斗，提前完成了第六个五年计划，经济体制改革和其他各项改革正沿着正确的轨道胜利进行。

随着我省爱国统一战线的进一步巩固和扩大，人民政协工作的路子越走越宽，积极、主动、求实、创新，政治协商、民主监督的内容更为充实，形式更加多样，人民政协的人才优势得到进一步发挥，围绕改革和开放，加强和改进了各项工作，出现了新的局面。人民政协在我国政治生活中的作用和对建设与改革的贡献，已逐渐为全社会所认识，人民政协的地位与作用，日益为人们所了解，声誉也越来越高了。四化建设的发展，为人民政协工作开拓了新的天地，政协工作的进一步开展，必将对我省两个文明的建设有着重要的促进作用。

现在，我受省政协五届委员会常务委员会的委托，向大会报告一年来的主要工作，并提出今后工作的初步意见，请予审议。

（一）积极参与国家大政方针和地方重要事务的协商讨论

组织省各民主党派、工商联的负责人和各界爱国人士参加省委召开的党外人士协商会、座谈会，参与有关重大问题的协商讨论，这是发挥人民政协职能作用的一个重要方面。一年来，先后学习了省委书记黄璜传达的关于党的全国代表会议和四中、五中全会精神，听取了省委、省政府负责同志关于全省经济形势、农业情况和教育体制改革的通报，及时了解党和政府的政策，了解各项事业发展的情况和存在的问题，为委员们的知情、出力创造了条件。

五届三次全委会以来，我们紧紧围绕经济体制改革和科技、教育体制改革，采取多种形式，广泛深入地参与国家和地方的政治生活，加强了人民政协的政治协商、民主监督的职能作用。我们先后召开五次常委会议、二十六次主席会议，传达贯彻了党的全国代表会议和四中、五中全会精神、全国人大和全国政协六届三次会议精神，学习了《中共中央关于教育体制改革的决定》和邓小平等中央领导同志的重要讲话，并分别就经济体制改革、教育体制改革、纠正新的不正之风、经济建设和统一战线内部关系等重大问题进行了协商讨论。五届十五次常委会议还讨论通过了《关于学习、贯彻党的全国代表会议文件精神的决议》。常委们一致表示，要深入学习党的全国代表会议和四中、五中全会精神，提高认识，振奋精神，积极为“七五”计划做出贡献。

一年来，我们还组织部分常委和委员，先后前往合肥、马鞍山、芜湖、铜陵等市参观考察。委员们通过参观考察，加深了对大好形势的认识，提高了为四化出力的积极性和主动性。委员们还对商品生产、商品流通、乡镇企业、城市规划、交通运输、文化教育、医药卫生、民族宗教等工作，发表了有益的意见，受到了当地党政部门的重视与欢迎。

（二）充分发挥人民政协多学科的智力优势，为改革献计出力

为了适应改革开放的需要，我们以经济建设为中心，改进工作方法，运用多种形式开拓了专题调查的广度与深度，积极为经济体制改革和各项改革出主意、办实事。本会各工作组分别有计划地就两个文明建设和群众普遍关心的问题，如蔬菜产销、自来水水源污染、中等职业教育、普及九年制义务教育、农村私人办学、民主党派办学、小学优秀教师入党难、少数民族地区教育等问题做了专题调查，引起了省委、省政

府领导和有关部门的重视。如关于滁县地区职业教育情况的调查报告，王郁昭省长做了批示，省政府《送阅材料》予以印发。关于优秀小学教师入党难的调查报告，省委副书记卢荣景做了批示，省委组织部《安徽组工通讯》全文刊登，并加了编者按。关于加强农村青少年教育的调查，我们在华东地区农村青少年犯罪问题科学讨论会上做了介绍，并被编入《论文选刊》。

有些工作组还根据社会需要，在力所能及的范围内，尽量多办点实事。例如，妇女组与省妇联联合开办了女子高级职业中学，首批招收新生41人，体育组与体总安徽分会等单位联合开办了体育人才培训中心，为女子职业教育和培训体育师资开辟了一条新路子。

委托市、县政协与省政协有关工作组共同配合进行专题调查，这是我们去年工作组工作中的一个新尝试。如大水面养鱼、普及九年制义务教育问题，除省政协组织调查外，还分别委托望江县、歙县政协进行专题调查。这种上下结合的方法，使反映的问题更全面深入，更符合实际，同时也密切了省政协与市、县政协的工作联系。

一年来，本会12个工作组共开展各项活动76次，其中专题调查20次，专题座谈11次，专题讲座、报告会22次。实践证明，工作组的工作是政协工作的一个重要方面，也是联系委员和各界人士的纽带。工作组工作的活跃，反映出政协工作充满了活力。

（三）开展学习和宣传工作，不断扩大统一战线和人民政协的影响

为了恢复和发扬政协委员和各界人士自我教育、自我改造的优良传统和作风，进一步搞好新时期人民政协的学习工作，本会五届十四次常委会议听取了陈天任副主席关于全国政协学习工作会议精神的传达。常委们一致认为，人民政协开展学习工作，有利于加深对党的路线、方针、政策的理解，有利于进一步激发政协委员和各界人士的爱国主义热情，有利于充分发挥政治协商、民主监督的作用。大家表示一定要发扬自我教育、自我改造的优良传统和作风，进一步清除“左”的影响，搞

好新时期人民政协的学习工作。学委会还专门召开了全体会议，做了具体安排。

学委会还根据形势发展的需要，从便于联系、方便学习考虑，把原来的六个学习小组调整为九个学习小组，重建了中心学习组，加强了学习工作。

举办报告会和专题讲座是我们组织学习的一种重要形式。去年，我们针对大家普遍关心的物价问题，专门组织中心组同志收听了中央有关单位负责同志关于物价问题的录音报告，请滕茂桐副主席介绍了近两年来美国和欧洲的政治经济动态。这些活动受到了委员、各民主党派和各界人士的欢迎，收到了良好的效果。一年来，学委会共举行各种座谈会、讨论会11次，编发《学习资料》8期。

（四）改革文史管理体制，促进文史工作的新发展

为了加强对文史资料征集和出版工作的管理，提高文史工作的质量，去年，我们对文史管理体制进行了改革，将文史办公室由行政机构改为事业单位。一年来，在改革的推动下，文史工作有了较快的进展。全年共征集史料360万字，编辑出版《安徽文史资料》4辑，历史人物专著4本。征集、出版史料的数量和质量都超过往年。文史书刊发行工作有所进步，管理工作有所加强。

去年10月，华东地区第三次文史工作协作会议在我省召开，这是省际政协文史工作的一次重要会议。我们向会议提交了五个专题工作汇报材料及附件。同时，组织了13个市、县政协就地方政协文史工作向会议做了口头或书面汇报。我省文史管理体制改革的尝试，引起了与会代表的重视。根据与会同志的意见，这些做法与经验已写入会议纪要。

在征集、出版文史资料的过程中，我们继续高举爱国主义旗帜，客观、公正地评价历史事件和历史人物，进一步扩大了团结面。如对抗日战争，过去宣传敌后战场较多，对国民党负责的正面战场很少宣传。去年，我们配合纪念抗日战争胜利四十周年，先后编辑出版了《纪念方振武将军》《戴安澜将军》《卫立煌将军》以及《第二次国共合作在安徽》

等史料专辑，比较充分地反映了国民党广大官兵在正面战场奋勇杀敌、浴血沙场的事迹，使当年参加过抗战的国民党方面人士深受鼓舞，推动了爱国统一战线的扩大。

（五）高举爱国主义旗帜，祖国统一工作有了新发展

一年来，我们通过座谈会、报告会、纪念会、学术讨论会和参观考察等多种形式和渠道，宣传党和平统一祖国的方针、政策和“一国两制”的构想，宣传祖国四化建设、经济体制改革及其他改革的成就，积极鼓励和支持“三胞”为祖国建设和祖国统一献计出力。去年12月，我们召开了省辖市政协祖国统一工作座谈会，交流了开展对台工作的情况和经验，研究探讨了对台工作的方法和措施。去年年底，我们组织台胞、台属和侨胞代表赴浙江、福建等地参观学习，受到了一次生动的爱国主义教育。祖国统一工作组还与省委对台办等单位合拍了对台宣传的电视片《宜人之城——安庆》，经试映反映较好。这是我们开展海外宣传工作的一个新尝试。

为促进全省各级政协委员为开放、引进工作服务，我们对政协委员中的海外关系情况进行了调查，了解了情况，疏通了渠道。为进一步加强祖国统一工作，经五届十六次常委会议决定，设立了省政协祖国统一工作委员会。

在隆重纪念抗日战争和世界反法西斯战争胜利四十周年的活动中，我们组织了座谈会，参加了省暨合肥市举行的向烈士敬献花圈仪式和文艺晚会。去年，是著名抗日爱国将领方振武（寿县人）一百周年诞辰。根据全国政协建议，我会和省委统战部举行了隆重的纪念活动。省党政军负责同志出席了会议，全国政协副秘书长孙铁青专程前来参加纪念活动。方振武将军在中国香港和英国的亲属以及方将军旧部的代表，也应邀参加了这一活动。会议高度评价了方振武将军在推翻帝制、抗击外侮方面做出的杰出贡献，给以应有的历史地位，并号召大家学习方将军热爱祖国，为国家独立和振兴而英勇献身的精神，为完成祖国统一大业、振兴中华而奋斗。到会同志和方将军的亲属、故旧深受鼓舞。纪念活动

期间，还召开了纪念方将军的学术讨论会，印发了《纪念方振武将军》专辑。《人民日报》《人民政协报》和省、市报纸、广播、电视都做了报道。中国香港《明报》《文汇报》也发了消息，扩大了对海外的影响。通过这些活动，大家回顾了国共两党两次合作和两次分裂的经验教训，增进了海内外爱国人士的相互了解，促进了祖国统一工作。同时，也说明：一个人只要为祖国、为民族做过好事，人民是不会忘记他的，共产党是不会忘记他的。

（六）继续做好落实政协委员政策的工作

根据省委批转的我会《关于继续落实各级政协委员政策的报告》精神，主席会议决定，建立落实政策办公室，继续解决政协委员落实政策中的遗留问题。一年来，全省各级政协委员有234人提出要求落实政策，其中省政协委员52人，市、县（区）政协委员182人，一般都属于遗留下来的“老大难”问题。为了善始善终地解决好这些问题，我们采取了省与地市分级负责的办法，逐人逐件落实。对涉及外省以及省内的一些市、县相互牵涉的问题，要求我们给予协助解决的，我们都及时给予联系办理。五届十四次常委会议期间，我们邀请列席会议的省辖市政协主席，具体讨论了落实政协委员政策的工作。10月，我们还会同省委统战部组织了八个落实政策检查组，分赴全省各个地市进行了检查。由于各方面的积极努力，要求落实政策的234名委员中，已落实政策的133人，约占总数的56.9%，其中省政协委员30人，市、县政协委员103人。

同时，本会的信访接待工作有了进一步加强。全年共收到人民来信478件，接待来访102人次，基本上做到了热情接待，认真办理，件件有着落，事事有交代。

（七）加强了市、县政协业务指导，进一步密切了与市、县政协的联系

深入基层，调查研究，是改进领导作风和机关工作作风的一个重要方面。去年以来，省政协领导同志先后到徽州、宣城、巢湖、阜阳、宿

县、六安地区和合肥、芜湖、淮北、蚌埠市以及部分县政协进行调查研究，指导政协工作；并分别在蚌埠、阜阳、歙县召开了市、县政协工作座谈会，总结交流了政协工作经验。从调查情况看，各地政协围绕改革和开放两件大事，通过各种形式，在外引内联、牵线搭桥、开发智力、促进改革等方面做了大量工作，积累了许多新经验。如界首县政协的意见听取会，固镇县政协发挥综合智力库作用等经验，丰富了活动内容，开拓了新的领域，我们要很好地总结推广这些新经验，指导全省政协工作的进一步开展。

最近，省委批示同意建立地区政协工作联络处，这对进一步沟通情况、交流经验、活跃政协工作，将产生重要作用。

一年来，本会编印会刊8期、《简报》12期。在《人民政协报》编辑、发表了“安徽政协专页”。我们还接待了上海市政协画室参观团，并与上海市政协联合在合肥举办了“上海名画家书画展览”；会同中国美术家协会在北京、天津为赖少其副主席举办了书画展；接待了贵州、广东、江苏等省政协前来参观的领导同志，并组织了省辖市政协负责同志前往外省学习。这些活动对于交流政协工作经验，加强横向联系，扩大政协工作的影响，都起了积极的作用。

关于提案工作已另有报告，这里就不讲了。

回顾一年来的工作，我们在围绕以城市为重点的全面经济体制改革中，政协工作有了新的进展，为今后政协工作继续向广度和深度开拓，积累了一些新经验。但是，我们的工作也还存在着一些不足之处，主要是与形势要求还有相当大的差距，思想不够解放，改革创新的劲头不足，对政协工作研究不够，机关工作制度不够健全，对委员的联系和服务工作也不够，一年一次的全省政协工作会议和政协干部训练班没有召开和举办，这些今后应努力加以改进。

各位委员、各位同志，最近，全国人大六届四次会议通过制定了“七五”计划，对体制改革、经济建设都做出了具体部署。今年，经济体制改革总的指导思想是“巩固、消化、补充、改善”，为整个“七五”期间推进经济体制的全面改革打下了基础。同时，要大力加强社会主义精神文明建设，从根本上促进党风、社会风气的好转。根据中央和省委的指示精神，我们人民政协的工作重点是在协助党和政府继续抓好经济建设的同时，要为搞好经济体制改革和精神文明建设做出新的贡献。

（一）充分发挥人民政协的职能作用，开拓政治协商和民主监督的新渠道

政治协商和民主监督是我国在中国共产党领导下的多党合作的主要形式和实际体现，也是发扬社会主义民主的一种重要形式。要努力使政治协商和民主监督经常化、制度化。在新的形势下，要把经济建设、改革、对外开放和推动精神文明建设作为协商的重要内容和议题，积极组织委员和各界人士为社会主义物质文明和精神文明建设服务，为经济体制改革和其他各项改革献计献策。协商的形式要多种多样，除了定期开好政协全委会、常委会、主席会议以外，还可以采取召开意见听取会、献计献策会、专题调查汇报会及各民主党派负责人、无党派民主人士和各界代表人士座谈会等方式，不断开拓政治协商的新渠道。要主动与有关部门联系，及时把委员和各界人士的一些重要意见、建议，提请他们研究处理和参考。

知情和出力是相互联系的，知情是出力的前提。在协商前，要通过组织参观考察、专题调查、专题座谈，认真做好准备工作，使参加协商的各方面了解有关的情况和材料，充分进行考虑和酝酿。在协商中，要认真听取各方面的意见，特别要注意听取和反映不同的意见，倡导“群言堂”的好风气。

目前，在大好形势下出现了一些新的不正之风，对改革和两个文明建设危害极大。人民政协要充分发挥民主监督的作用，本着“肝胆相照，荣辱与共”的精神，如实地反映情况，提出建议和批评，协助党和政府促进党风和社会风气的根本好转。

（二）继续运用政协人才聚集的优势，推动各项改革，致力四化建设

在对外实行开放、对内搞活经济中，要推动、组织委员和各界有关人士，围绕“七五”计划，广泛开展咨询服务，沟通信息网络，在发展横向联系上起“红娘”作用，为“三引进”牵线搭桥；就经济、科技、教育体制改革中的重要问题，组织委员、专家和学者进行专题调查、经济效益分析、科学论证，提出建设性的建议。不仅在个别专题、个别领域内献计献策，而且应该从整体上、从宏观的角度献计献策。

促进社会主义精神文明建设，是政协工作的一项重要内容。要着重加强形势教育、爱国主义教育、坚持开放和坚持改革的政策教育、坚持四项基本原则的教育。要发挥委员的专长，开发智力，继续协助各民主党派办好各种形式的学校、培训班，传播科学文化知识，提高全民族的文化素质，要加强对青少年的理想、道德和纪律的教育，普及法律知识，推动社会主义精神文明建设。

为了表彰在四化建设中做出贡献的政协委员，今年下半年拟召开第二次全省各级政协委员为四化服务经验交流会。

（三）加强学习工作，发扬自我教育、自我改造的优良传统

要在自愿的基础上组织委员和各界人士经常学习党的路线、方针、政策和时事政治，学习马克思主义的基本理论，学习科学社会主义理论和商品经济理论，不断提高认识。当前要认真学习全国人大六届四次会议精神，提高认识，群策群力，把“七五”计划的宏伟蓝图，变成光辉的现实，为祖国富强和人民富裕，做出新的贡献。

（四）继续高举爱国主义旗帜，改革、完善文史管理体制，调动积极因素，进一步做好文史资料的征集、编辑、出版、发行工作

要开拓史料征集的新领域，抓紧海外史料的征集。要及时编辑出版

《安徽文史资料》第二十七辑至三十辑和文史专著，注意提高文史出版物的质量。要按照全国政协的要求，健全全省政协系统文史书刊发行网，开创文史发行工作的新局面。受全国政协的委托，认真做好国民党军对苏区“围剿”的史料编审会议的服务工作。

（五）广交朋友，积极开展海外统战工作，为建设安徽、统一祖国、振兴中华服务

要开阔眼界，走向世界，广交朋友，联络友谊。要进一步加强和扩大祖国统一的宣传和联络工作，采取各种形式，组织委员学习有关方针政策，了解中国台湾、香港、澳门地区的政治经济情况；宣传祖国建设的新成就，要充分发挥委员有着广泛社会联系的有利条件，广交朋友，增进友谊，加深了解，要善于针对不同对象的特点做工作，要注意研究新情况、新课题，从实际出发，长期经营，持之以恒；要谨言慎行，少说空话，多干实事，以富有成效的工作，推动祖国和平统一的早日实现。为了总结交流海外统战工作的经验，拟召开一次“三胞”工作座谈会。

今年是知名爱国人士柏文蔚将军一百一十周年诞辰，届时将举行纪念活动。

我们还将举办抗日爱国将领方振武长媳、英籍华人、著名书画家方召麟女士书画展。

（六）善始善终地抓好落实政协委员政策的工作

对政协委员落实政策中的遗留问题，要逐个调查研究，协助党和政府妥善解决，力争在今年内善始善终地做好这一工作，用党的政策进一步调动各级政协委员的积极性。

（七）深入调查研究，进一步加强对市、县政协的业务指导

拟在上半年召开第四次全省政协工作会议，传达贯彻全国地方政协工作座谈会精神，总结交流经验；举办全省政协干部训练班，组织市、

县政协干部学习统一战线的理论、方针、政策以及有关业务知识，并把这一学习和总结交流经验结合起来；继续办好《安徽政协》会刊和《政协简报》，提高质量，沟通情况，交流经验。省政协领导和机关处以上干部要经常深入基层，研究政协工作的新情况、新问题、新经验。

加强省政协机关建设，不断改进工作作风。要健全岗位责任制，搞好服务，少说空话，多干实事，尽职尽责；教育机关职工继承、发扬党的统一战线的优良传统和作风，勤勤恳恳，扎扎实实。特别是要加强机关职工对马克思主义理论（包括党的统一战线理论、政策）的学习，提高职工的政治素质与业务能力。

各位委员、各位同志，“七五”时期是我国经济和社会发展的重要时期，在新的历史时期，我们肩负着光荣而艰巨的任务。为了使20世纪80年代的后五年真正成为团结奋斗的五年、扎实奋斗的五年、坚韧奋斗的五年，我们要在中共安徽省委的领导下，坚决贯彻执行“长期共存、互相监督、肝胆相照、荣辱与共”的方针，发扬愚公精神，团结一致，努力开创政协工作的新局面，不断扩大和巩固爱国统一战线，为实现“七五”计划、振兴我省经济，做出新的更大的贡献！

（1986年4月）

全国政协七届一次会议上的发言

李鹏代总理所作的《政府工作报告》总结了过去五年所取得的各项巨大成就，提出了今后五年的目标、方针和任务。报告贯穿着党的十三大精神，实事求是，符合国情、民情，反映了全国各族人民的愿望，我对这个报告完全同意和拥护。回顾过去，展望将来，并深感鼓舞和振奋。

我觉得正确的方针政策制定之后，首要的问题是贵在落实。要使正确的方针政策不折不扣的全面贯彻实行，须严防“上有政策、下有对策”的流弊，严防政策走样、变形。谈到如何落实政策的问题，我觉得：

一、人们要树立起新观念

也就是要树立起“以改革总揽全局”的新观念。当今的方针政策既然是“以改革总揽全局”，那么，我们观察、研究和处理一切问题的观念也必须更新，也必须以改革总揽一切，能够这样，一切问题才会迎刃而解。我们的改革是社会主义制度的自我完善。国家在前进中不会不产生这样那样的问题，产前的阵痛，无须大惊小怪，人们有了用改革来总揽一切的新观念，就能产生出新的实行政策的具体有效措施，就能迸发出新的激情、新的干劲和新的效率，这样就能快而好地完成时代赋予我们的新使命。尤其是执行政策的各级干部要树立起这种新观念，才能使他们真正地、全面地、彻底地贯彻方针和政策。

二、进一步健全社会主义法制

党的十一届三中全会以来，已经制定了许多法律、法规，社会主义法制已经得到很大的加强。但是，随着当前新任务的要求，在方针政策提出之后，就必须制定和修订补充一些必要的法律、行政法规和具体的条例、规章等，以法律来保证方针政策的实现。如当前的物价问题，这是一个关系到国计民生的大事。当然，我们不能用旧观念来处理这一问题，用限制物价的老办法来阻碍生产，而且物价也不可能用限价的办法限得住。物价体制应做必要改革和调整，这样不仅能够逐步缓解并从根本上逐步消除物价问题，而且又可以以此来促进生产的发展。但是，在处理这个问题上，一方面固然要大力“开源”，另一方面也应大力“节流”。不然所开之源又将大量流失，应当严禁挥霍浪费，严禁大吃大喝，严格限制集团购买力，注意控制通货的发行与投放，尤其要加强物价管理，减少中间层次牟利，严厉打击投机倒把等，大力刹住暴涨价和乱涨价。建议政府尽快制定出切实有效的《物价管理法》并严格实行。又如近来在铁路、航空方面连续出现了好几起重大事故，也希望政府对交通安全法规进行全面详细的审查和修订，通过健全这方面的法规，来建立一整套严格的交通安全制度。

在健全社会主义法制方面，还有一点十分重要，这就是要树立法律的权威。法律权威树立的影响因素固然很多，但首要的一条是“信赏必罚”。商鞅变法之初，也知道用重金悬赏移木之事来树立法律的威信，秦法因此大行。“信”与“守”，这两个字十分重要，信赏可以激励人们遵纪守法，增强工作积极性；必罚可以堵塞人们的侥幸心理和走歪门邪道，不敢以身试法。做到了“信赏必罚”，法律才不致流为一纸空文。

三、澄清吏制，整饬官风

有了好的方针政策之后，重要的就是干部问题。再好的方针政策没有好的执行者，也有可能落空。因此，澄清吏制，整饬官风，就非常重要了，要求各级干部“清、正、廉、明”也就成为实现政策的重要因素。政府现在打算制定《公务人员法》，我非常同意，希望能将各级干部任、免、升、降、考勤、考绩各方面都做出严密具体的规定，尤其希望能将竞争机制纳入这项法规之中。对常务性质各级干部的任用，可采取考试择优录用的办法。对所有各类各级干部的升、降、任、转都应严格对其考勤、考绩，根据考绩的结果来决定，以法不以情，这样才能做到选贤任能，才能督促公务人员勤奋公务，争“做事”而不争“做官”，建立起廉洁和高效率的政府。

四、进一步发扬社会主义民主

党的十一届三中全会以来，社会主义民主的优良传统得到恢复并大力发扬。今年在人大和政协两个大会上，与会者畅所欲言，充满团结、民主的气氛就是明证。社会主义民主应当有一个过程，有一个有步骤的渐进过程，在当前我们社会主义民主逐步完善的基础上，进一步加以发扬，进一步增强国情、民情、政情和改革之情的透明度，也是大有助于我们方针政策的落实的。因为这一方面可以推动人民群众更加关心国家大事，提高政治责任感和建设与改革工作的积极性，增强对干部的民主监督；另一方面，又可以锻炼人民群众更好地坚持四项基本原则，依法行使民主权利，消除隔阂，增进团结，更有助于安定团结局面的巩固和发展。在政协中，各方面人士比较集中，为了更好地进行政治协商和民主监督，各级政协委员自身应当敢于和勇于向政府反映情况、提出意见、献计献策，做好党的诤友，除此以外，希望也能像人大发给代表“视察证”那样，发给政协委员一种“视察证”，使委员们能更好地知情出力。

此外，我觉得自然科学和社会科学在当今信息时代，相互间已多方面渗透交叉，已不同于过去的牛顿时代，大的科学攻关课题，两者已缺一不可。我们是社会主义国家，对马列主义有较多研究，我国对社会科学的研究有其优势，而且社会科学又密切关系着社会主义精神文明建设，现在省以下社会科学联合会建立很多，各种社会科学的学会也如雨后春笋，但像自然科学的全国性科协那样的全国社会科学联合会尚付阙如，很不利于社会科学的进一步开拓与发展，希望能尽快地将全国性的社会科学联合会建立起来。

三中全会以来，形势一年比一年好，此次又提出建设与改革如此宏伟蓝图，展望前景，无比兴奋，深感时代新使命的实现人人有责，人人更应在各自工作岗位上竭智尽力。来京之后，振奋之余，写成小诗一首以抒怀，诗曰：戊辰春出席七届全国政协会议，喜赋。

宏开两会议新图，改革和风满上都。
极目神州春似海，好裁黄绢著新书。

（1988年4月）

联合发言

方荣欣　田光涛　光仁洪

各位同志：

听了周绍铮秘书长关于《政协全国委员会常务委员会工作规则（草案）》的说明、罗涵先副秘书长关于《政协全国委员会专门委员会组织通则（草案）》和各专门委员会主任、副主任、委员名单（草案）的说明后，我们认为，这两项规则是政协章程的具体化，它可以使政协的职能活动得到加强和保障，进一步推动地方政协工作的开展，是十分必要的，我们表示完全同意。下面谈点看法和建议：

一、关于《政协全国委员会常务委员会工作规则（草案）》

我们认为：

（1）对制定这个《政协全国委员会常务委员会工作规则（草案）》（以下简称《工作规则（草案）》）的目的是明确的。根据政协章程的规定和多年的工作实践制定这个《工作规则（草案）》，正像周绍铮秘书长在说明中所讲的，其目的就在于：一是对政协章程的一些规定进一步具体化；二是对常委会的活动进一步经常化和规范化，从而使“政治协商、民主监督”这个政协的基本职能发挥得更好。

（2）由于政协章程中对常委会的工作已然作了规定，但不可能很具体。这个《工作规则（草案）》把政协章程进一步加以具体规定，例如：《工作规则（草案）》中在职权（一）项中增加了审议提交全体会议的文件，在职权（三）项中增加了向中央提出重要建议，在常委会会议任务中增加了一项：“协商讨论当前党和国家的大政方针和群众生活中普遍关心的重大问题”等，写得具体、明确，是一个很好的常委会工作实施细则。

（3）这个《工作规则（草案）》中规定了常务委员会专题座谈会。根据当前国家的形势和政协工作的重要问题，此种座谈会可以随时召开，间隔时间可长可短；参加人员可多可少，方式灵活，容易举行，事半功倍，易于取得实效。但是规定中参加座谈会的都是有关常委，建议根据讨论的问题，可邀请有关专门委员会的委员参加，必要时还可以邀请委员中的有关专家学者列席。

（4）主席会议和任务第五项，建议改为：讨论决定委员考察，专门委员会和政协机关建设年度计划以及其他重要活动。

二、关于《政协全国委员会专门委员会组织通则（草案）》

我们认为：

（1）设置专门委员会是政协工作的一项重要改革。为了更好地发挥政治协商、民主监督的作用，从政协来讲，全体会议和常委会闭会后，经常性工作是大量的，诸如贯彻会议决议和决定，发挥全体委员会的作用等，这是个重要问题。49个专门的委员会职能机构的设置，正是为了保障在政协大会闭会期间委员会经常活动，这不但是实现政治协商、民主监督经常化的重要措施，也是适应改革开放和当前工作需要的一项重要改革。

（2）关于专门委员会的性质和任务，在《政协全国委员会专门委员会组织通则（草案）》总则第二、三条规定中是明确的，没有意见，但在第一条，49个专门委员会中的“经济委员会”包括的面广，不好开展工作，建议在该委员会中划分几个工作组，可便于进行活动。

（3）各专门委员会主任、副主任、委员名单（草案）是通过各个筹备组协商提名的，我们完全同意。

（4）听了政协全国委员会副主席、中国香港特别行政区基本法起草委员会副主任委员胡绳同志关于《中华人民共和国香港特别行政区基本法（草案）征求意见稿》的说明后，我们认为，这一基本法（草案）征求意见稿，在两年十个月的起草中，经过慎重考虑，多次讨论，广泛征求意见，充分发挥了民主协商、求同存异的精神。该稿尽量照顾到中国香港的具体情况以及它的历史条件。它贯彻了“一国两制”的方针，贯彻了中国政府在中英联合声明中宣传的对港的政策，体现了要使中国香港特别行政区高度自治的原则，为其繁荣与发展提供了坚实的基础。我们相信，今后经过征求全国人民特别是香港同胞的广泛意见后，一定会把这个基本法（草案）修改得更加完善。

总之，此次全国政协常委会审议并将通过的三个草案是富有改革精神的。因为草案将使全国政协委员会及其49个专门委员会的活动进一步经常化、规范化，从而使政治协商、民主监督这个政协的基本职能得到更有效的发挥，从而更好地调动广大政协委员的积极性，使他们更加为坚持改革、深化改革竭尽职能，献计出力。

九年来，我们的改革在中国共产党的领导和全国各族人民的艰苦奋斗下，已经取得了显著的成效，赢得了全世界人民的瞩目和赞扬。当然，这是一个前人从未做过的宏伟事业，革旧布新在前进的道路上，势必要遇到各种困难和风险，是知难而退，还是知难而进，是摆在每一个人面前的最大考验。古人就曾说过“逆水行舟，不进则退”，我们的改革是关系国家前途和命运的大事，国家兴亡，匹夫有责。真理所在，义无反顾，只要我们能以勇毅的精神，不屈不挠，顶风排浪，坚持前进，就能排除万难，取得胜利，倒退是没有出路的，犹豫徘徊也只会使我们错失良机，愧对子孙后代！

人民政协荟萃着全国各条战线上知识界的精英，我们作为知识分子、政协委员农工民主党成员，为社会主义祖国的富强献身，为改革大业尽力，本来就是我们的夙愿。更何况改革有了前途，国家才有前途，个人也才能有施展抱负的前途。在当前我国经济运行体制正转到新体制轨道上来的关键时刻，改革要进一步深化，必须理顺物价和工资，建立社会主义商品经济新秩序，这是一项相当困难和不能回避的任务。我们深感：不仅要进一步深刻领会改革的重大历史意义及其复杂性、艰巨性和一定的风险性，从而提高认识，自觉增强自身的承受能力；而且要更加积极地支持改革，投身改革；还要向群众做好对改革的宣传、解释和教育工作，巩固安定团结的政治局面，使改革可以顺利进行，我们有党的英明决策和政府的正确措施，任何困难都吓不倒中国人民。为山已经九仞，前进就是胜利，我们充满信心，必将闯过难关，越过险阻，取得改革大业新的伟大胜利。

（1988年6月）

初级阶段各种矛盾要靠发展生产力解决

生产力标准是社会主义初级阶段的理论基础。通过这场学习讨论，将使我们进一步理解“社会主义的根本任务是发展生产力。”“是否有利于发展生产力，应当成为我们考虑一切问题的出发点和检验一切工作的根本标准。”过去，我省通过真理标准问题讨论，推动人们解放思想，坚持发展生产力，较早推行农业联产承包责任制，取得了重大成绩。但随着改革的深入，有些同志却趑趄不前了，甚至对有些改革措施陷入是“社”是“资”的困惑之中。通过生产力标准的学习讨论，必将使人们澄清、排除各种思想顾虑和障碍，使我们用生产力标准来作为衡量一切工作的准绳，从而进一步激发人们对改革开放的热情、胆识和创造精神，加速我省振兴经济的步伐。

二中全会以来的十年，我国在经济、政治等各方面取得的进步是举世瞩目的。不仅工农业持续稳定的增长，国民生产总值平均每年增长9.3%，大大高于过去增长的水平，而且，人民生活水平也有了显著的提高，彩电、冰箱等过去被人认为是“可望不可即”的高档商品，也涌入千家万户。虽然，过去十年的成就是巨大的，但是，我们规模壮阔的改革大业不可能一蹴而成，更何况国大人多，历史上底子又异常薄弱。因此，改革越深入，就必然会出现新、旧制度转换过程中不可避免的激荡问题，这是历史的必然，不须大惊小怪。譬如：我们现实的生产力虽已有了很大发展，但基础薄弱，生产力水平仍然很低，与此同时，人们在满足了温饱需要之后，必然要向高层次的需求发展，这样就使社会总需求将长期低于总供给。因此，我国生产力的总运行也就必然是“紧运行”。由此，使我们更加理解必须坚持生产力标准，不断发展生产力，才能从根本上解决这一矛盾。又譬如，我国现时的生产力系统和结构存在着“四世同堂”的状态，即过去人类历史上出现过的四种社会生产力：（1）以渔猎采集经济为特征的原始生产力；（2）以手工技术为基础的手工生产；（3）以机器技术为基础的轻、重工业和农业的机器生产少；（4）以电子技术为标志的现代生产力，同时并存于我国生产力系统和结构之中。因此，生产力的多元结构和多层次运行之间的矛盾，也就成为我们社会主义初级阶段有待解决的问题，而这些问题的逐步解决也必须依靠生产力的发展。尤其是当前改革进入了关键阶段，一些难度大而又不能绕过的问题，摆到了我们的面前。我们必须认识到这些问题都是新、旧体制交替中各种矛盾和摩擦必然出现的问题，只要我们能用生产力标准来考察和衡量，对这些问题就可以获得正确的理解，不致产生疑虑或困惑；只要我们坚持四项基本原则，坚持改革，齐心协力，大力发展生产力，并配合采取阶段性的具体措施，就一定能从根本上解决物价改革等难题。

党的十三大报告中重申，中国一切政党的政策和实践在中国人民中所表现的作用的好坏、大小，归根结底，看它对于中国人民的生产力的发展是否有帮助及其帮助之大小。当前改革已进入关键阶段，改革大业，不进则退，我深感作为一个农工民主党成员和政协委员，应当积极投入这场生产力标准大讨论中，明辨是非，提高认识，增强承受力。在中国共产党领导下，坚持改革，义无反顾，同心同德，共渡难关，为四化建设和统一祖国，为发展社会主义生产力和维护并发展改革大业所必需的安定团结的政治局面，竭智尽力，在参政议政中做出更多的贡献！

（原载《安徽日报》1988年8月19日第4版）

团结起来，开拓创新，沿着有中国特色的社会主义道路奋勇前进

各位代表、各位同志：

我受九届中央委员会的委托，向大会作报告，请审议。

一

我党自1983年第九次全国代表大会到现在，已经五年了。在这期间，在中国共产党的正确领导下，改革开放不断深入发展，在建设有中国特色的社会主义伟大事业中，各个领域都取得了举世瞩目的巨大成就，经济日益繁荣，社会安定团结，人民安居乐业，爱国统一战线不断发展，祖国面貌发生了深刻的变化。

五年来，我党第九届中央委员会召开了六次全会和一次全国代表会议，认真贯彻中共十二大和十三大会议的精神，及时总结了工作，并围绕国家的中心任务做出了相应决议，有力地推进了全党工作的开展。各级组织认真贯彻我党中央历次会议的决议精神。为改革开放和两个文明建设服务，为社会主义民主与法制建设服务，为促进“一国两制”、祖国和平统一服务，进行了大量卓有成效的工作，取得了显著的成绩。全党政治思想空前活跃，工作领域不断开拓，发展工作有较大进展，自身建设日益加强，组织面貌发生了深刻变化，这五年是我党最好的历史时期之一，是我党事业兴旺发达、不断前进的五年。

（一）协商监督的职能日益发挥

参加国家政治协商，参与国家事务管理，进行民主监督，是我党发

挥政党职能作用的一个主要方面。五年来，从中央到地方以至基层单位，民主协商逐步趋向制度化，我党参政议政的活动更加广泛、更加深入，参政议政的形式也趋于多层次、多渠道、多形式、多样化。我党中央领导同志参加了中共中央的民主协商会议，就经济体制、教育体制、科技体制改革的决定，关于“七五”计划的建议，关于社会主义精神文明建设的指导方针，关于中共十三大的政治报告，关于七届全国人大的政府工作报告，关于国家重大的人事安排，以及沿海地区的经济发展战略等，进行协商讨论。各级地方组织的领导同志，也常应中共当地党委之邀请，参加协商会、各界人士座谈会等，就当地的经济建设、社会发展和人民生活的重大问题进行协商。这样，在中共中央及地方党委做出重大决策之前，充分听取了我党领导同志代表和所联系的知识分子的意见、要求和建议，为决策的民主化、科学化发挥了应有的作用。

全国人民代表大会和地方各级人民代表大会，是我国的最高国家权力机关和地方国家权力机关，我党党员当选各级人大代表，是参政议政的重要形式。今年通过各级人民代表大会换届，据不完全统计，我党党员多人担任各级人大代表，现任七届全国人大代表39人，其中全国人大常委会副委员长1人，常委3人。人民政协是爱国统一战线的组织，是共产党领导下的多党合作和政治协商制度的重要形式，是发扬社会主义民主的重要渠道。今年通过各级政协的换届，据不完全统计，我党党员多人担任各级政协委员，现任七届全国政协委员51人，其中有全国政协副主席1人，常委10人。我党担任各级人大代表和政协委员的同志，遵循“长期共存、互相监督、肝胆相照、荣辱与共”的方针，参与国家政权，参加国家和地方大事的协商，反映民意，对中国共产党和政府的工作提出意见、建议和批评，发挥了参政议政、政治协商和民主监督的作用，体现了中国共产党领导的多党合作和政治协商制度的特点和优势。

五年来，我党中央和地方各级组织发挥各自的特点和优势，在医药卫生、科技文教、经济建设、社会发展、人民生活等方面，开展专题调查和献计献策活动，并为振兴中医中药事业做了大量工作。我党中央会同全国政协医卫组，向中央和国务院提出《关于实行老药工专业技术岗位工资和有津贴的建议》，已被采纳并付诸实施。我党中央还同民建、工商联筹建了中药咨询服务中心理事会，各级地方组织也开展了各种专题调查，提出了许多关于改革开放、经济建设、医药卫生、科技教育、城市建设、人口控制、环境保护、农业发展以及知识分子等问题的有价值的建议，受到中国共产党和政府的重视与采纳。这反映了我党中央和地方各级组织的亲密合作，又实行互相监督，在国家政治生活中发挥了重要作用。

（二）开创了为四化建设服务的新局面

发展生产力是我党一切工作的归宿，广大党员具有强烈的爱国心和事业心。他们在医卫、科技、文教战线上，刻苦钻研，辛勤劳动，做出了贡献。其中多人获国家、部委、省、市科技奖，有多位党员获全国“五一劳动奖章”。有的党员以高水平的发明创造，蜚声国外，为祖国和我党赢得了荣誉。为了总结与交流经验、表彰先进，中央和地方组织分别召开了为四化服务经验交流会和先进集体、先进个人表彰会，进一步调动了广大党员为社会主义服务的积极性。

五年来，我党各级组织积极推动党员在做好本职工作的前提下，按照“实事求是、量力而行、拾遗补阙、讲求实效”的方针，开展咨询服务活动。在支援“老、少、边、穷”地区开发建设方面，我党中央重点支援贵州和内蒙古，在这方面已从单纯的医疗服务发展为智力开发和技术、经济的综合服务。各地组织根据中发〔1986〕59号文件精神，到1987年底，先后建立咨询服务机构227个，完成咨询项目2 102项，出省或在省内支援“老、少、边、穷”地区26个，支援人数732批共2 994人；创办业余学校135所，其中有大专班2 276个，中专班1 021个，其他班2 902个，此外还办有短期训练班138个，总计结业人数275 227人，举办专题讲座5 929次，受益791 833人次，承担了多项技术咨询服务项目。办学工作由短训班和文化补习班逐步转向职业技术教育。在医卫咨询服务方面，从普遍开展送药到乡、到厂、到校，到街义诊、体检，逐步发展到联合办医院和举办专家义诊，以及定点帮助医疗单位培训人才，提高医疗水平和医理水平。这些活动收到了良好的社会效益。

为了加强横向联系，开展地区性的咨询服务协作，广西、四川、云南、贵州、重庆和北京、天津、河北、内蒙古、山西华北五省、市先后建立了协作区，定期开展经验交流活动和智力支援，使咨询工作更具活力。

为了总结并推广经验，中央先后于1984年在杭州、1987年在北京召开了咨询工作会议，明确了指导思想和工作方向，交流了工作经验，有力地推动了各地的工作。

（三）不断加强思想建设，努力提高成员政治素质

思想建设是我党各项工作中一项根本性的建设。因此，任何时候都必须把思想政治工作置于我党工作的重要地位。

五年来，随着改革开放带来的社会的深刻变革和我党工作的不断开拓，以及新党员的大量增加，要求我党的思想政治工作必须与新的形势相适应，必须从实际出发，不断创新，探求行之有效的新的工作内容、新的工作方法和易于被党员接受的各种形式。各级组织采取以正面教育、自我教育为主，着重鼓励，耐心疏导与代表党员合法权益相结合的工作方针，贯彻理论联系实际的原则，围绕中国共产党和政府各个时期的中心任务，对广大成员进行以坚持四项基本原则为核心的宣传教育，取得了明显的成绩。在1986年冬到1987年春，全国少数高校的学潮中，我党各级组织认真学习中共中央文件，明辨是非，统一思想，坚决维护安定团结。在高校工作的同志，深入青年学生中去对话，协助党委做了大量的疏导工作，取得了很好的效果。为维护安定团结的政治局面做出了积极贡献，受到中共中央的高度评价。

中共十三大后，全党各级组织和全体党员都认真学习了中共十三大的政治报告，对于社会主义初级阶段的基本理论和基本路线提高了认识，明确了建设有中国特色的社会主义的指导方针，从而坚定了信心，增强了执行社会主义初级阶段基本路线的自觉性。

五年来，我党不断加强关于统一战线理论、方针、政策的学习宣传活动，特别是反复认真学习《新时期党对民主党派工作的方针和任务》

（中发〔1986〕19号文件）以后，广大党员对民主党派的性质、地位和作用有了进一步的认识。中共十三大以后，随着政治体制改革的不断深化，建设社会主义民主政治，共产党领导下的多党合作和政治协商制度日趋发展和完善。民主党派在国家政治生活中的地位将更加重要，使广大党员进一步增强了光荣感和责任感。

五年来，我党十分重视加强精神文明建设。1986年中共中央做出《关于社会主义精神文明建设指导方针的决议》后，我党中央及时发出《关于参加社会主义精神文明建设的意见》的通知，各级组织根据中央的要求加强了职业道德教育，有的地方组织还发出了《加强医德医风的倡议书》，许多地方组织开展学习潘恩良同志的活动，举办书画等各种展览及医德医风讲座，用我党党员中的高尚医德医风的先进事迹来激励全体党员和所联系的知识分子。这些活动既加强了精神文明建设，又为提高全民族的思想道德素质发挥了一定的作用。

各地组织针对新党员大量增加的实际情况举办了多种形式的培训班，着重对新党员进行统战理论政策教育，我党的性质、任务和党史教育，提高了他们的思想认识，增强了他们的光荣感和责任感。

（四）“三胞”联络工作和人民外交活动迈出了新步伐

“一国两制”战略方针的提出使爱国统一战线形成了新格局，同时也赋予我党新的历史任务。五年来，我党按照“立足国内、面向海外”的方针，在宣传政策、加强联系、广交朋友、争取人心方面，积极开展工作。

我党各级组织为加强“三胞”联络工作，深入进行调查，了解工作，认真学习和贯彻中办发〔1986〕17号文件精神。重点掌握了政治上有影响、经济上有实力、学术上有造诣的“三胞”人士的情况，并进行了形式多样的“三胞”联络活动，通过座谈会、报告会、茶话会、节日联欢会、校友会、同乡会、以文和以画会友、学术交流、私人访问以及“请进来走出去”等方式联络感情。去年彭泽民同志110周年诞辰和今年黄琪翔同志90周年诞辰，我党中央都邀请他们在国外和中国港、澳的亲属到北京参加纪念活动，效果颇好。

各级组织都很重视及时反映“三胞”眷属的意见和要求，协助落实有关政策，鼓励他们加强与中国港、澳、台及海外亲友的联系，为引进资金、技术、设备牵线搭桥，在这方面已取得显著成效。五年来，仅广东省通过我党党员引进的资金就达1亿美元以上。

我党中央领导和一些党员利用出国访问、探亲、讲学和参加学术活动等机会，主动开展联谊活动。同时，接待了不少来自中国港、澳、台及海外的专家学者和亲友来访，增进了友谊。

1985年，我党中央领导同志，协助全国政协在京主办了有20多个国家的科学家参加的国际消毒会议，这是利用外资在我国举办学术会议的一次成功的尝试。1986年，我党上海市委会组织了“上海–迈阿密生物医学工程讨论会”。18位美国生物医学专家和夫人出席了讨论会，这是我党开展人民外交活动的创举。

各级组织普遍建立了“三胞”联络工作机构或有专人负责，从组织上保证了“三胞”联络工作的开展。1986年5月，我党中央在福建漳州召开了部分省、市、自治区“三胞”联络工作座谈会，交流了经验，推动了工作。

（五）组织面貌发生重大变化

“九大”以来，各级组织认真贯彻我党和兄弟党派联合制定的《关于民主党派组织发展若干问题座谈会纪要》精神，在加强与巩固组织工作的基础上有计划、有步骤地开展组织发展工作，到1988年6月底，全国党员人数从“九大”时期的13 770人增加到31 558人。其中，医卫界占60.75%，文教界占20.47%，科技界占11.12%，其他占7.66%；中高级知识分子占72%；中青年占85.6%，平均年龄为52.2岁。大批中青年同志参加我党，使我们的组织注入了新鲜血液，增强了活力。新党员的素质总体来说是好的。他们思想活跃，工作热情高，富有生气。现在我党已经建立了除西藏、台湾以外省、直辖市、自治区级组织。省、直辖市、自治区级组织及基层组织逐步建成。我党已经形成了全国规模的组织体系，这是我党建党以来最兴旺的时期。

五年来，我党各级组织加强了领导班子建设，逐步实现新老合作和交替。通过九届三中全会和全国代表会议，中央以季方同志为首的一批老一辈领导人，重事业兴衰，轻个人进退，分别提出了辞去中央领导职务的请求，为全党树立了榜样。中央选举了主席，增选了副主席，并增补了部分年富力强的同志进入中央委员会，中央领导班子的新老交替迈出了重要一步。为了指导和帮助地方组织的换届选举工作，中央制定了《关于省、直辖市、自治区召开代表大会进行换届选举的意见》。各地方组织，除新建地区外，根据中央规定的原则和政策，顺利地进行了换届工作，许多老同志发扬风格，扶植新进，使地方组织的领导班子的年轻化又有了新的进展。

这几年来，中央及各地方组织加强了机关建设和选举工作，使组织面貌发生了深刻的变化。

过去五年我党工作取得的显著成就，是我党各级组织、广大党员和干部自觉地、富有成效地贯彻中共的路线、方针、政策的结果，是全党上下团结一致努力奋斗的结果。在此我谨代表九届中央委员会向领导、支持和帮助我们的中国共产党和政府致以崇高的敬意！向全党广大党员和干部表示衷心感谢！

在充分肯定工作成就的同时，还必须清醒地看到，我们的工作因新的形势要求，同广大党员的期望还有一定的差距。主要是我们领导思想上不够解放，开拓创新精神不够。在参政议政方面还没有很好地发挥组织作用，机关干部配备和干部素质还不能适应工作的要求，工作制度和民主生活不健全，对地方和基层工作情况了解不够，没有很好地独立自主地开展工作，对地方组织的领导不够有力。这些都必须引起高度重视，努力改进。

二

1987年召开的中国共产党第十三次全国代表大会，具有十分重大的历史意义，以加快改革、深化改革为主题，把马克思主义的基本原理同我国建设和改革的具体实际紧密结合，系统地明确了社会主义初级阶段的理论，提出了中国共产党在社会主义初级阶段的基本道路，它将指导我国的全面改革和社会主义现代化建设，它将引导全国各族人民沿着有中国特色的社会主义道路胜利前进。中共十三大报告明确提出，要坚持“长期共存、互相监督、肝胆相照、荣辱与共”的方针，完善中国共产党领导下的多党合作和政治协商制度，进一步发挥民主党派和无党派人士在国家政治生活中的作用，为我们的工作指明了方向，提出了新的任务。今年召开的七届全国人大、七届全国政协一次会议是贯彻中共十三大精神，部署今后五年工作的重要会议。根据中共十三大和两个大会的要求，对今后工作，提出以下建议：

（一）树立正确的指导思想，更好地致力于社会主义事业

改革和建设的形势发展很快，摆在我们面前的重要课题是：如何适应形势的发展，更好地致力于社会主义事业，进一步发挥我党在国家政治生活中的作用。我们认为应以社会主义初级阶段的理论为指导，从我党的形成、发展的历史和现时情况出发，正确认识我党的性质、地位和作用。我国在共产党领导下的多党合作的政治协商制度，是在长期革命和建设中逐步形成的，是具有中国特色的政党制度。我国政治生活中的这种共产党领导、多党合作、民主协商、互相监督的关系，与西方国家的两党制、多党制中执政党同反对党互相倾轧的状况根本不同，是社会主义制度下的一种新型政党关系。我党自创建以来就具有广泛政治联盟的特点。现在我们党员的主体是社会主义劳动者，我党的政治实践和奋斗目标是实现四化、振兴中华。我们担负的任务是高举社会主义和爱国主义两面旗帜，特别是在统一祖国、实现“一国两制”的过程中，更应保持和发展我党政治联盟的特点，有利于广泛地联系和团结拥护祖国统一的爱国者。随着共产党领导下的多党合作和政治协商制度的不断完善和发展，我党在国家政治生活中的重要地位必将更加充分地体现出来，我们必须在共产党的领导下，参加国家政权的建设，参与国家事务的管

理，参加国家大政方针和社会重大问题的协商决策，同共产党亲密合作又互相监督；这种协商、监督是我党参政议政的重要职能，同时要运用我党的优势和特点，调动党员和所联系的知识分子的积极性，为改革开放和两个文明建设发挥作用；配合共产党和政府，协调关系；宣传与贯彻共产党和政府的政策，维护安定团结，保证社会主义建设事业的顺利进行。为此，必须提高党员的觉悟程度，继承和发扬我党的优良传统。上述我党多方面的作用是相互联系、相辅相成的，都是在国家政治生活中发挥作用所不可缺少的。

树立正确的指导思想，还必须明确接受中国共产党的领导，是我党半个多世纪以来在艰苦曲折的道路上不断前进的历史总结，我党全体党员对此必须坚定不移。我党接受中国共产党的领导，主要是指政治领导，即政治方向、政治原则的领导。我党完全享有宪法范围内的政治自由、组织独立、法律上平等的地位。坚持接受中国共产党的政治领导和坚持独立自主地开展工作，二者并不矛盾，也只有这样才能够在多党合作的体制中发挥我党的作用。我们必须摆正我党在国家政治生活中的历史地位，提高依靠自身力量处理内部事务的能力，更好地发挥我党在共产党领导下的多党合作体制中的整体功能和主动精神，更好地担负起历史赋予我们的光荣使命。

（二）增强民主意识，积极参政议政，发挥政治协商、民主监督的作用

社会主义民主建设，是社会主义经济发展的必然要求。当前，发扬社会主义民主已成为广大知识分子的迫切希望，在我党党员中也产生了强烈的反响，不少同志要求有更多的参加国家和社会管理的民主权利，要求强化民主党派独立自主的地位和作用，要求更加有效地维护他们的合法权益。这种集中反映出来的民主意识、政党意识、自主意识随着改革开放和商品经济的发展还会不断加强。这种要求社会主义民主建设的积极性，就其主流而言，反映了他们强烈的使命感和责任感，他们要求把自己的聪明才智同社会主义事业紧密地联系在一起的心情和政治态度

是积极的、正常的。因此各级组织要充分认识这种发展的趋势，加以正确的引导教育，鼓励他们以主人翁的态度，对国家的大政方针和经济建设上的重大问题，以及我党内部事务积极发表自己的意见和建议，调动他们参政议政的积极性。

十一届三中全会以来，中国共产党恢复了实事求是的优良传统，逐步完善中国共产党与民主党派的协商对话制度，为我们创造了参政议政的有利条件，但摆在我们面前的问题是如何提高我们参政议政的素质和能力。为此，我们必须认真学习中国共产党的方针政策，加强调查研究，集中群众的智慧，提高参政议政的群体功能，特别是在政府部门里担任职务和担任各级人民代表、政协委员的同志，更应该把政治协商、民主监督作为人民赋予我们的民主权利，把参加人大、政府和政协的活动作为参政议政的重要渠道，本着“肝胆相照、荣辱与共”的精神深入实际，了解情况，反映民意，提出建议和批评，更好地反映我党的集体意见和集体智慧，发挥我党的组织作用，做共产党的诤友。同时，也要积极物色和培养新的代表人物，向政府、政协和有关部门推荐人才，并帮助他们积极做好工作。

我党各级组织的参政议政活动，要紧密围绕经济建设这个中心，结合各地区经济、社会发展的战略和改革开放中的新情况、新问题，进行专题调查研究，提出意见和建议，促进决策的科学化和民主化，发挥民主监督作用。

（三）确立发展生产力观念，为改革开放和四化建设贡献力量

社会主义初级阶段的根本任务是大力发展社会生产力，争取早日把我国建设成富强、民主、文明的社会主义强国。因此，我们应该以是否有利于生产力的发展作为我们考虑问题和开展工作的出发点和检验一切工作的根本标准。凡是有利于生产力发展的事情，我们要积极支持和鼓励。我们农工民主党既是一个政党，又是一个多学科的智力集团，绝大多数党员都是学有专长的中高级知识分子，而且有强烈的事业心、爱国

心。在发展社会生产力和四化建设中，我们应该责无旁贷地为实现中共十三大提出的总任务、总目标做出努力。同时，也只有为四化建设做出贡献，才能赢得社会的支持，才能证明我党在社会上存在的价值。

过去几年，我党各级组织在推动党员搞好岗位工作的前提下，面向社会开展了多种形式、多种内容的咨询服务活动，收到了显著的效果。但是，这些成绩与形势发展与我们的要求还有很大的差距。因此我们必须在已取得成绩的基础上进一步解放思想，继续开拓前进。

首先，在指导思想上要转变观念，确立生产力标准的观念，充分认识民主党派搞好咨询服务工作的重要意义，从而把它列入重要的议事日程。当前特别要明确参政议政和为经济、文化建设服务的关系。认识到我们是社会主义国家，各民主党派同共产党结成统一战线，在共产党的领导下参加国家政治工作，参加对国家事务的管理，同共产党一道对国家大政方针的贯彻执行和经济、文化建设的发展承担责任。参政议政和为社会主义经济、文化建设服务都是必要的，二者是统一的、辩证的关系。所谓参政议政主要是参与国家政治生活中重大问题决策的协商、讨论，提出意见和建议，并在执行中反馈信息，实行民主监督。而在当前以经济建设为中心的时期，国家政治生活中的重大问题几乎没有不涉及经济建设的，相当多的问题，既是政治问题，又是经济问题。我党要在参政议政中发挥作用，就需要参加为经济建设服务的社会实践。只有深入实际，了解情况，发现问题，才能提出切合实际、符合国情的意见和建议，在参政议政中发挥更大的作用。

其次，在组织机构上，各地组织要建立、健全咨询服务的职能机构，主要负责人中要有专人分管这项工作。凡有条件的地区要根据中发〔1986〕59号文件精神，争取建立独立核算、自负盈亏的咨询服务专业机构，并在重要人事的任免、经营方向和财务管理方面加强领导。

近年来，我党的一些省、市、自治区组织为了加强横向联系，成立了咨询服务协作区，这是改革开放深入发展出现的新事物，应该得到鼓励与支持。中央希望它们很好地总结经验，不断开拓前进，取得更大的成效。

为了适应形势发展的需要，中央正在筹建实体性的技术开发机构。实现后将与各省、市、自治区组织的专业机构加强联系，形成全国性的网络，争取在发展经济中做出更多的贡献。

我党各级组织要继续贯彻“实事求是、量力而行、拾遗补阙、讲求实效”的方针，坚持以服务为宗旨，发挥各地组织和人才的优势，在推动党员搞好本职工作的基础上，积极开展有利于四化建设的活动。医卫界的党员在我党组织中占有相当大的比重，更应该发挥他们的优势，在提高医疗质量、保障人民健康、控制人口增长、发扬祖国医学遗产等方面做出突出贡献。全党要集中力量，在医卫体制的改革中选定一两个急需解决的课题，通过深入的调查研究，提出比较全面的、系统的有质量的意见和建议。

咨询服务工作，不应仅限于技术咨询，它应围绕深化改革和医卫、科技、文教事业的发展，发挥各级组织各自的特点和优势，开展带有宏观决策性的战略咨询。同时要与精神文明建设紧密结合起来，为提高全民族的思想道德素质和科学文化素质做出贡献。

在工作安排上，要把我们的重点放在沿海地区和“老、少、边、穷”地区，配合国家关于沿海地区的经济发展战略规划和星火计划积极开展工作。贵州省是我党重点支援的地区，要与国家民委和有关单位配合，采取有效措施，抓出成效。

（四）反映情况，协调关系，维护安定团结的政治局面

随着经济体制改革和对外开放的深入发展，社会关系和社会矛盾必然呈现出多样化、复杂化的趋势。从所有制来看，不再是单一的而是在公有制为主体的前提下多种所有制形式并存。从分配方式来看，也存在着以按劳分配为主的多种分配形式。从经营管理来看，也是多种形式的。由于所有制结构、分配方式和经营方式的多样性，必然引起我国社会结构、经济结构的深刻变化，不断出现新的利益集团、新的社会群体、新的代表人物。同时，也必然带来阶级之间、阶层之间、地区之间、脑力劳动与体力之间、这部分人与那部分人之间，在根本利益一致

的前提下的差别和矛盾。这些差别和矛盾，如果处理得不好，必然影响社会的安定团结。我党是一定社会阶层的政治代表、共产党的助手，义不容辞地要反映社会各方面的意见和要求，为共产党和政府制定与调整政策提供依据。特别要敢于如实地代表和反映我党党员及其联系的知识分子的合法利益，并协助共产党和政府协调关系处理矛盾，调动他们的积极性。

中共十一届三中全会以来，我们在协助党和政府落实统战政策和知识分子政策方面做了大量的工作，对于提高共产党在群众中的威信，增强人民对共产党的热爱，促进安定团结，起到了一定的作用。但是过去几年的工作，就其内容来看，主要是平反历史上的冤假错案。对知识分子方面存在的问题，特别是对中青年知识分子的情况了解不深，存在的问题反映不多。在四化建设中，调动知识分子的积极性具有十分重要的意义。因此，各级组织应该充分发挥协调关系的功能，并把重点放在中青年加识分子身上，深入群众，深入基层调查研究，在政治上关心他们，在工作上支持他们，在生活上照顾他们，要经常了解和反映他们的实际困难。对他们合理的要求，要积极协助解决，对要求过高、过急或一时难于实现的也要讲清情况，做耐心细致的思想工作。

（五）加强“三胞”联谊工作，为促进“一国两制”方针的实施、实现祖国统一服务

实现祖国统一是全国各族人民包括台湾同胞在内的共同愿望，也是我们为之奋斗的目标。按照“一国两制”的方针，我们已经成功地解决了香港、澳门的主权收复问题，今后还将以“一国两制”的方式解决台湾问题，实现祖国的完全统一。“一国两制”是我国长期的战略方针。因此，我们要以“一国两制”的方针为指导，学会妥善地协调和处理在统一国家范围内两种社会制度之间的矛盾，求大同、存大异。这不仅有利于加快社会主义现代化建设，也有利于保持香港、澳门回归后台湾的繁荣和稳定。

不久前，中国国民党第十三次代表大会的决议中明确指出，任何分

裂国土的主张“都为民族大义所不容，国家法律所不许”“只有团结一致谋求统一，国家才有生机和出路”，有些与会人士在发言中还指出“分裂是国家的不幸，统一是全民的愿望”，要以全民的力量“共同努力达成国家中兴统一的历史任务”。这些立场和主张，对进一步改善两岸关系，促进两岸的“三通”和祖国的和平统一具有积极作用。我们相信，海峡两岸缓和的趋势和两岸人民的共识，在中国国民党第十三次代表大会后，一定会有进一步的发展。

现在国民党当局在形势迫使下正在逐步调整对大陆的政策，回大陆探亲的条件不断在放宽，两岸贸易不断扩大，经济、文化、科技、体育等领域的交往与接触也将不断增多，这种形势的发展反映了世界的潮流和民心所向。因此，我们要密切注视台湾形势的发展，把握好有利时机，因势利导，开展工作，促进祖国的统一。

各级组织要充分发挥我党党员同中国港、澳、台和海外有广泛联系的优势，多领域、多渠道、多层次、多形式地开展“三胞”联谊和对外友好活动。每个党员都要认真学习中共中央有关开展海外统战工作的方针政策，提高认识，统一思想，增强做好“三胞”工作的自觉性和主动性，积极贯彻执行“放置视野、广交朋友、宣传政策、争取人心”的方针，进一步做好党员中“三胞”关系情况的调查研究，掌握动态信息和资料，推动他们加强与海外亲友的联系，特别要做好在政治上有影响、社会上有威望、学术上有造诣的亲友的工作。要主动关心有“三胞”关系党员的生活和工作，并协助政府落实有关政策。同时要鼓励和帮助成员利用出国访问、探亲和参加学术交流活动等机会，大胆开展海外联谊工作。对党员中的“三胞”亲友回国参观、探亲或洽谈贸易的，要协助做好接待工作。在接待工作中，政治上不要强加于人，经济上不要钱不要物，接待工作不弄虚作假。我党各级组织要通过各种渠道在“三引进”方面做出应有的贡献。

我们还要发挥我党历史长、联系广的特点和优势，创造条件，广交朋友，争取与一些国家和地区的有关组织和团体加强联系，开展人民外交活动。

“统一祖国、振兴中华”是炎黄子孙共同的心愿，我们热诚期望中国台湾当局深明大义、摒弃偏见，同我们一道，为实现这个伟大的目标共同奋斗、携手前进！

（六）改进和加强思想政治工作，促进全党的团结，提高全党的素质

建设有中国特色的社会主义，是一项极其复杂艰巨的系统工程。随着商品经济的发展，在人民群众中很容易产生一种误解，好像搞商品经济，发展生产力，只要物质刺激就行了。其实生产力不单是物质生产问题，物质生产必须有精神动力、精神支柱和思想保证。无数事例说明，一些在改革开放、四化建设中做出卓越成绩的人们，包括我党的党员在内，他们的积极性、创造性并不都是来源于对物质的追求，根本动力还在于他们有一颗献身四化、振兴中华的赤诚之心。

多少年来，我党各级组织在进行思想政治工作方面，做了大量的努力，收到了明显的效果，也创造和积累了不少好的经验，但是形势在迅猛发展，新事物在不断出现，因此思想政治工作无论在内容上、要求上、方式上都要建立与社会主义商品经济新秩序相适应的新格局。

要认识到改革是一场革命，它必然引起人们利益关系的调整，带来思维方式、生活方式的深刻变化，各项重大改革措施一出台，人民群众必然有不同的评价和议论。为了宣传与贯彻共产党的方针政策，推进改革开放的实施，帮助党员提高认识，跟上时代的步伐，各级组织必须把思想政治工作作为一项重要任务来抓。目前，改革正处在关键时刻，许多难度很大而又不能绕过的问题摆在了我们的面前。

我们不能回避矛盾，要迎着风浪前进，和中国共产党及全国各族人民一道，统一思想、统一步调、同心同德、共渡难关。我们要一手抓改革开放，一手抓思想政治工作，既要讲物质需要、个人利益，又要讲理想、道德、纪律，二者不可偏废，要确立“实现国化，振兴中华”的共同理想，并为之而奋斗。

加强思想政治工作的主要途径，就是学习。当前和今后一段时期，

应该集中力量，推动和组织党员认真学习中共十三大文件、邓小平同志的一系列论述以及有关改革开放的政策，深刻领会社会主义初级阶段理论的实质，联系思想实际和工作实际，提高执行社会主义初级阶段基本路线的自觉性和坚定性，增强对改革开放的心理承受能力和适应能力，做到在思想上、行动上与中共中央保持一致。

在推动组织党员学习十三大文件的同时，还要针对我党大多数是新党员的特点，着重学习有关统一战线的理论、方针、政策和我党的历史、章程，认识中国共产党的领导是建设有中国特色的社会主义的根本保证，从而继承和发扬我党爱国、民主、社会主义的、与共产党长期合作的光荣传统。

在学习中各级组织要营造民主、团结、融洽、活泼的气氛，进一步转变不适应新形势需要的观念和做法。根据新的情况、新的对象总结新的经验，赋予生动丰富的内容，把思想政治工作寓于对人的关心之中，把理想、道德、纪律的教育寓于各种有质量的、有吸引力的活动之中，以及进行广泛、深入、平等双向的对话活动等，克服形式主义空洞说教，坚持正面教育、耐心引导，反对简单化。

中央《前进》和各地刊物简报要总结经验，提高质量，认真办好，使之成为进行宣传教育和思想政治工作的重要工具。

三

当前，我们国家正在发生着深刻的变化，爱国统一战线和我党的工作也正面临着新的形势和新的任务。随着政治体制改革、民主政治建设的加强，我党在国家政治生活中的地位将更加重要，作用将进一步得到发挥，中共中央把我们作为发展爱国统一战线的重要依靠力量、进行四化建设的重要依靠力量、维护安定团结的重要依靠力量，我们感到无比的光荣和骄傲，但是我们的组织机制、思想方法、工作作风还存在不少问题，领导班子尚处于新老交替的转折时期，很不适应新形势发展的需要，为了担负起时代赋予我们的光荣使命，加强自身建设则成为我党今后的一项十分紧迫的、长期的、具有战略意义的重要任务。

（一）继续推进各级领导班子建设

我党经过九届三中全会和全国代表会议，中央领导班子的年轻化已向前迈进了一步。今年来，全国除少数新建地区外，大部分省、直辖市、自治区级组织和省属市级组织基本上都进行了换届改选工作。一批德才兼备、品学兼优、热心我党工作、具有一定代表性和社会影响的比较年轻的同志进入了领导班子，使组织的领导层增强了生机和活力，但是我们必须充分认识到这仅仅是加强领导班子的第一步，有的地方组织的主要领导成员年龄还偏高，同时，估计到五年以后，一批老同志将陆续退出第一线，为了适应新形势发展的需要，保持我党同中国共产党长期合作的优良传统的连续性，从现在起，就要注意物色培养并不断引进一批年富力强、适合搞我党工作的同志，逐步充实到各级领导班子中，进一步实现年轻化，形成年龄的梯形结构和人才的群体结构。

各地组织换届以后，退下来的老同志有同共产党真诚合作的光荣历史和丰富的经验，是我党的宝贵财富，应当受到尊重，要继续关心和尊重他们，使他们继续发挥其影响和作用。

新领导班子要加强学习。一些新进领导班子的同志，他们大多是年富力强、精力充沛、勇于开拓的具有各方面专业才能的同志，但对于我党的工作，则是一项新业务，他们还不熟悉，这就要加强学习，提高政治思想水平、政策水平、业务水平以及统战理论水平，新老同志之间要互相尊重、互相信任、互相帮助、互相谅解、顾全大局，维护和增强团结。逐步建立起拥护中国共产党基本路线的、团结合作的、富有朝气和活力的、勇于开拓前进的领导核心，以适应新形势，担负新任务。

（二）坚持“发展与巩固相结合”的方针，认真做好发展组织工作

近年来，各级组织遵循《关于民主党派组织发展问题座谈会纪要》精神，在巩固组织的基础上，积极进行发展组织工作，取得了较大的进

展，使我党增添了新的血液。从总的来说，这项工作是健康的，新成员的质量也是比较好的，但是也不可否认在少数地区或基层组织有单纯追求数量的倾向，应该引起我们的注意，我们认为中发〔1986〕19号文件和《关于民主党派组织发展问题座谈会纪要》对民主党派组织发展的有关规定是必要的、正确的。我们要从统一战线这个全局、从目前自身的承受能力来考虑发展的问题，发展要有步骤、有计划地进行，发展成员务必注意质量。为了适应参政议政和咨询服务的需要，在保证重点的前提下，可以适当发展一些从事社会科学和经济管理的人才。鉴于这几年来发展新党员较快、较多，因此建议各地组织在今后两三年内，应着重抓好巩固组织的工作，做好对新党员的培训、教育工作。

（三）加强基层组织工作，进一步发挥基层组织的作用

基层组织是我党的组织基础和工作基础，基层组织是否健全和巩固，直接关系到我党在社会上和群众中的影响，关系到我党在两个文明建设中能否发挥作用。当前我党共有基层组织2 400多个，工作发展不平衡，有一些基层组织工作开展得比较好，工作开展得一般的占多数，尚有少数基层组织工作没有很好地开展起来。因此，我们必须采取措施加强对基层组织工作的领导，要注意选拔、培养基层骨干，健全、活跃组织生活，充实组织生活内容，积极探索创造适应改革开放的新形势和成员感兴趣的活动方式，以增强基层组织的凝聚力和向心力。

随着政治体制改革的发展，实行党政分开以后，我们应该根据中共党章的规定和党政分开的原则来研究基层组织的问题。要明确在中共中央领导的大政方针下，共产党的基层组织之间是互相尊重、互相监督、互相帮助的关系。我们要充分尊重中共基层党组织和行政领导，主动争取他们的关怀，支持和帮助并教育我党成员以主人翁的态度，搞好与共产党党员的合作共事关系。

（四）以改革的精神，大力加强和改造机关工作

民主党派机关具有服务、联系、参谋、实施和协调等多种职能，机

关工作的好坏对我党组织的关系极大，因此机关建设是自身建设的重要环节。今后，党派要特别强化自身的领导系统。中共各级地方党委对民主党派的同级组织，主要是实行政治领导，我党的内部事务将更多地由我们自己来决定，因此加强机关建设已是一项刻不容缓的任务。从目前我党的情况来看，这几年来，从中央到地方充实了一些专职干部，也初步建立了一些必要的规章制度，工作方法、工作作风有了一定程度的改进，多数省、市、县委员会机关出现了新气象。但是这些变化远远不能适应形势发展的要求，因此必须以改革总揽全局，本着精简的原则，从实际出发，调整机构，优化劳动组合，提高干部素质，发挥职能部门的作用，做到职、权、责分明，增强机关战斗力。特别是各级领导干部，要以身作则，树立民主作风，增强透明度，贯彻民主集中制原则，健全各项规章制度，改进工作作风，达到增强机关活力、提高工作效率、调动干部积极性的目的。各地组织对引进新干部一定要注意考察，把好质量关。对已经引进的干部，要采取措施通过各种方式培养与提高。对机关专职干部要在政治上、思想上、工作上、生活上关心他们，要信任干部，放手大胆地使用干部，使干部感到前途有奔头，心中有甜头，工作有劲头，把机关改革成为作风正派、朝气蓬勃、团结一致的战斗群体。

各位代表、各位同志，我们这次大会是在全国人民贯彻中国共产党第十三次全国代表大会精神、进一步深化与加快改革的形势下召开的。大家知道，随着改革的不断深化，我们的国家正处在难度很大、潜伏着风险的关键时期。我党与中国共产党风雨同舟，荣辱与共，奋斗了半个多世纪，当前我们更要旗帜鲜明地支持改革，义无反顾地投身改革，与中国共产党和政府一起，同心协力，共渡难关。同志们，我们参与创造着一个前人所没有做过的光荣伟大的事业，强烈的自豪感和责任感在激励着我们要团结一致，奋发图强，在中国共产党的领导下，高举社会主义和爱国主义旗帜，沿着有中国特色的社会主义道路，开拓前进。

（1988年）

安徽省社会科学界联合会三届三次全委会工作报告

各位委员、各位同志：

我受常委会委托，向全体委员报告省社联过去一年多来的工作情况和明年工作的意见，请予审议。

一

从1987年5月第二次全委会到现在，已有一年半的时间了。一年多来，在省委、省政府的领导与关怀下，我们根据党的十三大精神，以经济建设为中心，坚持四项基本原则，坚持改革开放，安排社联工作，组织和开展学术活动，由于全体委员的共同努力和各学会、各地市社联的通力合作与支持，取得了一定的成绩。

（一）坚持理论和实践相结合的原则，努力研究经济建设和改革开放中的新情况、新问题，为社会主义现代化建设服务

党的十三大召开之前，我们举行了有理论工作者和企业界代表参加的“邓小平改革思想研讨会”。这次研讨会，着重讨论了邓小平改革思想的精神实质及其产生和发展的过程，并密切结合我国和我省的实际情况，深入地分析了改革的成就和遇到的问题，对深化改革与推行经济责任制提出一些设想，有些学会和地市社联也围绕深化改革这个课题从不同的角度进行了研究和讨论。省哲学学会讨论了我国改革的指导思想问题，芜湖市社联、省政治学会、科学社会主义学会，先后就政治体制改革、社会主义民主建设等问题进行了研讨。党的十三大是我们党的历史

上具有深远意义的会议，十三大闭幕后，省社联立即召开了理论工作座谈会，强调社会科学战线要认真学习十三大文件，坚定不移地贯彻与执行党在社会主义初级阶段的基本路线，牢牢掌握“一个中心，两个基本点”，更加注重研究社会主义现代化建设中的理论和实际问题，生产力标准是十三大提出的一个重要课题，研究它具有重大的理论意义和现实意义，对推进社会主义现代化建设将发挥积极的指导作用，我们同省委宣传部等五家单位联合发起和组织了关于生产力标准的讨论会，社会科学工作者认真准备，积极参加，发表了一些颇有见解的意见，产生了良好的社会影响。

去年以来，物价上涨幅度过大，成了社会生活的“热点”，而价格改革又是经济体制改革成败的关键。如何科学地分析物价形势，正确地推进价格改革，是摆在理论工作者面前的一个热门课题。我们及时抓住这个热门课题进行调查研究，在做了大量准备工作的基础上，与省价格学会共同举办了价格理论讨论会，客观地分析物价形势，探讨进行价格改革和调整物价的若干问题，提出意见供党政部门决策参考。近一年来，许多学会和地市社联都从本学科、本地区的特点出发，有重点地选择经济建设和改革开放等方面的课题，组织调查研究，进行讨论交流。省经济学会组织了“城市功能与经济发展”讨论；投资学会讨论了投资规模和投资体制改革问题；财政学会专门召开会议，分析安徽财政的潜力和面临的困难，总结实行减税让利的经验教训，还就“藏富于民”的问题展开讨论；税务学会讨论了加强和改善税收工作；商业经济学会举行了市场与企业机制讨论会，对治理经济环境、整顿经济秩序、深化企业改革提出了建议；成立不久的省文化学会敏锐地抓住企业文化研究开展讨论；法学会举办了诉讼法讨论会。省新闻学会、物资经济学会、金融学会、城市科学研究会等，都联系实际组织了专题研讨。地市社联也注重组织研究现实问题，合肥市社联召开了私营经济讨论会，芜湖、马鞍山、铜陵等市社联都先后组织了专题研讨，取得了可喜的成绩。

（二）探索基础理论研究和应用理论研究的途径，正确处理两者的关系，防止社会科学工作中的短期行为

党的十三大提出了社会主义初级阶段的理论，对于我们正确认识和解决社会主义现代化建设中的问题，防止与纠正“左”的和“右”的干扰，具有重大的意义，但社会主义初级阶段的理论和实践都有待于深化和拓展。因此，我们在组织对这个问题的研究中，比较注意了基础理论和应用理论相结合的问题，一方面把它作为发展了的马克思主义的理论进行认真研究，力求精确地把握精神实质，另一方面用以指导认识国情、调查省情，为深化改革服务。研究社会主义初级阶段的理论是个长期的重要课题，有些学会正在协同攻关。在今年年初召开的学会秘书长会议上讨论和布置了这项工作，要求各学会把这个课题作为学术活动的主要内容，同时商定由社联牵头，二十多个学会参加，从社会主义初级阶段的政治、经济、文化、教育、思想政治工作、精神文明建设等方面分别进行研究，在研究的基础上，编写出版社会主义初级阶段的理论丛书。在编写丛书的过程中，引进竞争机制，择优编辑出版，经费通过多渠道解决，到现在，关于社会主义初级阶段的企业思想政治工作、企业精神两个课题的书稿已基本完稿，年内可交付出版。正在编写的有《社会主义初级阶段的教育》《社会主义初级阶段的文化》等。在加强基础理论的研究方面，有些学会也做了不少工作，诸如对毛泽东哲学思想、中国古代文论的发展、文学与美学关系问题的研究等。对富有安徽特色的人和事的研究，如徽学研究、安徽考古、李鸿章研究、张恨水学术研究等，有的成果丰富，有的刚刚起步。

（三）大力开展普及教育和咨询服务工作

开展普及教育和咨询服务是社联和学会的经常性工作之一，近两年来，省社联承办了中国行政函授大学安徽分校和北京财贸金融函授学院安徽分院，注重教学质量和社会效益，受到好评，被总校评为先进分校，分校校长李志勇同志被评为“优秀教育工作者”。第一期学员6 000

名，绝大多数通过考试，已经毕业。许多学会也从自身实际出发抓了普及教育和咨询服务工作，旅游学会办了导游员训练班；饭店业协会办了宾馆、饭店管理干部训练班；投资学会举办了投资决策与项目评估训练班；商业经济协会举办了家用电器维修培训班；世界语协会创办的安徽世界语专科学校，曾为培养世界语人才做出了贡献，被省教委正式批准为专科学校；哲学、伦理、科学社会主义等学会举办学术讲座等；省经济发展战略研究会，在基本完成了全省的经济社会发展战略设计任务后，到一些市、县和企业进行了咨询服务；省行为科学学会成立了“省心理测量中心”，开始为社会服务；马鞍山市社联所属经济学会咨询服务活动的社会效益和经济效益都较好。

（四）社联和学会在组织活动中加强自身建设，注意转变作风，发挥组织、协调和服务的功能

从上次全委会以来，根据形势发展的需要，新成立24个学会。与此同时，原有的一些学会，经过换届、调整、补充等工作，班子有所加强，个别学会之间不够协调的情况也有改善，促进了学术活动的开展。地市社联的组织和工作状况近年来多数都有进步。作为全省机构改革的试点单位马鞍山市，由于市委重视，把社联工作放在重要位置上，列入宣传系列，经费单列户头，定编6人，并配备专职副主席主持日常工作。合肥市社联和安庆市社联的定编定级问题即将解决。社联作为学术性群众团体，作为社会科学工作者之家，有许多工作要做，尽管由于社联各种条件的限制，不尽人意的方面还不少，但我们还是在努力为社会主义服务、为人民服务的同时，注意维护社会科学工作者的合法权益，努力扩大社会科学界的影响。近一年多来，省社联向省政协推荐了社会科学界委员候选人，向组织部门和有关单位推荐了社会科学优秀中青年人才名单，根据工作需要和实际可能帮助地市社联和学会工作人员评定了专业技术职称，并通过各种渠道经常向党政领导反映社会科学工作者的困难和要求。今年6月，我们召开学会经验交流会，评选表彰173名学会活动积极分子，肯定了积极分子的成绩，扩大了社会科学界的影响。社联

在人手少、事情多的情况下，尽力加强同学会的联系，为便于开展工作，对学会常务理事和地市社联负责人进行登记，建立起学术卡片，现正在搞好会员登记的基础上，统一颁发会员证。

（五）认真办好刊物，组织和支持出版社会科学论著

省社联主办的《学术界》，经过报刊整顿，进一步确认为综合性学术刊物，明年经邮局向全国发行，从创刊至今已发稿近200篇，水平逐步提高，影响逐步扩大。据不完全统计，仅在1988年已出4期所发的75篇文章中，有17篇文章全文或摘要被《新华文摘》《中国人民大学复印资料》《光明日报》《理论信息报》《安徽日报》等省内外报刊转载。社联内刊《社联通讯》在反映学术动态、传播理论信息、交流学术活动经验等方面，也发挥了一定作用。

为了适应形势发展的需要，帮助解决出书的困难，我们组织了省社联社会丛书编委会，同实际部门理论爱好者合作编辑出版应用性较强的社会科学丛书，涉及经济和法学内容的一些著作，不久即将问世。

（六）社联经费主要用于开展各种学术活动

社联经费来源，全部由省财拨款，去年拨款20万元，今年拨款22万元，扣除涨价因素，实际经费没有增加。我们本着节约开支的精神，尽量把相当大的部分用于支持开展各项学术活动。仅直接用于学术活动（包括刊物补助，举办学术讨论和支持学会活动拨款）的支出，去年为102.308元，今年1至10月已开支63.726元，加上这次会议费用和后两个月给学会拨款及开支的稿费、印刷费估计在内，全年也在10万元左右。其他经费用于工资、公务、设备购置和修缮等方面，这些开支中也有相当大的部分是为全省开展学术活动所需要的，社联机关没有违纪搞铺张浪费。我们对学会活动的经费支持不多，力不从心，许多学会对此甚为体谅，但以后我们还是力争逐渐有所改善。

我们虽然做了些工作，但由于主观努力不够和客观因素的影响，还有很多不足之处：（1）与学会、地市社联联系不够，情况了解不多，帮

助不够及时有力，如对有的学会开展的学术活动情况未能及时掌握；（2）提供的信息不能满足需要，咨询服务工作尚未全面开展，学术讲座也较少举办；（3）刊物质量还有待提高，主动同学者交谈了解研究情况、组稿、约稿做得不够；（4）对少数学会长期不开展活动没有及时加以帮忙解决。特别要提出的是，对于如何发挥社联的优势，提出具有重大意义的课题，有计划地组织各路专家进行攻关，如何从理论和实践的结合上开创社会科学的新局面，是一个相当薄弱的环节。这些问题，将在今后的工作中认真改进。

二

1989年，我们工作安排总的指导思想是，围绕贯彻执行党在社会主义初级阶段的基本路线，深入研究社会主义初级阶段的理论和实践，总结社会主义现代化建设的经验，积极开展学术活动，繁荣社会科学，为治理经济环境、整顿经济秩序、全面深化改革服务，具体工作如下：

（一）根据社联、学会工作的特点，从社会科学的高度参与形势教育活动，认真研究提出的问题，力求从理论上引导干部和群众正确认识形势

党的十三届三中全会，决定明后两年工作的重点是治理经济环境，整顿经济秩序，全面深化改革。中央和省委决定，以学习贯彻十三届三中全会精神、治理经济环境、整顿经济秩序、全面深化改革为中心内容，向全党和全国人民进行一次广泛深入的形势教有，并以此作为加强和改进思想工作的新起点。省委宣传部对全省形势教育已做了部署。进行形势教育，也是社会科学工作者做好理论宣传和普及理论教育最为有利的时机。社联及所属学会，在今后一段时期内，要全面地、准确地宣传十三届三中全会精神，根据干部和群众的思想实际，认真撰写有理有据、具有说服力的文章，为党委进行形势教育提供信息和资料，并直接参加某些“对话”活动。在理论宣传中要坚持唯物辩证法，反对形而上

学，克服理论宣传工作中的短期行为，切忌宣传上的片面性、绝对性。例如讲改革，既要讲十年来取得的巨大成绩，又要如实地讲清当前存在的问题，总之，我们要向干部和群众实事求是地把十年改革的成绩讲够，把问题讲透，把方法讲明，把前景讲清。对群众普遍关心的所谓“热点”和改革中出现的所谓“难点”，我们要敢于触及，进行调查研究，着力从理论上做出正确的回答，帮助干部和群众正确理解治理、整顿与深化改革的关系，增强克服困难、搞好改革和建设工作的信心，统一思想、统一行动，齐心协力实现三中全会提出的各项任务。

（二）提高社联、学会学术活动的质量，有计划、有重点地组织开展对重大理论课题和实际问题的研究，讲究实效，力求创新

基础理论研究是每个科学存在和发展的基础，没有基础理论研究的突破，应用研究就不可能有更大的发展。因此，进一步深入研究社会主义初级阶段理论，仍应是社联和各学会今后学术理论研讨活动的中心课题。前一段时期，社联和不少学会在这方面已开展了一些研究，并取得了初步成果，但对我国社会主义初级阶段各方面的实际情况和内在的规律性还缺乏全面的深刻的了解。社联和各学会应根据本学科的特点，继续从社会主义初级阶段的经济、政治、文化、党的建设等重大方面，拟定课题，在原来研究的基础上，结合实际，总结经验，有计划、有步骤地深入进行下去，力争在新中国成立四十周年，拿出一批水平较高的研究成果，省社联将在1983年选准1—2个重大课题，组织学术讨论会。

要繁荣社会科学事业，保持它的旺盛生命力，必须理论联系实际，为此，我们的研究要面向社会主义现代化建设。当前迫切需要从理论上总结十年改革的经验，探索社会主义改革和建设事业的发展规律，认真研究治理、整顿与深化改革的关系问题、价格改革与配套改革的关系问题、开放搞活与宏观调控的关系问题。我们还要继续加强应用学科的研究，为振兴中华、建设安徽做出新贡献。应当十分重视研究安徽在经济建设和改革开放中的新情况、新问题，献计献策，这是社联和学会义不容辞的职责。为此，我们要发动社会科学工作者，对省情做系统的调查以及发展战略的研究，加强对我省农业发展状况、农业改革的研究和论证工作，进一步开展对我省企业改革的研究，加强对我省社会、政治、精神文明、科技、教育、卫生、人口、环境的发展和协调的研究，为实现上述任务，社联和学会要加强与实际部门的联系，互相配合，取长补短，协同攻关。在进一步了解省情和进行科学分析的基础上，提出对策，供有关部门参考，有效地使社会科学研究的成果转化为生产力。

（三）继续开展社会科学的普及教育和咨询服务工作

随着经济建设和改革开放的不断深入发展，实践向理论工作者提出了新要求，广大干部和群众需要获得更多的理论知识，帮助解决在实际工作中遇到的种种认识问题。我们要发挥社联的人才荟萃、学科齐全、知识密集、横向联系广泛的优势，开展各种形式的服务，普及社会科学知识和进行有偿咨询。省社联本身除继续争取开展函授教育工作外，将根据不同时期党和政府提出的任务，适当地举办讲习班。省属学会及地市社联一方面要根据中央国务院清理整顿公司的决定精神，对前段工作进行回顾总结，违反决定精神的该停办的停办，该脱钩的脱钩。另一方面，要利用自己的专业条件，从实际出发，举办一些当前急需的讲习班和培训班，以及开展各种形式的有偿咨询服务活动。这种智力咨询服务同“官倒”的性质不同，仍应积极开展，但要加强领导，健全管理，把社会效益放在第一位。

（四）提高刊物的学术水平，推动学术研究，发挥刊物的信息作用，以指导研究和普及活动

目前，省社联、所属的很多学会及地市社联都办了刊物，这是我们社会科学界的一个阵地和“窗口”，各单位对自己主办的刊物都要加强领导，广大社会科学工作者也应关心和支持刊物，共同努力，进一步把自己的刊物办得更好。《学术界》是省社联唯一公开发行的杂志，希望能得到大家的支持。我们自己需要集中精力，精编特选，不断提高刊物的学术水平。内部刊物《社联通讯》已创办多年，并得到多方面的重视和欢

迎，也要继续改进，加大信息量，使它真正起到反映我省社会科学界活动、交流理论信息和探讨各种问题的作用。《学术界》《社联通讯》编辑部要加强与地市社联及省属各学会所办刊物之间的联系，交流经验，共同提高刊物质量。

（五）做好筹办全省第二次社会科学优秀成果的评奖工作

为了鼓励广大社会科学工作者积极为四化建设进行艰苦的理论研究，我们于1986—1987年进行了新中国成立以来我省第一次社会科学优秀成果的评奖工作。那次评奖工作基本上是好的，但由于时间跨度长（1978—1985年），作品数量多，加上缺乏经验，也有不尽人意之处。按照全委会提出的三年要进行一次评奖的意见，1989年将开展第二次评奖活动，对繁荣社会科学事业，激励广大社会科学者深入实际，大胆探索，刻苦钻研，勇于创新，不断提高科研成果的质量，将会起到积极作用。我们要在认真总结经验的基础上，抓紧准备，精心组织，努力把它搞好，在评奖中要防止出现两种倾向：一是有些高质量的作品由于种种原因而未进入评奖行列；一种是一些平庸之作而中奖，力争做到优秀的不漏，低下的不凑。这次评奖限于1986—1988年的作品，至于评奖工作的具体实施办法，拟专门研究，另作安排。

（六）积极筹办华东六省一市社联协作会议

今年10月，浙江省主办了华东六省一市社联协作会议，会议决定1989年的华东地区社联协作会议由安徽省社联主办。办好华东地区社联协作会议，对于我们学习兄弟省、市社联的经验，对于推动华东地区社联工作都会产生积极作用。

（七）继续做好安徽省社会科学丛书的编辑出版工作

今年3月，我们建立了安徽省社会科学丛书编委会，已着手进行应用经济学科、法律丛书的编写工作，初见成效。1989年，要继续抓好这一工作，为经济建设、法制建设服务。

（八）切实加强社联和学会自身建设和改革，增强服务观念

目前，我省省级学会已有88个，16个地市都建设了社联，还有歙县、南陵两个县级社联。学会发展适应经济建设和改革开放的需要，具有必然性，但是，也存在一些问题，如有的学会由于宗旨不够明确，加上缺乏必要的骨干，资金匮乏，因而不能正常地开展学术活动，对此，我们将采取适当措施，进行分类指导，尽快改变这种状况。现在我们正在进行会员登记发证工作，省属各学会要认真把这项工作做好。

为了繁荣社会科学，活跃学术空气，学术活动要克服大而空的形式主义做法，提倡开展目的明确、主题集中、小型多样的学术活动，在学术活动中要求各抒己见，认真开展讨论争鸣，注意总结经验。

省社联要加强对地市社联的指导。地市社联成立后，为本地区的两个文明建设发挥了积极作用，引起了地市委的重视。为进一步建设好地市社联，省社联要加强对地市社联工作的指导，总结和交流地市社联工作的经验，帮助地市社联加强横向联系，为地区性的经济建设和理论教育等工作做出贡献。

社联是党领导下的学术性群众团体，是社会科学战线各路大军的联络协调机构。社联作为学术性群众团体，在服从党和国家利益的前提下，要发挥学术团体的作用，保证其群体的利益。要发扬马克思主义的科学精神和创造精神，勇于探索和开拓，坚定不移地贯彻“双百”方针，提倡学术民主与学术自由，强化学术意识，使学术界的研究和争鸣进一步活跃。

社联是由众多学会为团体会员自发组织起来的群众团体，在领导方式上，不能也不应该采用行政化的领导方法开展工作，而必须用扎扎实实的组织、协调、服务工作来增强社联在社会科学界的凝聚力和吸引力，我们要真心诚意地为社会科学工作者服务，使他们把社联真正当成自己的家，这就要求社联全体干部、职工发扬创业精神，树立服务观念，齐心协力，为繁荣我省的社会科学做出自己最大的努力。

（原载安徽省社会科学界联合会主办《社联通讯》1988年第6期）

同心同德，振奋精神，鼓劲出力，继续前行

——农工党安徽省委会一年来工作报告

各位委员、各位同志：

从我省第五次代表大会到现在已有一年多时间了。一年来，在农工党中央、中共安徽省委的亲切关怀和领导下，经过全省党员的共同努力，我们在参与国家政治生活、维护安定团结、加强自身建设、调动党员为四化建设服务等方面取得了一定的成绩。

受常委会的委托，现将我会的主要工作和今后的工作意见报告如下，请予审议：

一年来的主要工作

（一）积极参政议政，进一步发挥政治协商、民主监督作用

一年来，我们继续开展了多层次、多方面的政治协商和民主监督工作，注意发挥我党委员担任各级人大代表、政协委员的作用，推动他们在人大、政协和国家的政治生活中积极参与国家大政方针的协商讨论。省、市组织的负责同志还多次参加省、市委和政府召开的通报会、协商会，对省、市的大政方针及有关重大人事安排等问题进行协商讨论，发挥监督作用。今年年初，省委会副主委顾浩时同志应聘担任了省监察厅的特邀监察员，副主委殷家骅和顾浩时同志还分别参加了省直单位廉政建设大检查和全省基建项目投资大检查工作。最近，省委会又抽调一名处级干部参加省直清理整顿公司的工作。

省委会还在基层骨干中进行了参政议政专题调查，推动基层组织配

合党政中心工作开展活动，为我省的改革开放献计出力。如今年九月下旬，省委会分别在合肥、蚌埠、安徽大学部分干部和党员中召开了五次座谈会，就党员在动乱中的表现、认识情况、存在的问题以及如何加强思想政治工作等问题进行座谈，并写出调查报告及时上报我党中央和省委统战部。今年2月，就医院实行承包责任制的问题，对安徽中医学院附院进行了专题调查。3月份，与省政协卫生工作组联合发起医院院长沙龙活动，组织院长们就卫生工作改革面临的问题定期进行漫谈和讨论，开辟了院长们和卫生主管部门的领导、省有关负责人民主对话的新渠道。

（二）推动党员做好本职工作，继续为四化建设做贡献

全省各级组织继续把为四化建设服务作为各项工作的中心任务，积极推动党员认真做好本职工作。一年来，广大党员在各自的工作岗位上，兢兢业业，奋发进取，取得了可喜的成绩，涌现出一大批各级各类的先进分子。如黄山市的姜林和同志，因其出色的工作被评为“全国劳动模范”，安徽拖拉机厂的韩来宣同志荣获全国教育系统“先进工作者称号”，去年省建委的金树青和安庆市的丁平同志的科技发明分别获得“国际尤星卡”奖。

（三）认真贯彻巩固与发展相结合的方针，加强组织建设

一年来，我们继续坚持巩固与发展相结合的方针，开展了多层次、多方面、多渠道的考察培养工作，选拔了一批政治素质较好、有一定代表性、又相对年富力强的同志，充实各市委领导班子，顺利完成了合肥、蚌埠、安庆、芜湖等市的换届工作，我们还建立了淮北、淮南市委会筹备组，并分别于去年12月和今年9月，新建了黄山、淮北两个市委会，建立了贵池市、宣州市支部和铜陵市小组，还分别进行了省直支部的换届改选工作，调整充实了基层组织。截至9月份，全省已有7个市委会、1个市委筹备组、110个基层组织。

为确保组织发展的质量，省委会于今年3月，在认真总结经验教训的基础上，制定了《关于组织发展问题的意见》，把组织发展纳入有计划、

有步骤、有重点的轨道。一年来，全省共发展新党员262人，其中医卫界173人，占65.8%，中级知识分子188人，占71.5%，这些新党员绝大多数都在岗位工作中做出了较好的成绩。

去年7月，省委会根据农工中央精神，将组织、宣传两处改为组织部和宣传部，并新建了社会服务部。今年省委会机关还新调进两名处以下专职干部。

一年来，我们在认真做好上述工作的同时，还做了大量的日常工作，如处理党员来信来访，及时向有关部门反映党员的工作、住房、职称等方面的问题。据统计，今年审委会已将党员上报的4份举报材料转报省监察厅，维护了党员的合法权益，此外为保持和各地组织经常性的业务联系，指导各基层组织的工作，编印了《农工安徽通讯》6期。

今后的工作意见

各位委员、各位同志：

上个月召开的中共十三届五中全会通过了《中共中央关于进一步治理整顿和深化改革的决定》（以下简称《决定》），明确提出了国民经济持续、稳定、协调发展的方针、任务和措施。这个决定关系国家和社会的稳定，关系我国社会主义现代化建设第二步战略目标的实现，是中国共产党侧重经济工作所做出的又一重大决策。不久前结束的我党十届二中全会提出：要把深入学习和坚决贯彻中共十三届五中全会精神，作为我党各项工作的中心内容，要根据会议确定的我国今后政治经济工作的指导方针、任务和措施，来安排我党的工作。为此，全省各级组织和党员要坚决响应中共十三届五中全会的号召，紧密地团结在以江泽民同志为核心的中共中央周围，满怀信心，齐心协力，发扬自力更生、艰苦创业、同甘共苦的光荣传统。为克服经济的暂时困难，为实现到20世纪末国民生产总值翻两番的战略目标，为把建设有中国特色的社会主义伟大事业推向前进，今后我们要着重做好以下几个方面的工作：

（一）把认真学习、深刻领会江泽民总书记的国庆讲话、十三届四中、五中全会和邓小平同志多次重要讲话精神作为我党工作的头等任务，为进一步治理整顿和深化改革献计出力

全省各级组织要推动组织党员，采取多种形式认真学好十三届五中全会通过的《决定》，《决定》全面分析了我国当前的经济形势，充分肯定了十一届三中全会以来的经济建设和改革开放的巨大成就，实事求是地估计了当前经济工作中的困难和克服困难的有利条件，在深刻总结经验的基础上，提出了进一步治理整顿和深化改革的一系列措施，全体党员必须认真学习，深刻领会。

在学习中要发扬理论联系实际的优良学风，要联系改革和建设的实际，联系本地区、本部门、本单位和自己的思想实际，认真学好五中全会文件、五中全会精神，统一认识，统一行动，振奋精神，坚定不移地协助党和政府把治理整顿和深化改革进行下去。

（二）发扬与中国共产党长期合作、风雨同舟的优良传统，为完善和加强共产党领导的多党合作制度而努力

接受中国共产党的领导，维护共产党在我国多党合作制中的领导地位和作用，这是我党在长期的政治实践中所得出的最基本的政治经验。我们农工民主党近60年的历史，贯穿了同中国共产党紧密合作，并进而接受其领导的一条红线。我党从成立后不久，就同中国共产党建立了不同程度的合作关系，并且在革命斗争中逐步发展了这种关系。我党在中国共产党的影响、推动和帮助下，为争取民主革命的胜利做出了应有的贡献。我党的生存与发展是同中国共产党的生存和发展息息相关、紧密相连的。实践证明：坚持中国共产党的领导，走社会主义道路，是由我国的历史条件和现实条件所决定的，也是我党在长期的革命和建设实践中做出的历史性选择。以马列主义、毛泽东思想武装起来的中国共产党，领导中国人民建设起了一个强大的社会主义国家，逐步地找到了一条有中国特色的社会主义道路，广大党员务必明确地认识到与共产党长

期合作、风雨同舟是我党的优良传统，因此，今后不管遇到什么风浪和曲折，都必须立场坚定、毫不动摇地与中国共产党“肝胆相照、荣辱与共”，为坚持和完善中国共产党领导的多党合作制度做出努力。我党在各个历史时期能够经受住严峻的考验，这是由于中共各级组织对我们的关怀和不断引导，同时也是由于我党各级组织坚定地接受中国共产党的领导、坚决走社会主义道路的结果。中国共产党领导的多党合作制度是有生命力的，他是马列主义与中国实际相结合的产物，是我国政治制度中的一个特点和优点，在我国绝不能搞西方式的那种多党制。共产党与我党的关系，绝不是在朝党与在野党的关系，也不是执政党与反对党的关系，而是为了共同目标、紧密合作的一种新型政党关系，这种关系是以承认共产党的领导为前提的，这是由于我们保持和发展了这种关系，我们在社会主义革命和建设中，才能永远地沿着正确的政治方向前进，不断做出应有的贡献，因此我们农工民主党在任何时候、任何情况下，不能做反对派，不能做反对党。

（三）紧紧围绕治理整顿和深化改革的中心任务，加强调查研究，积极参政议政

参加政治协商，参与国家事务管理，进行民主监督，是我党的基本职能。全省各级组织要支持和协助当地中共各级组织和人民政府的工作，履行我党职能要围绕治理整顿和深化改革的任务，加强调查研究，积极提出建议和批评，要帮助党和政府清除腐败，推进廉政建设。

为提高党员的参政议政能力，更好地发挥我党在国家政治生活中的作用，我们要组织党员进行马列主义基本理论的学习，通过学习，使党员用马列主义的基本观点、基本方法去看待和分析错综复杂的客观事物。

（四）团结起来、同心同德，坚决维护安定团结的政治局面

我党是维护安定团结的重要依靠力量，不论在任何时候都要坚决维护安定团结的政治局面。政治要稳定，经济要稳定，社会要稳定，国家要长治久安，这是全国人民的共同愿望，也是当前我国的关键性问题。

新的安定团结的政治局面已经出现，但是，不安定的因素依然存在。国际反动势力，仍然把和平演变寄托在中国第三代、第四代的身上。国内还有一些人坚持反对社会主义，搞资产阶级自由化。同时，随着治理整顿和深化改革的进行，还会产生一些新的问题、新的矛盾，如处理不当，也会产生不安定的因素。因此，我们要提高警惕，要积极协助党和政府搞好清理清查工作，义不容辞地反映党员的合法权益和正当要求，为党和政府制定与调整政策提供依据，并为协调关系、处理矛盾、调动各方面的积极性、维护安定团结的局面而努力。

（五）继续发挥我党优势，推动党员做好本职工作

随着治理整顿和深化改革的不断深入发展，我们面向社会的工作，也必须以《决定》为指针，适应新形势、新任务的需要。

我党拥有多学科的技术人才，我们应发挥智力库的优势，除了鼓励党员做好本职工作外，在治理整顿过程中，要根据工作的需要，组织他们为社会服务，继续支援“老、少、边、穷”地区的经济发展。省委会已成立了社会服务部，待人员配备后，由社会服务部抓这项工作。

（六）加强自身建设，提高我党素质

加强自身建设是我党各项工作的根本任务，是关系到我党生存与发展的关键性问题。全省各级组织都必须高度重视，持之以恒。

在加强自身建设中，必须以中共的基本路线、党对民主党派的方针政策及我党的章程为依据和指导思想，认真加强我党自身建设。当前应着重抓好思想建设、组织建设和机关建设。

思想建设：为适应形势发展的需要，当前思想建设的根本任务是坚持四项基本原则，反对资产阶级自由化，特别是坚持中国共产党的领导，坚持社会主义制度，认真开展爱国主义、社会主义、独立自主、艰苦奋斗的教育，开展国情教育，开展我党性质、任务、地位、作用的教育和我党光荣传统的教育。在具体做法上，要坚持正面教育、自我教育和疏导的方针，坚持理论联系实际，提倡批评与自我批评，要形成一个

生动活泼、团结和谐的思想政治工作气氛。

组织建设：当前重点是抓好领导班子建设，使各级领导班子的领导权真正掌握在接受共产党领导、团结合作、积极贯彻党的路线方针和政策的人手里，掌握在为社会主义服务的人手里。按照这个要求，要积极推进领导班子的新老合作和交替，进一步加强基层组织建设，组织发展工作要继续，贯彻巩固与发展相结合的方针。根据我党不久前下发的《关于做好组织巩固工作的通知》精神，坚持按标准发展党员，发扬优势，改善结构，慎重发展。

机关建设：要提高专职领导干部和全体机关干部的政治素质和业务素质，加强干部的思想道德教育，提倡奉献精神，使机关真正具有服务、联系、协调、参谋和实施等职能。建立和健全省委会的规章制度，使之成为一个团结和谐的战斗集体。

（七）以优异成绩隆重纪念我党成立60周年

为迎接我党成立60周年，全省各级组织要对党员进行一次党史教育。结合庆祝活动，大力宣传我党坚持爱国的、民主的、社会主义的、与共产党紧密合作的革命传统。

各位委员、各位同志，我们面临的新任务是光荣而又艰巨的，让我们紧紧地团结在以江泽民同志为核心的中共中央周围，高举社会主义和爱国主义旗帜，在中共安徽省委的领导下，坚持四项基本原则，坚持改革开放，团结一致，振奋精神，为维护社会政治的稳定，为克服前进中的暂时困难，夺取治理整顿和深化改革的新胜利，为振兴安徽经济而努力奋斗！

（1989年）

中国人民政治协商会议
安徽省第六届委员会常务委员会工作报告

各位委员：

我受省政协六届常委会的委托，向大会报告工作，请予审议。

一

政协安徽省第六届委员会第一次会议以来，我们认真学习贯彻党的十三大和十三届三中全会精神，高举社会主义和爱国主义两面旗帜，坚持中国共产党领导的多党合作和政治协商制度，加强了制度建设和组织建设，推动了人民政协基本职能作用的发挥，并向经常化、制度化迈出了扎实的一步；运用政协的优势，开展多种形式的活动，积极为两个文明建设，为治理整顿和深化改革工作服务；继续贯彻“一国两制”、和平统一祖国的方针，为促进祖国和平统一，积极开展联谊活动，做了有益的工作。现将一年来的主要工作报告如下：

（一）加强制度建设，健全民主程序，认真履行政协的基本职能

第一，在总结以往行之有效的经验的基础上，制定了条例、规则，完善了制度，使政治协商、民主监督工作进一步规范化，这是我们推进政治协商、民主监督经常化、制度化的一项重要措施。去年，我们先后制定了《省政协常委会工作规则》《省政协专门委员会组织通则》《省政协秘书长副秘书长暂行工作规则》，以及省政协提案委员会、文史资料委员会、学习委员会、科技委员会、经济委员会、社会法制委员会、祖国

统一联谊委员会分别制定的"工作简则"等。特别是不久前省政协六届五次常委会议审议通过的《省政协关于政治协商、民主监督的暂行规定》，是我省政协工作的重大制度建设，对政治协商、民主监督的目的、主要内容、主要形式和基本程序做了具体规定，并明确了以下几点：(1) 体现了政治协商一般应在决策之前进行的精神；(2) 政治协商可以根据党政领导机关的提议进行，也可以由政协主席会议建议党政领导把问题提交政协进行；(3) 政协委员的民主权利应当受到保护，在政协会上各种意见都可以发表。中共安徽省委对这一暂行规定表示赞同，并要求各级党委在开展政治协商、民主监督中参照执行。

第二，注重开好例会，畅通政治协商、民主监督的主渠道。本会的全体会议、常务委员会议和主席会议，都按制度规定定期举行，充分发扬民主，畅所欲言。在六届一次会议之后，本会的各次常委会议和主席会议，根据中共十三大、全国政协七届一次全体会议和省委有关重要会议精神，就我省贯彻改革开放的总方针、加强经济建设、加强民主与法制建设、加强社会主义精神文明建设等重要问题，进行了研究和讨论。在党的十三届三中全会以后，我们及时召开了常委会议，学习讨论中共中央、国务院关于治理整顿和深化改革的方针与部署，并做出了决议。对于我省各方面工作的一些重要问题，如发展农业生产、改革外贸体制、加强物价管理、增加教育经费、发挥人才作用、推广应用科技成果等，在各次会议中，委员们都进行了广泛的协商讨论，提出了一些重要的意见、建议和批评，这对于发扬民主、集思广益、帮助党和政府改进工作起到了积极作用。

第三，按照制度化和规范化的要求，认真办理委员提案。本会共收到委员提案613件，涉及经济建设、民主法制、改革开放、科技文教、医疗卫生、统一战线等许多方面，已办复的有608件，占提案总数的99.2%。在提案办理过程中，我们坚持做到：(1) 列为全委会、常委会和主席会的重要议事日程；(2) 从提案的征集整理、审查报告、交办催办到审核转复、工作报告等，形成了比较完整的工作制度；(3) 初步形成了一个提案办理工作网络，充分发挥了提案工作在协商监督中的重要作用（提案委员会另有报告）。

第四，组织委员视察，参加治理整顿的检查工作。组织委员集体视察是委员深入实际，联系群众，了解社会，反映民意，具体地进行民主监督的重要途径之一。根据《省政协委员视察简则》，我们对委员视察做了统筹安排，在经费比较困难的情况下，组织了集体视察。一年多来，共分批组织了四百多人次前往滁县、巢湖、阜阳、淮南、马鞍山等地进行视察。党的十三届三中全会以后，我们还根据省委的统一安排，组织了部分委员和老同志参加检查组，到各地检查了解治理整顿和深化改革的情况。

（二）有计划地安排情况通报和协商对话，活跃民主生活

我们通过多种形式，组织了情况通报和协商对话。省委书记、省长卢荣景，副书记、副省长傅锡寿和省直有关部门负责同志先后在常委会上通报了省委贯彻党的十三届三中全会精神的意见、我省治理整顿和深化改革的实施方案及全省的经济形势、政法公安工作、对外贸易和乡镇企业发展情况等。

为了帮助委员对深化改革中出现的一些新情况、新问题做更多、更深入地了解，各专门委员会还举办了报告会，邀请有关委员和各民主党派成员参加。学习委员会组织了关于我省住房制度的改革、关于经济体制的改革和通货膨胀问题等报告会；社会法制委员会组织了《社会主义的初级阶段与犯罪》学术报告会；文教委员会组织了关于赴中国港、澳考察情况和关于考察国外剧团管理情况的报告会；科技委员会组织了关于探索民办科技与实业报告会等。这些报告会联系实际，思想活跃，又具有相当的透明度，效果较好，受到了委员的欢迎。

专题座谈和论证会也是组织委员参政议政的一种有效形式，如经济委员会和社会法制委员会就《工业企业法》的贯彻实施情况，分别举行了座谈会，探讨了加强工业企业管理的问题，经济委员会还组织了关于如何减少县级财政赤字、深化财政体制改革的研讨会。省直有关部委对省政协委员在座谈中反映的一些重要情况和意见都很重视。省公安厅、

财政厅、外经委、乡镇企业局等都认为委员们反映的很多情况和意见，对指导今后工作很有帮助，省计委在通报了我省国民经济的计划安排情况后，还派出专人参加讨论，认真听取各界人士的意见。

组织协商对话活动。在六届一次会议期间，我们曾就委员提案提出的有关教育、文艺、新闻出版等问题，邀请省委、省政府、省委宣传部及省科委、教委、文化厅、财政厅的负责同志，分别进行了协商对话。本会与省人大常委会、省政府、合肥市政府等有关部门就合肥市政建设等问题，邀请部分省、市人大代表、政协委员进行协商对话，促进了有关提案的办理与落实。

通过上述活动，委员们就解决我省改革开放和建设中群众普遍关心的重大问题献计献策，并提出批评建议，丰富了政治协商与民主监督的内容，活跃了民主生活。

（三）认真学习社会主义初级阶段理论，确立生产力标准观念，积极主动地为发展生产力服务

党的十三大报告指出："社会主义的根本任务是发展生产力。""是否有利于发展生产力，应当成为我们考虑一切问题的出发点和检验一切工作的根本标准。"去年，我们根据省委关于在全省深入开展生产力标准讨论的要求，会同有关单位，先后围绕"全面理解和坚持生产力标准的重大意义""坚持生产力标准，深化对省情的认识""坚持生产力标准与统一对形势的认识"等问题，组织了三次专题讨论，部分省政协常委、委员、省政协中心学习组成员以及200多位理论工作者参加了讨论。通过学习讨论，大家对社会主义初级阶段的中心任务是发展生产力的认识有了提高，更加明确了人民政协应根据自身的特点积极地为发展生产力服务。

深入开展调查研究，积极主动地为发展生产力服务。我们组织委员和有关专家、学者，先后就蔬菜产销、出口产品企业、林业生产、民办科研、两淮煤炭生产、沿淮行蓄洪区教育、徽州古建筑、医院改革、城市暂住人口管理、合钢"黄龙"污染和巢湖水源污染等问题，进行了专题调查，写出了一些有情况、有分析的调查报告。有关部门认为这些调

查报告有重要参考价值。例如，针对合肥市的蔬菜产销问题，报告提出了确保专业蔬菜地面积，建立以批发、交易市场为中心的蔬菜流通网络，采取“以工补菜”“合理定价”等措施。委员们经过调查，对民办科研事业发展中出现的一些新情况、新问题，向有关部门做了反映，提出逐步解决民办科研机构的资金来源、职称评定等建议，也为有关部门所采纳。

（四）运用多种形式，促进社会主义精神文明建设

以马克思主义为指导，努力建设精神文明，是党的十三大确定的一项重要指导方针。

广大政协委员历来关心社会主义精神文明建设。在政协委员提案中，为发展教育、科学、文化、卫生、体育等有关提高全民族的思想道德素质的提案，以及有关社会主义法制建设和社会治安的提案，占提案总数的40%以上。省政协有关专门委员会和委员还专题调查了青少年犯罪和在校学生犯罪情况，参加了全省省辖市精神文明建设竞赛活动的检查评比等，为促进我省社会主义精神文明建设做了一些有益工作。

党的十三届三中全会之后，我们把协助党和政府搞好廉政建设，维护安定团结、民主和谐的政治局面列入重要议事日程。我们通过各种例会和调查视察活动，围绕廉政建设、反对腐败现象等问题，提出了一些有益的意见和建议。

做好文史资料工作，是政协为社会主义精神文明建设服务的重要内容之一。去年，我们进一步加强了文史资料征集、编辑和出版工作，共征集文史资料294万字；编辑出版了《舞台生涯》《皖事拾零》《安徽文史资料》（第30辑）、《冯玉祥将军》和《文史资料论文选集》5本书，约100万字；文史图书发行突破60万册，为常年发行量的10倍，开创了我会文史资料发行工作的新纪录。文史书籍的扩大发行产生了广泛的影响，不少工厂、学校运用文史书籍对广大干部、职工和学生进行历史知识教育和革命传统教育，许多回乡探亲的“三胞”都希望获得文史书籍，增进对家乡历史的了解。

本会还通过举办书画展览、组织书画家开展联谊活动等进行文化交流，先后接待了福建、浙江两省政协书画家代表团。去年12月，我会与省文化厅等8个单位在北京中国美术馆联合主办了“黄叶村遗作展”，获得了圆满成功，全国政协副主席方毅和首都书画界的一些知名人士给予了很高的评价。

（五）高举爱国主义旗帜，加强祖国统一联谊工作

在中央“一国两制”、和平统一祖国方针的影响下，海峡两岸的交流迅速增加。我们充分利用这一有利的形势，加强了我省的祖国统一联谊工作。

一是继续促进各种形式的联络与交往。我们通过召开纪念会、座谈会和登门访问、书信往来等形式，加强了与“三胞”及其眷属代表的联系，结交了不少新朋友，增进了与老朋友的感情。去年9月，我会与省委统战部、省民革联合举办了冯玉祥将军诞辰纪念活动，出版了史料专辑，配合巢湖市政协举办了冯玉祥塑像揭幕和故居开放仪式，并举办了纪念冯玉祥将军书画展。冯将军的许多亲朋故旧从北京甚至国外赶来参加活动。大家通过缅怀冯将军为民族民主革命而奋斗终生的光辉业绩，激发了爱国主义精神，也增进了海峡两岸人民对“一国两制”方针的理解和彼此间的共识。

二是配合有关单位做好“三胞”接待工作。我们主动配合省台办、侨办等单位，先后接待了美籍华人、江南夫人崔蓉芝女士等知名人士数10人，并在一年一度的省外贸洽谈会期间，会见和接待了许多“三胞”代表。我们根据不同对象，分别向他们介绍了安徽省情，欢迎他们到我省投资和经商，并尽可能帮助他们解决一些具体困难，积极热情地为回乡探亲的“三胞”服务，帮助他们加深对家乡的了解。

三是先后组织五批人员到皖西、阜阳、巢湖、蚌埠和滁县等地考察“三胞”联谊工作，同市、县政协和地区联络处的同志互通情况，交流经验，掌握了不少第一手材料。我们还积极为“三胞”眷属排忧解难，鼓励“三胞”亲属创办企业，并总结介绍了临泉、阜阳、涡阳县等兴办

"三胞"企业的经验，鼓励"三胞"为家乡经济建设出力。

此外还举办了中国台湾形势报告会，印发参阅材料，放映录像等，帮助委员从各方面扩大对中国台湾的了解，促进对台联谊工作。

（六）召开全省政协工作会议，总结交流经验，加强对市、县政协的联系和指导

为了总结与交流政协工作经验，研究如何进一步加强政治协商、民主监督，发挥政协的优势，积极主动地为发展生产力服务，本会于去年12月召开了全省政协工作会议，出席会议的有各市、县（区）政协主席、地区联络处主任和各市委主管统战政协工作的副书记。会上，史钧杰主席作了《两年来全省政协工作的回顾和今后工作的几点意见》的报告，17个市、县政协交流了工作经验；与会同志还讨论了《省政协关于政治协商、民主监督的暂行规定》；省委书记、省长卢荣景在会议结束时作了重要讲话。关于这次会议的情况，中共安徽省委专门发了〔1989〕2号文件，要求各级党委加强对政协工作的领导，主动安排，真诚协商，促进政治协商、民主监督的经常化、制度化。

去年，本会共编印会刊、简报18期，学习资料6期，编印了《全省市、县（区）政协工作文件选编》和《政协委员手册》。

一年多来，省政协领导同志还多次到市、县政协调查研究，指导工作，尽力帮助解决一些实际问题。各专门委员会也先后到市、县政协对口了解情况，相互学习。提案、学习、文史等专门委员会还分别召开了工作会议，听取各市、县政协的意见，交流工作经验，研究加强有关专门委员会的工作。

为帮助政协干部提高理论水平和业务能力，去年我们举办了第6期全省政协干部训练班，组织市、县（区）政协负责同志80多人，系统地学习了统战政协理论和业务知识，把学习理论与总结工作有机地结合起来。许多参加学习的同志认为，训练班是政协干部学习统战理论的学校，也是研究政协工作的场所。

（七）不断改进工作作风，加强机关自身建设，提高办事效率

为了适应工作需要，去年2月，经省政协六届一次常委会议决定，撤销了工作组委员会及其所属的各工作组，分别设立了经济、科技、文教、社会法制四个专门委员会。这样，连同原有的文史、学习、提案、祖国统一等专门委员会，共组建了八个专门委员会。各专门委员会在换届后调整了人事，经常委会讨论通过任命了委员会正副主任，省政协主席和副主席根据不同情况兼任或负责专门委员会的领导工作，加强了对专门委员会的领导；各专门委员会设立了办公室，配备了专职干部，并相继制定了工作条例和细则。由于加强了组织建设和制度建设，活跃了各专门委员会的工作。为了适应工作需要，省政协六届五次常委会又决定增设民族宗教委员会，正在进行组建工作。

我们还建立、健全了机关的各项制度，处室均制定了岗位责任制，整顿了机关作风和工作秩序。去年年底以来，我们根据中央和省委的部署，在机关进行了民主测评干部的工作，秘书长、办公厅、专门委员会和处室负责同志分别作了述职报告，进行了民主考评；同时，在总结机关工作的基础上，对全体职工进行评比，民主评选了先进工作者，促进了机关的思想作风建设。

一年来，机关工作进一步明确了“三个服务”的思想，即为政协全委会、常委会、主席会议服务，为各专门委员会开展工作服务，为委员履行职责服务。我们先后组织了在皖全国政协委员赴芜湖、滁县地区进行考察，接待了全国政协委员赴皖南视察团，举办了四次委员活动日，参加活动的委员和老委员在1 000人（次）以上。

去年12月，我们成立了老委员联谊会，并正式开展了活动。

各位委员，一年多来，我们虽然基本上完成了上次会议规定的各项任务，特别是在治理整顿和深化改革中做了不少工作，取得了一些成绩，但与省委的要求、委员的希望以及政协赋予我们的任务相比较，还有不少差距。要坚持、完善、丰富、发展政治协商制度，今后还需要做

出艰苦的努力；要进一步发挥政协的职能作用，提高参政议政水平，还需要在理论上不断探索，在实践上不断总结经验，进一步促进政协工作的规范化、经常化与制度化；要继续改进机关工作，以适应政协工作发展的需要。

二

当前的主要任务，是紧紧围绕贯彻执行中共十三届三中全会提出的治理经济环境、整顿经济秩序、全面深化改革的指导方针，继续高举社会主义和爱国主义两面旗帜，进一步加强政治协商、民主监督，在坚持的基础上完善、丰富和发展共产党领导的多党合作和政治协商制度，巩固和扩大爱国统一战线，团结各方面的力量，协助党和政府做好治理整顿、深化改革以及廉政建设工作，维护安定团结的政治局面，为推进社会主义两个文明建设，促进祖国和平统一大业，积极开展各项工作。

在工作重点上主要突出两点：一是切实贯彻执行《省政协关于政治协商、民主监督的暂行规定》和有关规章制度，认真履行基本职能，在协商监督经常化、制度化方面迈出新的一步；二是加强各专门委员会的工作，围绕中心任务，认真搞好一些比较重要问题的调查研究，切实地提出一些意见和建议，加强民主监督，并促进省委、省政府重大决策的进一步民主化和科学化。

根据上述设想，今年我们计划做好以下几个方面的工作：

（一）进一步组织委员深入学习党的十三届三中全会方针，认清形势，振奋精神，做好各项工作

以治理整顿、深化改革为中心内容，深入开展形势教育。组织委员认真学习中共十三届三中全会以来中央领导同志的重要讲话、李鹏总理在全国人大七届二次会议上的《政府工作报告》，以及党中央、国务院制定的有关治理整顿、深化改革的方针政策，帮助委员和各界人士加深对党的十三届三中全会精神的理解，充分肯定十年改革所取得的伟大成

就，实事求是地分析和正确对待前进中出现的问题和困难，认清形势，明确任务，统一思想，增强信心，振奋精神，努力做好各项工作；组织委员进一步学习社会主义初级阶段理论，加深对党的十三大路线的理解，进一步明确改革开放与建设的方向，组织理论界的委员进行理论研究和探讨。对委员提出的有关治理整顿和深化改革的重要建议、意见和提案，应及时整理报送省委、省政府研究参考，对一些重大的议题组织专门研究，积极献计献策，充分发挥政协委员参政议政的作用。

（二）健全、完善政治协商和民主监督的各项制度，按照民主程序履行政协基本职能

去年以来，我们相继制定了各项制度，这是履行基本职能的重要依据，要努力贯彻执行，按民主程序办事，并注意在实践中总结经验，使之不断完善。

认真开好各种例会。要经常组织调查研究，丰富协商监督的内容，敢于参政议政，善于参政议政。

做好提案办理工作。委员提案是政协委员参政议政、实现协商监督职能的重要渠道，对于促进经济发展、帮助党和政府改进工作、提高决策的民主化和科学化水平、端正党风和克服官僚主义等具有重要作用。我们要根据已经制定的《省政协提案工作细则》，逐步实现提案工作的规范化、制度化。今年的提案，仍然按其内容和党政分工原则，分别提请省委办公厅、省政府办公厅转交所属单位研究处理，并同省人大常委会办公厅、省政府办公厅联合召开提案办理会议，共同研究做好提案办理工作，并联合组织力量进行检查督促，特别要注意抓好重要提案的办理落实。认真贯彻全国人大代表建议和政协委员提案工作经验，交流会议精神，总结交流市、县政协提案工作经验。

有计划地组织情况通报。为了让委员更好地知情出力，今年拟安排教育、农业、科技、社会治安等专题情况通报。我们将分别与有关部门联系，及早做好准备工作。

（三）切实加强专门委员会的工作

专门委员会是组织委员进行经常性活动的工作机构，在实现政治协商、民主监督经常化和配合实施决策民主化、科学化的过程中，具有重要作用。今年我们将进一步加强专门委员会的思想建设和组织建设，根据工作需要对个别专门委员会的机构设置做适当调整，充实工作人员，提高办事效率。各专门委员会要重视发挥委员的积极性，按照各自的特点，尽可能较多地组织委员参加各项活动，并主动同有关部门取得联系，互相配合，互相支持。根据治理整顿和深化改革的方针，各专门委员会要选择一些对国民经济和社会发展有重要影响的问题做重点调查研究。经各专门委员会研究，拟就淮北地区粮食生产问题、正确处理出版事业经济效益和社会效益问题、进一步开发黄山旅游事业问题、发展煤炭生产问题、探亲台胞接待工作中的有关政策问题，以及重要交通线的秩序和治安问题等，组织有关方面的委员，深入进行专题调查研究，写出有情况、有分析、有说服力的调查报告，供有关部门研究参考。对于一些重要的调查报告，还拟提请常务委员专题座谈会讨论，集思广益，更好地参政议政。

文史资料委员会要进一步明确为爱国统一战线服务、为社会主义现代化建设服务的基本方向，高举爱国主义旗帜，坚持实事求是的方针，认真做好史料的征集、整理、出版和发行工作。今年力争完成《发展商品经济的历史经验》《安徽近现代名人录》两本书的征集任务，年内计划出版《许世英》《淮上廖氏三兄弟》《黄山史话》和《九华山史话》等书。

（四）认真贯彻“一国两制”的方针，广泛开展联谊活动，促进祖国和平统一

继续加强对“一国两制”方针的学习和宣传，增进“三胞”共识。立足本省，积极开展海外联谊活动，充分发挥对中国台湾有影响和在中国台湾社会关系较多的委员的作用，采取灵活多样的形式开展宣传、联谊工作。配合有关部门做好“三胞”接待工作，积极开展同中国台湾的

民间交往，促进海峡两岸各界人士的接触和了解，增进两岸在经济、科技、文化等方面的交流、联系与合作，为“三胞”来皖投资办实业牵线搭桥，寓祖国统一工作于经济活动之中。做好“三胞”眷属的工作，有计划有重点地加强同“三胞”眷属的联系，鼓励和支持眷属兴办企事业，注意研究新情况，解决新问题，并尽可能地帮助他们排忧解难。

（五）密切与省政协委员的联系，积极组织委员开展活动

办好在合肥地区的委员活动日，总结经验，丰富内容，并邀请在合肥的老委员联谊会成员参加。

在合肥地区试办“大学政协委员联谊活动日”，邀请各大学的新老政协委员和各民主党派成员参加，加强联系，增进了解。同时，继续在各大学和省辖市试建政协委员小组，适当组织开展一些联谊活动。

筹备编印《省政协六届委员会委员名录》，促进有关部门以及委员之间的相互了解与联系。

（六）加强对市、县政协的联系和指导

认真贯彻落实全省政协工作会议精神，推动全省各级政协加强政治协商、民主监督的经常化、制度化建设；下半年召开市、县政协工作座谈会，总结交流全省政协工作会议以来的情况和经验，重点是总结与交流各级政协发挥职能作用、加强专门委员会工作的情况和经验。

开展统一战线和人民政体工作的业务学习和理论研究，提高政协干部的业务能力和理论水平。今年将继续举办市、县政协干部培训班，并计划与潜山县政协联合举办人民政协理论讨论会或政协工作研讨会。

切实加强地区政协联络处的工作，发挥他们在加强业务联系和总结、交流政协工作经验等方面的作用。

改进会刊、简报、学习资料的编辑工作。增设专栏，选登调查报告，反映委员的重要意见和建议，交流市、县政协工作的情况和经验，编印形势教育材料，介绍人民政协的基本理论和业务知识，努力提高刊物质量，增强可读性与指导性。

（七）加强政协自身建设，提高服务质量

加强政协自身的组织建设，逐步使国家大政方针和群众生活的重大问题的政治协商和民主监督经常化，是党的十三大报告提出的要求。自身建设搞好了，就能够更好地发挥积极性、主动性，做好各项工作。我们要逐步加强机关的组织建设和制度建设，完善各种工作制度，建立健全岗位责任制，注重工作效率，提高工作质量。

加强和改进机关的思想政治工作，加强统一战线和人民政协理论学习，不断提高机关工作人员的政治素质和业务素质，努力做好各项服务工作，要坚决贯彻执行党和政府的有关指示和规定，保持工作人员的廉洁。

各位委员、各位同志，今年是中华人民共和国成立40周年，也是人民政协建立40周年。让我们在中共安徽省委的领导下，进一步贯彻“长期共存、互相监督、肝胆相照、荣辱与共”的方针，加强与各民主党派和各界人士的团结合作，调动一切积极因素，振奋精神，增强信心，团结奋斗，一心一意实现治理整顿和深化改革的各项任务，为我省的四化建设，为祖国和平统一大业，进行不懈的努力，做出新的贡献！

（1989年4月）

奋进四十年的安徽社会科学

编者按：1989年9月26日，安徽省社会科学界联合会在合肥召开“庆祝中华人民共和国成立四十周年”大会，全省各地的理论工作者1 300余人参加了这一盛会。为了总结我省四十年来社会科学事业的发展过程和取得的经验，促进广大理论工作者为繁荣我省科学事业做出新的贡献，光仁洪教授作了题为“奋进四十年的安徽社会科学”的报告，现将报告全文刊登于下：

以马列主义、毛泽东思想为指导的我省社会科学事业，在党的领导下同共和国命运紧密相连地奋进了四十个春秋。今天，我们满怀喜悦的心情庆祝伟大的中华人民共和国成立四十周年。在这大喜的日子里，回顾我省社会科学事业的发展，使我们高兴地看到，社会科学战线和其他战线一样，也取得了令人瞩目的成就。

四十年来，我省社会科学是在社会主义革命和建设的实践中发展的，是在同“左”“右”两种思潮做斗争中前进的，党的十一届三中全会迎来了科学的春天，我省社会科学步入了繁荣时期。

四十年来，我省社会科学事业的成就是巨大的，其表现也是多方面的，这里仅从社会科学的机构、队伍、成果来进行检阅。

一、社会科学研究、教学、宣传机构的发展

新中国成立以后，我党为彻底完成民主革命任务，为社会主义改造和建设奠定坚实的理论基础，提高全党全民进行社会主义革命和建设事业的自觉性，普遍进行了马克思主义基本原理和社会科学基本知识的教

育，各地着手建立理论宣传、教育、研究机构。首先在大专院校设立了马列主义教研室，在中等学校配备专职理论教师。1956年10月，我省相继成立了科学研究所、省委讲师团和马克思主义业余大学。50年代初期，从省到县建立了党校，为广大干部开办了理论培训班，学习政治、经济和社会发展史。1958年，成立了我省第一个社会科研机构——省哲学社会科学研究所。1958年7月，又成立了我省第一个学术性群众团体——省哲学社会科学学会，后来发展为安徽省哲学社会科学联合会，简称省社联。从此，我省社会科学界便在全省范围内有了自己的协调发展的统一组织。1964年，省社联召开一届二次会议，根据形势发展的需要对社联机构进行调整，并对全省的学术活动进行规划。当时，省社联所属学会仅有4个，即哲学、经济、历史、教育学会。

粉碎“四人帮”后，特别是十一届三中全会以后，我省的社会科学事业进入了繁荣发展的新时期。1978年4月，中共安徽省委召开社会科学工作会议，在同时，恢复了省社联，恢复并成立了6个学会。省委负责同志万里、顾卓新出席会议，并作重要讲话。到目前为止，学会已发展到95个，全省16个地市中的15个地市和南陵等都成立了社联。从而，组织和团结了全省社会科学工作者队伍，在社会科学各个领域团结协作，联合攻关，形成合力。概括起来说，我省各级社联和所属学会在加强党和政府同广大社会科学工作者的联系中发挥了桥梁和纽带作用；在团结广大社会科学工作者进行学术研究和参与决策中发挥了组织协调作用；在促进社会科学理论研究成果的社会化方面发挥了咨询服务作用；在帮助广大干部、群众提高理论水平方面发挥了宣传教育作用。社联和学会所发挥的作用是其他部门所不能替代的。

1978年11月，重建了省社会科学研究所。此后，专门研究队伍迅速扩大。1983年4月，省社会科学研究所扩建为省社会科学院，设立马列主义、哲学、经济、政法、历史等8个专门研究所。

专门研究机构除集中在社科院的以外，在一些文科院校和业务机关也建立了专门研究机构。如：安徽大学的苏联问题研究所、人口研究所、古籍整理研究所，安徽师范大学的汉语研究所，财贸学院的合作经济研究所，省财政科学研究所，省金融研究所，省价格研究所，省教育科学研究所，省艺术研究所，省计委经济研究所等。社会科学统一协调机构的建立和加强，专业研究队伍的扩充和提高，同教学和建设紧密相连的研究机构的发展，必将从体制上保证马克思主义同中国具体实践相结合的这个根本性问题的解决。

与研究机构相适应，我省社会科学刊物，如雨后新绿，已由“文革”前的一家发展到许多家，如省社联主办的《学术界》、省社会科学院主办的《江淮论坛》、省委讲师团主办的《理论学习》等，在我省两个文明建设中做出了贡献。我省各级党校和各级讲师团的普遍建立，形成了完整的干部理论教育体系。

二、社会科学队伍的不断发展壮大

1955年前，全省从事理论工作的同志为数不多。1956年，专门从事理论工作的人数才100余人，兼职和业余理论工作者400余人。1958年统计，全省专业理论宣传、教育人员有1 380余人。“文革”前，为了培养、发展我省的社会科学理论队伍，省委采取了得力措施，为抓队伍的培养开办了理论干部培训班、进修班，还组织理论工作者深入实际调查研究，锻炼理论队伍，壮大理论队伍。

党的十一届三中全会以后，我省的社会科学队伍发生了历史性的变化。其主要表现在：(1) 通过不断培养和造就，改变了社会科学队伍青黄不接的状况；(2) 社会科学队伍的知识结构趋于合理，知识不断更新，知识面更为广阔，研究方法有了新的改进；(3) 一大批中青年学者的成长，为我省社会科学增添了生力军；(4) 社会科学队伍分布面广，社会科学战线上的五路大军已经形成。据统计，省社联所属学会会员达到20 000余人，专业社会科学工作者2 000多人。这是一支人才密集、老中青结合、知识结构合理、门类齐全的宏大的社会科学队伍，我们这支队伍在社会科学战线上经历了与“左”“右”两种思潮的斗争，经过十年“文革”的考验，证明我们这支队伍中的绝大多数是好的，是坚定贯彻执行四项基本原则的。有了这支队伍，也预示着我省社会科学发展的光辉前景。

三、社会科学成果日益增多

我省社会科学战线上首先是在全党全民中积极开展对马克思主义基本理论的学习、宣传，学习了《中国革命和中国共产党》《政治经济学》《辩证唯物主义和历史唯物主义》《社会发展史》。后来，又在群众中开展学习哲学和毛主席著作等活动。在这一过程中，社会科学始终为实践服务，在实践中开展各种研究和学术活动，曾经展开了生产力与生产关系的讨论、社会主义阶段主要矛盾的讨论、家庭副业和自留地的讨论等。同时，还就重大理论问题进行专题研讨，诸如探讨了思维与存在的同一性问题、合二为一问题及农民战争的性质问题。这一时期也产生了一批富有特色的研究成果，如《安徽近代大事记》《论道德》以及研究太平天国运动等的一批论文、专著。

进入新时期的十多年来，我省社会科学战线上硕果累累，超过了历史上任何一个时期。这些成果的取得，是我省社会科学工作者自觉地坚持四项基本原则，为改革开放和现代化建设服务的产物。十多年来，我省社会科学工作者在积极开展真理标准问题讨论方面，在坚持理论为推行农业生产责任制服务方面，在研究安徽经济建设的实际方面，在探讨基础理论方面，在研究安徽的历史文化和历史人物方面，都取得了显著的成果，产生了大量的学术论文、专著、译著等。省社联举办我省1978—1985年社会科学成果评奖活动时，社会科学工作者申报评奖的作品就有3 000多件，这次获奖的作品共312项，是我省社会科学成果的一次大检阅。

在新的历史时期里，我省社会科学战线发生了深刻的变化，这就是一切从实际出发，使社会科学真正成为指导社会主义建设实践、坚持实事求是的科学；坚持以四项基本原则为立论之本，使社会科学成为全面指导社会主义建设的科学；社会科学面向现代化，面向世界，面向未来，成为改革开放和发展的科学。

回顾四十年来我省社会科学所走过的道路，我们从中得到深刻的启示，产生了共识：

（1）社会科学要发展，必须坚持以四项基本原则这个立国之本为我们社会科学的立论之本，必须维护和加强马列主义、毛泽东思想的指导地位。四十年的历史证明，当我们的社会科学工作自觉地坚持四项基本原则时，社会科学就沿着正确的方向前进，就有大的作为、大的发展，反之就会出现曲折。在今后我省社会科学前进的道路上，我们要自觉地坚持四项基本原则，旗帜鲜明地反对资产阶级自由化，以保证我省社会科学的健康发展。

（2）社会科学要发展，必须坚持理论联系实际的方针。理论来源于实践，又指导实践，在实践中获得发展。近几年来，我省社会科学之所以产生了重大影响，关键在于我省理论工作推进了安徽农业责任制的发展，指导了安徽经济建设的实际，这是我们发展社会科学的必经之路。

（3）发展社会科学，必须坚持“双百”方针。分清思想是非和理论是非，以及新的理论创造都要靠“双百”方针的保证，只有这样，社会科学才生动、活泼，才会具有旺盛的生命力。

（4）加强党对社会科学的领导，各级领导要增强社会科学意识，这是发展社会科学的根本保证。以马列主义和毛泽东思想为指导的社会科学是一项伟大的事业，社会科学在我省两个文明的建设中所显示的重要作用，清楚地说明了这一点。加强党对社会科学事业的领导，将使我省社会科学的发展进入一个更高阶段。

（原载安徽省社会科学界联合会主办《社联通讯》1989年第5期）

认真贯彻《意见》，加强自身建设，为进一步稳定发展鼓劲出力

——安徽省政协六届三次会议发言

不久前，中共中央公布的《中共中央关于坚持和完善中国共产党领导的多党合作和政治协商制度的意见》（以下简称《意见》），是中国共产党和各民主党派长期合作的纲领性文件，也是指导民主党派各项工作的准则。《意见》的公布和实施是我国社会主义民主政治建设的一件大事。我们安徽省农工民主党对这一文件完全赞同，坚决拥护。

这一《意见》的公布，标志着我国政通人和、国泰民安、形势大好。它对推动治理整顿和深化改革的顺利完成，促进政治、经济、社会的进一步稳定，反对资产阶级自由化思潮，抗击国际反动势力的“和平演变”阴谋，促进社会主义四化大业和祖国统一的实现，对国内和国际都具有十分重要的现实意义和深远的历史意义。

中国共产党领导的多党合作和政治协商制度是在我国长期的革命过程中形成和发展起来的，是马克思主义和中国革命实践相结合的创造，是有中国特色的一项基本政治制度。它已经显示出许多优点和特点，并将继续发出更为巨大的活力和灿烂的光辉！

《意见》贯串两条主线：一条是加强和改善中国共产党的领导；另一条是发扬社会主义民主，充分发挥民主党派的作用。这两者的关系是相辅相成的关系，加强和改善中国关产党的领导是民主党派在中国共产党领导下为社会主义事业竭智尽力的根本保证，而充分发挥民主党派的作用，其目的又正是为了加强和改善中国共产党的领导，更好地建设有中国特色的社会主义。坚持中国共产党的领导，坚持四项基本原则是我国多党合作的政治基础。

我们的这一基本政治制度与西方资产阶级的多党制或两党制有着本

质上的根本不同。西方所实行的多党制、两党制的资产阶级议会制度是建立在资本主义私有制经济基础之上的上层建筑，它不可能不为资产阶级利益服务。它自17世纪建立以来，就是维护资产阶级利益的专政工具，此种情况，愈到后来，愈演愈烈。它所标榜的民主是资产阶级一个阶级的专利品，不论他们如何巧舌如簧，使用多么漂亮的民主辞藻；也不论他们如何玩弄“议会魔术”，使一党在朝，一党在野，演出多少竞选演说、议会争吵的闹剧，但在一片喧嚣的帷幕之后，都是一双双资产阶级之手在操纵着。他们一方面标榜其“普选权”，一方面又用财产、教育程度、住所、种族等繁难的选民登记手续，种种严苛的限制，剥夺人民群众的选举权。譬如美国对人民群众选举权的限制就有五十多种，存在着“贫富、男女、黑白”的不平等，再加上在选举时资产阶级利用其手中的财富，对人民群众进行恐吓、欺骗、贿选、舞弊，甚至暴力迫害，种种手段，重重黑幕，将他们所标榜的民主变为一纸空文，人民群众并没有得到真正有实际价值的民主权利，这就是资产阶级多党制、两党制议会民主的真相。正如列宁指出，资产阶级的这种民主制度“对富人是天堂，对被剥削者、对穷人是陷阱和骗局”①。

中国共产党领导的多党合作和政治协商制度是建立在社会主义公有制基础之上的，领导我们事业的核心是同人民血肉相连、大公无私的中国共产党，因此，我们这种社会主义民主制度才是真正体现和代表广大人民群众的共同意志和共同利益的制度。我们有许多广阔而畅通的民主渠道。有人民代表大会这一根本政治制度，有中国共产党领导的多党合作和政治协商制度，还有群众团体、机关、学校、企业、街道各种民主渠道和纽带，都能对国家的大政方针和政府的各项措施进行充分的政治协商和民主监督，真正保证人民群众当家做主的民主权利，我们的政治制度才是真正的、最广泛的、最充分的和最有实效的民主制度，“比任何资产阶级民主要民主百万倍”②。当然，我们的这种新型的人民民主制度创建的时间还不长，尚有待完善，我们也已经在逐步地进行自我完善。

---

①《列宁全集》第3卷，第603页。

②《列宁全集》第3卷，第634页。

近百余年的中国历史昭示我们，不论是康梁维新或是辛亥革命，任何在中国仿行西方资产阶级民主制度的无不以失败而告终。中国人民直到在中国共产党的领导下，走社会主义道路，才推翻了三座大山，一洗百余年来受侵略、受欺侮的民族耻辱，取得了新民主主义革命和社会主义革命与建设的胜利。可见只有坚持中国共产党的领导，坚持社会主义，才能使中国成为富强、民主、文明的现代化国家，这是历史的必然和全国各族人民的共同愿望。

舍此之外，别无他途。任何企图搞“全盘西化”，搞什么“政治多元化”“多党制”“反对党”“在野党”等，都只能使中国重新沦为西方资产阶级大国的附庸，使人民吃二遍苦，这是全国人民所绝对不能允许的。我们农工民主党创建已六十年了，我们和中国共产党有着风雨同舟、休戚与共、主动接受中国共产党领导的长期合作历史，这一切都是历史的必然和我们农工党成员的共同愿望。我们在任何时候，坚决接受中国共产党的领导绝不能也绝不会有丝毫动摇，坚持社会主义绝不能也绝不会有一点偏离。我们将坚持四项基本原则，同任何资产阶级自由化思想和活动做坚决的斗争。

我深深感到《意见》的公布是中国共产党对民主党派的信任与关怀，在感到无比振奋和鼓舞的同时，也感到任务的光荣和艰巨。中国共产党是社会主义事业的领导核心，是执政党，我们农工民主党是中国共产党的亲密友党之一，是一个参政党，学习、宣传、贯彻好《意见》是我们义不容辞的责任。面对光荣而艰巨的任务，大力加强自身的思想和组织建设成为我们的当务之急。我们要推动各级组织和成员加强坚持四项基本原则和反对资产阶级自由化教育，把思想和行动统一到《意见》的精神上来。要加强学习马列主义、毛泽东思想和邓小平同志重要著作，以提高成员的政治素质，经得住任何风波的考验。人民政协是中国共产党领导的多党合作和政治协商的一个重要组织形式和参政议政的重要场所，我们要进一步加强和发挥我党在政协中的作用，担任各级政协委员的我党成员要在四项基本原则的基础上积极参加政治协商和民主监督。我们要加强自身的领导班子建设，进一步做好巩固和健全组织工作。我们要积极参政议政，要认真学习中共十三届六中全会文件，学习马克思主义群众观点和中国共产党的群众路线，真心真意向人民学习，全心全意为人民服务。

各位委员，促进政治、经济社会进一步稳定发展是国家和人民的最高利益，是我们压倒一切的共同神圣职责。我们要坚持反对资产阶级自由化的斗争，并协助中国共产党和政府加强与群众的联系，协商关系，使上情下达，下情上达，在社会主义民主渠道中发挥疏通和纽带作用。不论在任何错综复杂的情况下，也不论在任何国际风云变幻中，我们都将坚持中国共产党的领导，坚持四项基本原则，矢志不渝，坚韧不拔，永做傲霜之枝！更加紧密地团结在中央安徽省委领导周围，同心同德，为维护和促进大局的稳定发展，为建设有中国特色的社会主义，为统一祖国，振兴中华，振兴安徽，鼓大劲，出大力，做出新的贡献！

（1990年4月）

襟江带淮，群星璀璨

——推荐一本弘扬爱国主义精神的新书《安徽历史人物》

安徽位于华东腹地，地当楚尾吴头，襟江带淮，形势冲要，华实遍野，物产丰富。根据地下出土遗物，远在五千年前新石器时代，勤劳、勇敢和智慧的江淮儿女就在这里渔猎和农耕，世世代代生于斯、繁衍于斯，创造出灿烂的物质文明和精神文明，为伟大祖国各方面的发展和中华文明史的形成做出了重要贡献。自古迄今，在江淮大地上涌现出许多彪炳史册的仁人志士和卓尔不群的政治家、军事家、思想家、文人墨客和能工巧匠，真是人才辈出，灿若繁星。

弘扬爱国主义传统，振奋民族精神，是建设有中国特色的社会主义的一项非常重要的任务。编写一本以马列主义、毛泽东思想为指导的有较高质量的安徽杰出历史人物传记，是对安徽人民尤其是对青年一代进行爱国主义、社会主义和革命传统教育的一项重要工作。这种读物，可以激发他们爱中国共产党、爱社会主义、爱祖国、爱安徽的巨大热情，促使他们自觉地培养自己成为有理想、有道德、有文化、有纪律的社会主义新人，更好地为振兴中华、建设安徽贡献力量。同时，也是给民族文化虚无主义、崇洋媚外的“全盘西化”等资产阶级自由化思想以有力的反击。

我的老友吴寿祺教授，折肱中国史学数十年，学殖宏深，卓有成效，近与李仲谋同志联合主编《安徽历史人物》一书，已告成功。我披读一遍，深感钦佩。作者以弘扬爱国主义精神为全书的最大特色，他以饱满的热情、翔实的史料，为皖籍英烈、爱国志士广为立传，用他们为国捐躯、慷慨赴死、可泣可歌的英雄业绩和浩然正气，激发读者和青年的爱国热情，同时并广泛地收录许多在哲学、文学、教育、艺术各个领域有重大成就的皖籍历史人物，用他们的懿言硕学和高风亮节，来启迪广大读者和青年的民族自豪感和自尊心。可以说，此书的问世，为服务当代、激励来兹做出了有益的贡献。

《安徽历史人物》的另一特色是收集历史人物较广。从时间跨度上看，有先秦的庄周、管仲，也有几年前才逝世的我国“两弹元勋”邓稼先。此书还较广泛地收录了在各个学术领域做出过重要贡献的皖籍历史人物，并收录了一些在历史上产生过重大影响、值得研究的重要历史人物。

编撰一部史书，在下笔之前必然要搜集大量资料，这些资料连篇累牍，动辄百千万字，不可能统统编入书内，必然要经过精心筛选、整理和鉴定，披沙拣金。一方面，这中间有一个“由博返约”的精审加工过程；另一方面，应详的还需从详。不然，或是堆砌大量史料变成一本复杂的流水账簿，或使所编撰的史书略去主要史料变成空泛无物。因此，编撰的取舍详略从来就是一个非常难处理的问题，同时也是对作者史学和史识高下的一个检验。清代著名史学家章学诚（实斋）在其《方志辨体》中精辟地指出：“详人之不能详，略人之不能略。”这就是说，他人书中所不能详的，而又是本书所能详并且是应当详的，就必须写详一些，因为这正是本书特色之所在。他人书中不能省略的，它已经详写了，如果本书原来就无详写的必要，再去详写，这就是徒然耗费精力，其结果不过是因袭他人，重复劳动，且使本书特色荡然无存。《安徽历史人物》是地方史性质的人物传记之书，其中有些全国性乃至具有世界性的历史名人，除其早期在乡里的身世与活动为他书所不能详或不必详的，本书应详写一些之外，其余常见于全国性通史或全国性他种书籍中所详载的内容，本书就可以写得略一些，不必依样葫芦加以详写。对有些地方性的历史名人，这是他书所不详或不必详的，他书往往略写或不写，但本书对此就必须详写一些。寿祺教授邃于史学，对此中道理知之甚深，因此他所主编的此书，在汰选历史人物及史料方面颇为精审，取舍详略大体适当，体现出地方史籍中人物传记著作的特色。如对曾提出过理财和发行纸币杰出思想的清代户部右侍郎、歙县人王茂阴（马克思

《资本论》中曾唯一提到的中国理财家），本书就为他独立立传，这是“详人之不能详”的一个很好的例证。

史学著作除学术专著之外，普及性的历史读物也是必不可少的。多编一些此类书籍是我们历史工作者义不容辞的责任。吴教授出其多年积学编成其书，令人快慰与赞赏。这虽是一本普及性著作，但体系严谨，搜集史料翔实丰富，并发掘出一些第一手史料，立论持议明晰允当，实事求是，融思想性与科学性于一体，有些部分创发新议，也自成一家之言；而文字简洁流畅，很少枝蔓，实属难能可贵，为近年所见同类书籍中之精品。

当然，此书也存在一些不足之处。如尚有少数应收入的历史人物而未收入，对少数史实的论述尚稍显单薄，对少数历史人物的评估还需作深入的探索和研究等。但瑕不掩瑜，这些都不难在再版时加以充实和订正。

（原载《安徽日报》1990年9月17日第4版）

关于全国政协七届十一次常委会议和全国各省、市、自治区政协主席座谈会精神的传达提纲

主席、副主席、各位常委：

6月2日至30日，全国政协召开了七届十一次常委会议。这次常委会议主要是传达、讨论全国统战会议精神，并听取了丁关根同志关于对台工作情况的报告、钱伟长关于全国政协祖国统一联谊工作情况的报告和人事任免事项。

会上，宋德敏代秘书长简要介绍了全国统战工作会议情况，传达了江泽民总书记在全国统战工作会议上的两次重要讲话，传达了丁关根同志在全国统战工作会议上的讲话要点。

会议认为，中共中央召开的全国统战工作会议是一个有重要历史意义的会议，江泽民总书记的重要讲话，是指导新时期统战工作的纲领性文献。要建设有中国特色的社会主义，振兴中华，早日实现祖国统一，就要不断巩固爱国统一战线，调动一切积极因素，团结一切可以团结的力量，群策群力，共同奋斗。人民政协作为爱国统一战线组织，是发扬社会主义民主、联系各界人士的重要渠道，要深入贯彻统战会议精神，做好政协工作，担负起历史的重任。常委会议结束时，王任重副主席讲了话。

各省、市、自治区政协主席座谈会，7月1日至2日开了两天。史钧杰主席因病提前回来了，让我在那里参加了座谈会。这次各省、市、自治区政协主席会议，主要是讨论如何开好全国地方政协工作会议的问题。代秘书长宋德敏、副秘书长卢之超同志分别就会议的开法、各地提出的要讨论解决的问题，在会上讲了话，会议结束时，宋德敏同志讲了话，王任重副主席作了重要讲话。

现在，我把王任重副主席在常委会结束时的讲话和在全国各省、市、自治区政协主席座谈会上的讲话，以及宋德敏同志在全国各省、市、自治区政协主席座谈会上的讲话要点，做一简要的传达。

一、现在我传达：王任重副主席在全国政协七届十一次常委会结束时的讲话精神

王任重同志首先阐述了全国统战工作会议的意义和基本精神。王任重说，中国共产党从近七十年的实践中，不断加深对统一战线的认识，逐步形成了一整套正确的理论、方针和政策，在革命和建设事业中发挥了伟大的作用。他说，江泽民同志这次在统战工作会议上强调指出："建设有中国特色的社会主义宏伟事业，必须有一个最广泛的统一战线。"它的任务是：高举爱国主义、社会主义旗帜，团结一切可以团结的力量，调动一切积极因素，同心同德，群策群力，为巩固和发展安定团结的政治局面服务，为推进社会主义现代化建设事业和改革开放服务，为健全社会主义民主和法制服务，为促进"一国两制"、和平统一祖国服务。江泽民同志还明确宣布："只有到了共产主义社会，阶级和阶级差别消灭了，共产党消亡了，共产党领导的统一战线才会随之消亡。"

贯穿全国统战工作会议和江泽民同志讲话的一个基本精神，就是团结绝大多数人为我们共同的目标而奋斗。邓小平同志说，统一战线的本质就是团结大多数，孤立敌人。统一战线宜宽不宜窄，这个话十分深刻，是历史经验的总结。

我们讲团结绝大多数人，就必须在政治基础一致的前提下允许存在思想上的差异性，允许存在不同意见、不同认识，甚至不同信仰。统一战线能够凝聚起来，首先必须有一种感召力，这种感召力来源于共同的大目标。有了这个大目标，团结就有了基础，就会产生共同的语言和行动。但是，在统一战线内部，在大目标一致的前提下，要允许不同意见的存在和争论，这样才能有一个团结、民主、和谐的气氛，做到求同存异。当然，我们统一战线内部的团结是有原则的团结，是以中国共产党的领导为核心的团结，是以自觉的自我教育来维系的团结，只有这样的

团结才是坚强有力的团结，才能致力于中国的振兴、繁荣和发展。当然，对那些坚决反对中国共产党的领导和反对社会主义制度的敌对分子，不能讲团结。江泽民同志在讲话中指出，在大陆范围内讲团结，必须讲坚持四项基本原则，旗帜鲜明地反对资产阶级自由化，讲维护民族团结，讲坚持中国共产党的领导。在台、港、澳同胞和海外侨胞中讲团结，必须讲坚持祖国统一，反对分裂祖国，讲坚持一个中国、“一国两制”，反对“两个中国”“一中一台”或“一国两府”。

人民政协在我国的统一战线中乃至在整个国家的政治生活中，究竟有哪些特殊的作用呢？我看至少有这么几点：

（一）作为共产党领导下的多党合作组织的作用

早在新政协筹备会时期，周恩来同志就曾明确指出：新民主主义时期固然需要统一战线，即使在社会主义时期仍然同样需要。要合作就要有各党派合作的组织，这组织叫中国人民政治协商会议，当然也要长期存在。周恩来同志的这段话，经过四十年实践的检验，证明是完全正确的。在我国社会主义条件下，多党派长期共存并在共产党的领导下团结合作，这种新型的社会主义政党的存在，是人民政协存在和发展的根本依据。在人民政协里，各民主党派以政党为参加单位，可以就国家大政方针或多党合作中的其他重大问题，以党派名义提出提案、发表意见，对中国共产党和政府的工作进行民主监督。中国共产党也可以通过政治协商，同民主党派经常沟通情况、交流思想，包括批评和自我批评，统一认识，团结一致，共同奋斗。人民政协作为适合中国情况的多党合作的组织形式，是其他组织所不能替代的。

（二）作为最广泛爱国统一战线组织的作用

我国具有统一战线性质的组织当然不止一个，但只有人民政协包括了统一战线中所有的政党、所有重要的人民团体、无党派爱国人士以及各族各界代表人士等各个方面，因而具有最广泛的政治联盟的性质。在这个最广泛的统一战线组织中，各参加单位有着共同的政治基础，又有政协章程作为活动的依据和规范。因此，除了在实行多党合作方面的作用以外，人民政协在团结全国各民族、各阶层人民，调动一切积极因素方面；在反映和调节社会各方面的不同要求和利益方面；在联系广大港、澳、台同胞和海外侨胞，促进祖国统一方面，都拥有自己的优越条件，是我国社会主义事业中的一支重要力量。

（三）在我国政治体制中政治协商、民主监督的作用

人民政协不是国家权力机关，也不是执行机关，其职能与人大、政府是不同的。政协同人大、政府的关系是分工协作、互为补充、相辅相成的关系。人民政协参与关系国计民生的重大问题的协商，人大行使国家权力，进行决策和立法，政府执行实施。这样一种政治体制，集中体现了我国广泛的人民民主。正因为如此，中共中央多次强调发挥人民政协在发扬社会主义民主方面的作用，要求通过这条民主渠道经常倾听各方面的批评和建议。

由于政协工作是我国统一战线工作的重要组成部分，也由于人民政协具有其他统战组织所不能替代的作用，各级政协一定要深入学习与领会全国统战工作会议精神，特别是江泽民同志的讲话精神，结合当地政协工作的实际，认真贯彻落实，把全国统战工作会议精神落实到我们政协的各项工作中去。

王任重副主席在讲到“人民政协当前的工作”问题时说，第一，要把维护国家和社会的稳定放在政协工作的首位。我们要为保持、发展稳定的政治局面做坚持不懈的努力。在思想上要牢固树立四项基本原则同资产阶级自由化进行长期斗争的观念，保持必要的警惕，不要以为经过教育与整顿工作，资产阶级自由化问题就完全解决了。第二，继续围绕改革开放和社会主义现代化建设，协助党和政府做好工作。政协的全委会、常委会议，要就改革开放、经济建设以及治理整顿中的重大问题，认真组织好政治协商活动，反映统一战线方面的意见，协助党和政府做好工作。第三，进一步贯彻落实中央14号文件和《暂行规定》。各级政协要把贯彻这次统战工作会议精神，同落实中共中央的14号文件和全国政

协的《暂行规定》结合起来，根据当地的实际，统一加以安排。在政协的各种活动中，要充分发扬民主，为各民主党派、无党派爱国人士以及各族各界代表人士参政议政开辟畅通的渠道。要尊重各民主党派依国家宪法和政协章程所享有的政治自由、组织独立和法律地位平等，支持民主党派加强自身建设和开展工作。要同各民主党派保持密切的联系，促进各方面的沟通、理解和团结合作。第四，加强促进祖国统一工作。政协在这方面的工作会越来越重，祖国统一联谊委员会固然要做好这方面的工作，其他有关专门委员会也要积极参与这件大事，努力做好工作。

二、下面我传达：全国各省、市、自治区政协主席座谈会的精神

经过分组讨论，各省、市、自治区政协主席就如何开好全国地方政协工作会议，提出了许多好意见和建议。7月2日下午，在会议结束时，宋德敏代秘书长就如何开好地方政协工作会议讲了话。

宋德敏同志说，会议争取以中央名义开，如中央今年下半年安排不下，由全国政协开，我们向中央请示一下。会议名称叫“全国地方政协工作会议”。规模：原想每省来5人（省政协2人、工作人员1人，省辖市、县政协各1人），大家都说少了，增加县政协1人，省里共6人。时间：今年12月。会议的指导思想：以江泽民同志在全国统战工作会议上的讲话精神为指导。切实解决认识问题，总结交流经验，解决一些亟待解决而又条件成熟的问题。希望各省、市、自治区政协认真做好准备工作。

最后，王任重副主席讲了话。王任重同志说，宋德敏同志讲的，我就不再重复了。大家要求以中央名义召开地方政协作会议，我们向中央反映一下，先向先念同志汇报一下。中央安排不下，我们就自己开，时间就在12月份吧。会议的指导思想就是：江泽民同志在统战会上的两次讲话。各省、市政协要借全国统战工作会议的东风，认真贯彻统战会议精神，请各地政协把如何加强党委对政协的领导、发挥政协的作用，一并提出意见、建议，请党委研究决定。

关于经费问题，要请省和市委、市政府解决。

关于办公用房，必不可少的政协办公用房还是要解决的。

关于县政协副主席的职数，3～5人是少了一些，我看5～7人就可以了。我们向中共中央组织部说说，但不能套同级政府副秘书长的职数。

关于与统战部的关系。过去是省委书记兼政协主席，我就兼了湖北省政协主席好多年，省委统战部部长兼常务副主席。过去的习惯不能代替党委的领导，政协归党委领导。政协与统战部的关系密切一些，打交道多一些。反过来说，统战部也要常跟政协通通气。各民主党派中央是归党中央领导的。中央召开各民主党派会议，征求意见，民主协商，很注意与民主党派、无党派人士协商。中央开的各民主党派负责人会议，讨论一些重大问题，政协是要去人的。政治协商，党委要安排，如果党委没有安排，你们可以去找党委，请党委考虑安排。

有的同志要求修改章程，这作为一个问题可以提出来研究。12月的会议，讨论不了这个问题，这要提请全体会议讨论、审定。

我的传达就到此结束了。谢谢大家。

（原载《安徽政协》1990年第2期）

在全省地市社联工作会议上的讲话

同志们：

全省地市社联工作会议今天召开了！这是继去年5月马鞍山地市社联首次工作会议后的又一次特别工作会议。一年多来，我们经历了系列重大事件，我国的政治、经济都发生了很大变化。一年多来，我省各地市社联工作发展很快，成果累累。其表现在：各地市社联组织社会科学工作者积极贯彻执行四项基本原则，反对资产阶级自由化，澄清了被搞乱的理论是非、思想是非；各地市社联在开展学术活动中，以经济建设为中心，使社会科学和社会主义经济建设实践相结合，取得了一系列重大成就；在基础理论研究方面，各地市社联也是卓有成效且富有鲜明的地方特色的。这里，还需要特别一提的是，一年多来，地市社联受到了地市党和政府的高度重视，许多地市领导为社联解决了编制，增加了人员和经费。

这次地市社联工作会议的目的是总结、交流过去的工作经验，明确我们的工作任务和前进方向，提高我们的工作水平，把下一步工作做得更好。当前，我们所面临的任务还是很重的：我们在坚持四项基本原则，反对资产阶级自由化影响方面还要花大气力，下大功夫，我们在以经济建设为中心，搞好两个基本点相结合的理论研究、宣传方面有大量工作有待我们去完成，我们在坚持理论联系实际，为本地区的经济振兴献计献策方面还要努力奋斗。当前，我们理论界要特别注意做好皖江开发、开放的服务工作。另外，还有大量的日常工作如学会登记工作、社会科学第二次评奖工作都有待我们去完成。

我希望通过这次会议，认真研究完成下步工作的方法、途径，使我们地市社联工作在新的基础上更上一层楼！

祝会议圆满成功，祝同志们身体健康！

（注：本文为书面讲话。）

（原载安徽省社会科学界联合会主办《社联通讯》1990年第6期）

附录

附录一：光仁洪先生小传

韩家炳

光仁洪（1918—1991年），字玉霖，安徽省桐城县（今枞阳县）人。1918年8月5日出生于南京的一个知识分子家庭，祖父光华国，清廪生，博览群书，未应试，在家设经塾，教授年长学生。大伯父光森甫，二伯父光明甫以及光仁洪父亲光宣甫三兄弟均曾在经塾就读。森甫生于1872年，曾赴日留学，1924年病逝。明甫生于1876年，1904年考入江南高等学堂，在校期间参加革命党人组织的推翻清朝统治的“北极阁集会”而遭校方开除，之后回桐城求是学堂任教。光华国老人鉴于次子甘冒杀身之祸反皇朝，乃禁锢幼子宣甫两耳勿闻窗外事，一心只读圣贤书。宣甫生于1879年，后考入三江师范学堂。1904年，宣甫考取安徽留日官费生，入东京早稻田大学攻读政治经济学专业。1905年，明甫东渡日本，亦入东京早稻田大学攻读政治经济学专业。由于家境不裕，两兄弟共用一名官费生费用，苦学5年，于1910年毕业回国。在日本求学期间，光氏二兄弟通过章太炎、陈独秀等结识了孙中山先生并加入了同盟会，推翻帝制、建立资产阶级共和国的革命思想逐渐形成。辛亥革命时期，明甫追随孙中山参加讨袁活动。后接触陈独秀，遂成为《新青年》主要撰稿人之一。国共合作后，明甫积极响应孙中山先生三大政策。国民党“二大”后，明甫主持国民党左派安徽临时党部党务工作，后与毛泽东在武汉革命政府工作过一段时间。抗战爆发后，明甫坚决支持中共抗日民族统一战线主张，宣传团结抗日思想，积极从事革命活动。1938年，明甫与张澜、沈钧儒发起组织“中国民主政团同盟”。新中国成立后，明甫历任安徽省教育厅厅长、安徽省文史馆第一任馆长、安徽省第一和第二届政协副主席、第一届全国人大代表、第一届全国政协委员。1963年，明甫病逝于安庆，享年87岁。宣甫回国后一直从事教书育人工作，尤其以在大专学校教书时间为长，直至晚年多病退休时为止，先后在北京和安徽江淮大学、南京江苏法政专门学校及江苏法政大学任教授并担任教务长。1952年，宣甫先生病逝于南京，享年73岁。仁洪先生母亲为桐城派晚期文学大师、京师大学堂总教习吴汝纶侄女，1883年生，出身名门，相夫教子，慈恺劬劳，1931年病逝于南京，时年48岁。

光仁洪，1918年生。1922年进入教会举办的南京明德幼稚园读书，开始接受早期幼儿启蒙教育。1923年入南京仓巷小学，1929年毕业，同年进入南京市中区实验中学（后改名为南京市立第一中学），1935年毕业。这一年秋天，光仁洪先生考入民国时期中国最著名高等学府——国立中央大学，并就读于法学院法律系国际公法专业。20世纪30年代中期，日本帝国主义加紧扩大对华侵略，1935年制造了华北事变。中国共产党发表了《为抗日救亡告全体同胞书》，呼吁全国各党派、各阶层、各军队团结起来，停止内战，一致抗日。面对国破山河，民族危亡，同时，受父亲和伯父爱国精神的影响，光仁洪先生青年时代就热血沸腾地投身于抗日爱国学生运动中去。刚进入国立中央大学法律系，先生就参加了南京学生声援北京“一二·九”运动的游行活动，他还与同学们在中央军校门口集合静坐示威，抗议国民党政府血腥镇压北京学生爱国运动的罪行。抗战全面爆发后，国立中央大学西迁至重庆沙坪坝。先生以其澎湃的爱国热情和杰出的活动组织能力，获得同学们的一致拥戴，当选为国立中央大学学生会主席。有一次，学生会酝酿召开一次大会，并拟邀罗隆基、李宗仁等名人前来作关于抗日救亡的演讲。这一动议遭到了校长的反对。经以光仁洪为首的学生会的坚持，大会得以顺利召开。国民党政府对国立中央大学学生会的此举非常恼火，开会时竟以维持秩序为名派来了一队荷枪实弹的士兵，其意既在于恫吓，也妄图伺机滋事，破坏会议的正常举行。但由于学生会的精心组织，会场秩序井然，顽固派骚扰会场、破坏演讲的阴谋无以得逞。大学期间，国立中央大学学生会多次组织学生上街进行宣传演出，先生是主要组织者，更是积极的参与者。先生还曾在“放下你的鞭子”等街头剧中饰演过多种角色，表现了学生积极的爱国热情和丰富的斗争经验。抗战全面爆发，国立中央大学西迁重庆后，重庆屡遭敌机轰炸，大片民房在火海中化为灰烬，许多无辜平民死于非命。日寇的野蛮暴行激起了先生更为炽烈的民族义愤，先生以国立中央大学学生会的名义发起并成立抢救队，在断壁残垣中抢救伤民。他自己曾多次冒着被敌机轰炸的危险，奋不顾身地冲进倒塌的房屋中救出一个个伤者。

1939年秋，光仁洪先生从国立中央大学毕业，在重庆江北乡下私立重庆高级实业商业学校谋得教职。但此时国统区经济恶化，通货膨胀加剧，物价飞涨，先生每月薪水微薄，不足糊口。1943年，先生突患全身麻痹，重庆中央医院诊断为“脊髓内生瘤”，是一种不治之症，经中西医结合治疗非但无任何效果，且病情日益恶化。后听闻印度有热带病医生对治愈神经麻痹症有特殊办法，于是决定赴印度医治。1943年秋天到达印度加尔各答，经名医B. C. Roy诊断，先生所患并非所谓的“脊髓内生瘤”，而是一种中枢神经病变。三四个月之后，疾病痊愈。大学毕业后，先生就一心远赴美国求学深造。当身体逐渐康复之时，先生萌生了由印度直接去美国留学的打算。无奈此时父亲年岁已高，又跌断了大腿骨，一人卧病在床，无人照料，只好匆匆由印度回国。正如先生后来回忆道：“因而不得不暂时放弃留美的梦想。”虽然第一次留美未果，但先生从未放弃出国深造的梦想。后来在胞伯父光明甫的帮助与支持下，先生终于到达大洋彼岸——芝加哥大学研究院攻读国际关系专业，导师为昆西·怀特教授。负笈美利坚，师从享誉国际的学术大师，大大开阔了先生的学术视野，为其今后从事国际关系史研究打下了坚实的基础。鸦片战争以降，近百年中国国际法研究者念兹在兹的奇耻大辱即为不平等条约问题。饱受列强百年欺侮，中国面临的最棘手难题，就是早日废除不平等条约。先生以国际公法和国际条约为主要研究领域与方向，将学术研究汇入对民族命运的关注与救亡洪流中去。书生报国，决意笃定，感人至深。

1948年秋，先生学成归国，任上海法学院教授，讲授有关民法方面的课程，直至全国解放。新中国成立后，先生到芜湖安徽大学法律系任教。1952年，华东高校院系调整，安徽大学改名为安徽师范学院，法律系裁并，先生到历史系任教。1957年反右运动后，先生任合肥师范学院历史系副教授兼系主任。从新中国成立至“文革”爆发前，先生工作一直兢兢业业，在课程设置、教材编写、学术交流、培养质量方面做了卓有成效的工作。也如先生后来回忆：“自进入新社会后，对于党的领导和走社会主义道路，我是奉行不懈、从无二心的，极想为社会主义新中国竭其驽劣之力。”首先，调整课程设置。针对历史系课程设置“三多”（课头课时多、专业课多、古代史课多）、“三少”（生产劳动和社会实践少、政治课少、现代史少）情况，先生作为一系之首进行大刀阔斧的改革，既合理调整各门课程所占的比例，又确保夯实学生的专业知识基础，同时保证学生德、智、体全面发展。其次，编写《世界近代史》教材讲义。20世纪50—60年代中国的世界史教材大多存在两个局限：以欧洲史为中心；将各国历史简单地罗列在一起，缺乏互相联系。先生于1959年组织世界史教师对1956年按教育部所颁发的世界近代史教学大纲编写的讲义进行讨论与修订。不仅重视研究欧洲史，也大大提高了亚非拉史的比重；不仅注重研究“经济情况、历史事件、历史人物、战争进程、典章制度、国际会议、国际条约等”，还增加了“年代、人名、地名、专有名词、统计表格”。各门课程讲义非常注重国内外史料的运用。对此先生后来回忆道：“讲义、大纲和课堂教学，大都内容宏富，如一部讲义往往数十万字。在参考书的指定方面，也存在同样情况。”再次，开展学术交流。全校设有“基础知识讲座”，各系还设有一些“专题讲座”，并且还经常邀约校外学术权威前来讲学交流。历史系曾开设过“史学专题讲座”和“工具书使用法讲座”。先生自己在校内和系内多次做过学术讲座，中国秦汉史和魏晋南北朝史专家、南开大学历史系杨翼襄先生，中国洋务运动史专家、华东师范大学历史系夏东元先生曾受邀到芜湖讲学。吴泽先生也接受过邀请，但因故未能成行。可见先生主政时期学术交流之频繁与繁荣。最后，重视学生培养质量。学校曾派遣李锐、童世杰到安徽省内各地调研用人单位对毕业生培养质量的反馈意见。历史系认真听取了学校的意见，制定改进措施，进行“补缺补差”。如抛弃了“满堂灌”的教学方法，让学生参与到课堂教学中来；重新开设“历史文选”专业课程，要求学生背诵古文过“古文关”；考试试题轻单纯记忆，重学生分析问题和解决问题的能力。总而言之，先生在那个时期的有关历史学专业的改革措施具有相当的前瞻性和实效性。有些举措至今我们仍然做得不够或者还在不断强调和延续。

“文革”期间，先生下放到农村，被迫放弃钟爱的学术事业，但他仍然坚信中国共产党的伟大和正确。“文革”后期，先生的问题澄清后，曾写信给安徽农工民主党前任主委吴彦求同志，告知其问题已解决，并在信中表达了他对中国共产党的无限信赖和热爱，表示要振作精神，为社会主义现代化建设竭智尽力。

1978年，十一届三中全会召开，迎来了科学发展的春天，史学研究开辟了新领域，引进了新方法，提出了新理论。先生也焕发了新的学术生命，成果迭出，新见独抒。受教育部委托，先生与东北师范大学联合主持编写全国高等师范院校历史系四年制本科《世界近代史》教学大纲，1982年由教育部交北京师范大学出版，供全国高校参考使用；主编《世界史·近代史》（上、下册），人民出版社1984年版，约100万字；主编《中国大百科全书》中的《国际关系史》分卷，中国大百科全书出版社1989年出版，国家重点项目；主编《世界近代史词典》，上海辞书出版社1998年出版，约200万字；与王绳祖教授联合主编十卷本《国际关系史》（近、现代），世界知识出版社1995年出版。另外，在《世界历史》《东北师范大学学报》《学术界》《安徽师范大学学报》等期刊杂志上公开发表了有关世界史和国际关系史问题研究的新作十余篇。先生还积极参加各种学术活动，先后担任了多个全国或地方学术组织的负责人或理事。如中国国际关系史研究会首任副理事长，中国世界近代史研究会学术顾问，中国史学会第二、三、四届理事，安徽省社会科学界联合会主席，安徽省历史学会会长等。

光先生热爱党、热爱社会主义，关心党和国家大事。1954年，加入了中国农工民主党，先后任省委会常委兼宣传部部长、副主委、主委以及农工民主党中央候补委员、委员、常委、副主席等职。自参加政治协商会议以来，与共产党和衷共济、肝胆相照，全身心致力于巩固和发展爱国统一战线。先生历任省政协第二、三、四届常务委员，省政协第五、六届副主席，第六届全国人大代表，第七届全国政协常务委员。先生在任职期间，积极拥护党对统一战线的领导，努力贯彻执行党的路线、方针、政策，积极参政议政，工作勤勤恳恳、扎扎实实，为发挥统一战线在社会主义两个文明建设中的作用做了大量工作。

“文革”后期，先生获得了政治新生的鼓舞，摆脱了慢性疾病的困扰，曾赋诗抒怀，有“重抛药饵挽强弓”之句，表达了报效祖国建设和党的统战事业的执着信念与不懈追求。然志不能酬，1991年7月7日，先生因病溘然长逝。正如安徽农工民主党代主委徐荣楠先生在先生追思会上所言：“光仁洪同志是一位深受大家尊敬的长者，是我们省委会的一位好领导。他对中国共产党、对社会主义事业无限忠诚，时刻强调要坚持四项基本原则，而且对资本主义社会制度的虚伪性、欺骗性，对我国社会主义政党制度的特征等问题有深刻研究，曾作了多次论述和讲话，对思想上的拨乱反正和维护政治稳定起了积极作用；他年逾古稀，担任着繁重的社会工作，还呕心沥血、夜以继日地从事史学著述，对工作具有强烈的责任感，对治学十分勤奋、严谨；他谦虚谨慎，平易近人，作风民主，待人诚恳，虽从政多年，但仍不失学者风度。我非常希望他能继续带领我们前进。”

斯人已逝，风范长存。先生温文儒雅的人格魅力和专注卓越的学术贡献将与世长存。

附录二：论列夫·托尔斯泰创作思想的形成与发展

徐惠贞

一

批判现实主义文学的杰出大师列夫·尼古拉耶维奇·托尔斯泰（Лев Николаевич Толстой，1828—1910年，以下简称“托尔斯泰”）是近代文学夜空上一颗光芒四射的巨星，它照亮了19世纪的世界文坛。

关于托尔斯泰批判现实主义创作思想的形成与发展，不仅关系对这位杰出大师的评价，而且也是关系正确理解近代世界文学思潮发展的一个重要研究课题。本文试对托尔斯泰的作品，结合其所处时代背景进行综合的、比较的考察和分析，来探索他的批判现实主义作品创作思想的形成与发展。我觉得其正式形成是在1861年俄国农奴制改革以后的19世纪60年代。而他19世纪50年代早期的创作和创作思想，包括著名的三篇《塞伐斯托波尔故事》在内，还不能说是批判现实主义的，至多不过是稍见萌芽，零星地爆发出一些短促的现实主义火花而已，至于他在19世纪60年代以后近半个世纪的创作和创作思想，其批判现实主义思想也并非一蹴而成的，而是在逐步深化，逐步发展，一直到世纪末他的那部巨著《复活》才达到了批判现实主义的高峰。

托尔斯泰出生于十二月党人起义后的第三年，于十月社会主义革命前七年逝世。他所度过的82年漫长的岁月和近60年的创作生涯，正是俄国由封建农奴制逐渐解体向资本主义、军事封建帝国主义过渡的大变革时代，同时也是俄国广大农民日益贫困、农民起义浪潮澎湃和资产阶级民主革命逐渐成熟的大激荡时代。“在描写这一阶段的俄国历史生活时，列·托尔斯泰在自己的作品里能以提出这么多重大的问题，能以达到这样大的艺术力量，使他的作品在世界文学中占了一个第一流的位子。[①]”他的作品是“俄国十月革命的镜子”[②]，反映了整个19世纪，反映了俄国的革命。

19世纪30—50年代，俄国资本主义经济获得了空前迅速的发展，在40年代前后，俄国开始了工业革命。随着新的科学技术在工业上的应用，俄国由手工工厂生产阶段进入机器工厂生产阶段，工业生产迅速增长，国内外市场不断扩大，资本主义的发展日益摧击着古老的封建农奴制的基础。但是，与此同时，以沙皇为首的俄国贵族地主阶级却不断强化农奴制，加剧对农民的剥削，更加猛烈地挥舞那条剥削农民的“千年奴役之鞭”，就这样更加激起农民起义的浪潮，加以1856年克里米亚战争失败的推动，才刚刚踏进60年代，农民就振臂而起，掀起起义的空前高潮，1860年这一年俄国农民起义高达108次之多，封建农奴制在土崩瓦解之中，除旧布新，已成为时代的必然趋势，因而在1861年，沙皇迫不得已进行由上而下的“农奴制改革”。

在这样一个社会发生剧变的历史时间跨度里，正是托尔斯泰由童年、青年到成年的时期。在托尔斯泰的青少年时代，在十二月党人起义刚刚过去，抗击拿破仑的卫国战争和法国资产阶级革命也都才过去不久，这些历史变革的重大事件，余波未息，仍然震撼着全俄社会，同样也震撼着托尔斯泰的精神世界，它们对托尔斯泰世界观的形成和未来的文学创作活动都产生了巨大的影响。

托尔斯泰在1844年考入喀山大学东方语言系，以后转入法律系，在大学时代，他对卢梭的资产阶级启蒙学说非常醉心，曾专心钻研，读完卢梭的全部著作二十卷，并用卢梭肖像嵌在颈饰内，以代替传统的十字架颈饰。卢梭的“天赋人权”“自由”“平等”“博爱”等资产阶级民主思想，以及“归真返朴”“回到自然”的文明虚无主义过激论说，在以后的托尔斯泰多种作品中都可以看到它们的影子。

---

①《列宁论文学》第79页，人民出版社，1958年版。

② 列宁：《列夫·托尔斯泰是俄国革命的镜子》，载《列宁选集》第2卷，第369页。

托尔斯泰的文学创作活动开始于19世纪50年代。他的处女作是《童年》（1852年），和《少年》（1854年）、《青年》（1857年）合称为他早期作品的“三部曲”。这三部自传体裁的中篇小说是他进行“自我观察”的“精神传记”。接着，他又发表了《一个地主的早晨》（1856年）和三篇《塞伐斯托波尔故事》（1855—1856年）。这三篇以俄国士兵在克里米亚战争中英勇守卫塞伐斯托波尔要塞为背景的故事，使托尔斯泰声名鹊起。在这些早期作品中，他已经开始用犀利的笔触对贵族的个别偏见和农奴制的部分缺点做了一些揭露，对俄国士兵守土卫国的爱国主义精神给予了热情的赞扬，对贵族军官的贪污、怯懦和腐化进行了抨击和谴责，凡此种种，使作品显示出了它的进步性。但是，他的那种用爱来改造世界的错误和空想的观点也开始在他早期的作品中萌芽滋长。如在《一个地主的早晨》中，他就通过对小说主角涅赫留多夫用减租减息向农民“行善”的办法来改善农民苦难的描写，来抒发他的那种空想主张。

19世纪50年代，托尔斯泰的这些早期作品，它们所显示的进步性是农奴制改革前、变革中的俄国社会现实的反映。由于这时俄国资本主义的发展虽然冲击了封建农奴制，但封建农奴制还未走完它全部崩溃的过程，加以这时的托尔斯泰也尚未脱离伯爵的贵族立场，还是站在自由派贵族立场上观察时代、分析社会，因而，在这样的主客观条件下，托尔斯泰的早期作品对农奴制和对贵族地主，仅仅是进行个别的、不太猛烈的抨击和指责。这些作品还不能说是批判现实主义的创作。

19世纪60年代后，托尔斯泰的作品发展到一个新的阶段。1861年，俄国农奴制改革后，广大农民虽然在法律上摆脱了农奴地位，但是却受到地主阶级日益加剧的剥削，苦难重重、水深火热。资本主义在19世纪60年代后有了进一步发展，到19世纪80年代，俄国出现了一批垄断组织，它和西欧各国一样，逐渐向帝国主义阶段过渡，各种社会矛盾更加尖锐和深化，农民运动空前高涨，无产阶级反对资产阶级的斗争也愈来愈频繁，全俄社会处于新旧力量激荡的急漩之中。托尔斯泰在此时期又从事贫民区人口调查，访问监狱、法庭、修道院等，和劳动人民加多接触，进一步了解民间的疾苦和俄国贵族地主资产阶级政权的反动本质。

这些主客观因素，使托尔斯泰的世界观经过漫长的怀疑、探索道路后，到19世纪80年代，由贵族地主立场完全转变到宗法制的农民立场上来。而这种世界观上的转变从农奴制改革后的19世纪60年代已经初见端倪，其批判现实主义的创作和创作思想也在此时开始正式形成，并逐步发展，逐步深化。

19世纪60年代后的托尔斯泰从逐渐到完全抛弃贵族地主的旧传统观念，“对现代一切国家制度、教会制度、社会制度和经济制度作了激烈的批判”①。正由于托尔斯泰逐渐转向宗法制下农民的思想体系，因而使他在19世纪60年代到世纪末产生了至今仍然脍炙人口、蜚声文坛的三部不朽巨著，一部比一部深刻地把批判现实主义逐步推向它的高峰。这三部长篇小说是：《战争与和平》（1864—1869年），《安娜·卡列尼娜》（1873—1877年）和《复活》（1898—1899年）。

《战争与和平》是一部以俄国卫国战争为中心的长篇历史小说。它将1805年到1825年十二月党人起义前夜期间俄国的战斗生活及和平生活有机地穿插起来，展现了俄国全社会的图景。他以高度的热情歌颂和描绘俄国人民在卫国战争中的英雄气概。他以超群的艺术才华进行深刻的历史构思和人物构思，不是对那个时代和人物做简单的临摹，而是使那个时代和人物做“典型的再现”。这部巨著在揭露贵族地主阶级的虚伪、腐化、骄奢淫侈以及在肯定人民群众的伟大作用等方面，都较早期作品大大前进了一步。这部结构宏伟、情节复杂、场面壮丽的史诗般长篇小说的问世，大大震动了世界文坛，正如冈察洛夫所指出的：“伯爵（指托尔斯泰，引者注）已成为文学界真正的雄狮。②”小说至今仍是各国人民最喜爱的读物之一。由于这部巨著写成于农奴制改革后不久，托尔斯泰世界观的转变才刚刚初萌其端，观察问题尚未完全脱离自由派贵族的看法。因而，对地主与农民之间尖锐的阶级矛盾写得不够有力，甚至对个别庄园贵族与农民间的关系还做了一些“牧歌式”的描写。

19世纪70年代写成的《安娜·卡列尼娜》，鲜明地体现了托尔斯泰

①《列宁全集》第16卷，第330页。

②《伊·亚·冈察洛夫与伊·谢·屠格涅夫》第62页，彼得堡，1932年俄文版。

已经有了很大转变但还未完全转变的思想体系。这部杰出的长篇社会小说，创作于俄国“一切都翻了一个身”、一切都“刚刚开始安排”的时代，它用安娜和渥伦斯基、列文和吉提两条主要故事线，有机地而又复杂地结合成为一个整体结构，在新旧社会制度的深刻冲突中描写书中女主角安娜的生活、爱情、斗争与死亡，并通过对各阶级、各阶层典型人物的描写，用形形色色的上层世袭贵族、庄园贵族、高官、显宦、富商大贾、医生、画家、律师和农民的广阔人物群像，展现出俄国全社会的各个侧面，并提出了家庭、婚姻、妇女、道德、教育、美学以及贵族、前途、农民、国家机器等许多重大问题。由于托尔斯泰这时还没有与贵族本阶级完全决裂，对旧传统一切方面的抨击虽然已比其19世纪60年代的作品大大加强，但还没有像以后《复活》中所反映的那样强烈。

在世界文学史上占有非常杰出地位的《复活》，是在俄国资本主义向帝国主义过渡的接近完成阶段，也是在托尔斯泰由上层贵族立场完全转变到宗法制农民立场后晚年写成的最后一部长篇小说，因而，对俄国地主资产阶级社会进行了比较前两部作品更为深刻和有力的批判，这部名著成为近代批判现实主义思潮中一颗耀眼的巨星。他对俄国从地方到中央的法庭、监狱、贵族地主、官僚、教会，以及政治制度、土地私有制、道德、伦理、习惯等一切方面，“撕掉所有的假面具”，尽情地揭露，无情地鞭挞，鲜明地反映了俄国千百万农民抗议的呼声，有力地动摇了地主资产阶级君主政体的大厦，并展示了这种制度必然崩溃的前景。正因为这些，使这部文学巨构在客观上具有了革命的意义。但是，托尔斯泰的那种“爱”的哲学不仅在《安娜·卡列尼娜》和《战争与和平》中，而且也在《复活》中又都做了进一步的宣扬，成为这三部巨著的白玉之瑕。

二

高尔基在《忆列宁》中说道：列宁曾认为在欧洲没有人能够和托尔斯泰的创作并肩媲美。托尔斯泰继承和发扬了普希金、果戈理等人的文学优秀传统，大大发展了文学史中的批判现实主义。虽然从他的早期作品里只看到一些现实主义朦胧的晨曦，但在农奴制改革后的三部杰作中，尤其是在《复活》中，更显示了批判现实主义的全部优点。

托尔斯泰作品杰出的批判现实主义，体现在他善于从各种不同外貌掩盖下，揭露现实的真相，从千奇百怪的生活表象中剖视生活现实。他善于网罗和捕捉生活现实的各个侧面，有机地构成一个复杂的、完美的庞大创作结构，高度技巧地塑造大批惟妙惟肖的人物典型形象，并对人物进行细致深刻的心理分析和描绘，在全书上构成一个栩栩如生、光怪陆离的人物轮廓，深刻地、复杂地和多样化地展现出俄罗斯社会的时代风貌。试以《战争与和平》为例，这部名著从1805年7月在安娜·巴布罗夫娜·舍雷尔客厅中有关俄国和拿破仑战争的谈话开始，到1820年彼尔·尼·劳斯托夫的一场辩论结束，全书就是通过559个人物群像和庞大复杂的创作结构，多面、多层地反映了欧洲和俄国历史上这一疾风骤雨的十五年。正因为托尔斯泰的作品全面深刻地反映了复杂的生活现实，"反映了一直到最深底层都在汹涌激荡的伟大的人民的海洋，既反映了它的一切弱点，也反映了它的一切有力的方面"[①]。因而赢得了列宁对他的高度评价，列宁称之为"清醒的现实主义"[②]。

托尔斯泰作品杰出的批判现实主义又体现在他尖锐地、深刻地对贵族地主资产阶级社会的多面批判上。这种批判精神在《安娜·卡列尼娜》中比较以前的作品有了显著的增强，他用横扫千军的劲笔，直指那时腐朽的社会，他所做出的抨击不是刻板的、模式的说教，而是深刻的、细致的、有说服力的批判，书中对一些上层贵族官僚的虚伪、贪婪、卑鄙和肮脏的丑态进行了尖锐的现实主义刻画，他通过小说中女主角安娜之口，在谈到上流社会时，大声地呐喊道："那全都是谎话，全都是欺骗，全都是罪恶。"在谈到她的丈夫——一个冷酷自私的官吏卡列宁时，冷嘲热讽地说："这不是人，这是一架官厅的机器。"

托尔斯泰的这种现实主义的批判精神在《复活》中达到了高峰。他

① 列宁:《托尔斯泰和无产阶级》,载《列宁全集》第16卷,第352页。

②《列宁选集》第2卷,第371页。

以敏锐的观察、犀利的笔锋，拉开了贵族地主资产阶级社会最黑暗、最阴森角落的帷幕，多面地、纵深地、广阔地描绘那个社会的丑恶，并且细致地勾画出一幅伤天害理、无恶不作的贵族、地主、资产阶级人物的百丑图。在这部巨著中开头的第一章就把批判矛头直指沙皇的专政机器——法庭。他对外省法庭开庭时的深刻锋利地描写，使法官们的自私自利、昏庸冷漠的狰狞面貌，跃然纸上。他更在书中明白地指出，真正的罪犯不是那个为饥寒所迫去偷窃三卢布六十七戈贝脚垫的孩子，而是"用抽税方式不断抢劫这孩子的政府"。他在《复活》中又激烈地抨击官办教会和教权主义，淋漓尽致地描写监狱中祈祷仪式那令人可怖的阴森场面（见原著第一部分第四十章），在犯人的祈祷声和镣铐声响成一片的噪音中，教会的"慈善"面纱被彻底揭去，把教会是沙皇残害人民的御用工具的反动本质赤裸裸地显露出来。《复活》比他的其他作品更进一步指出农民贫困的根源是地主的土地私有制。在《复活》中，他大声疾呼：土地不能私有，它和空气、阳光、水一样不能买卖，人类对土地应享有同等的权利。他并且通过主角聂赫留朵夫说道："唯一能改变农民生活的办法，即停止夺其所需的土地。"以后，他在1905年所写的《滔天大罪》和《世纪的末日》两文中，对取消土地私有制提出了更坚决的要求。

由于托尔斯泰现实主义的作品对俄国地主资产阶级政权所做的无情揭露和批判，使得托尔斯泰受到沙皇政府的多次打击和迫害。早在1862年，他长期居住的庄园——雅斯纳雅·波良纳遭到宪兵的搜查。以后，由于《复活》中对教会的激烈揭露，又使他在1901年被沙皇政府唆使下的"宗教院"开除教籍。但是，托尔斯泰不屈不挠，在晚年多次发表的愤激论文中，对沙皇政权进行猛烈的攻击，如在斯托雷平反动统治时期，他发表《我不能沉默》一文，坚决反对斯托雷平滥用死刑镇压革命者。由于托尔斯泰在世界文坛上的崇高声誉，才使沙皇政府不敢对他再做进一步迫害，正如当时的一个沙皇的将军所说："托尔斯泰'声望太大，俄罗斯监狱容纳不下他'"。

托尔斯泰作品杰出的批判现实主义还体现在他同情广大农民的苦难，称颂人民的爱国主义精神和人民在历史中的决定作用。他在多部作品中对农民一贫如洗的苦况都给予了真挚的同情，尤其是在《复活》的第二、三两部中，用很大篇幅描写水深火热中的农民，用高超的写作技巧，对比地描绘炉灶无烟、凄凉残破的农民茅舍和珠光宝气、酒绿灯红的贵妇沙龙，使贫富悬殊、苦乐异样的“老爷世界”和“贫民世界”，纤微毕露地呈现于人们的眼前，强烈地扣动读者的心弦，激起是非和爱憎的正义感。在他的作品中，农民和其他劳动人民都是作为正面人物形象来塑造的，并且在《复活》中更第一次用一位处于人民底层的女仆卡邱霞·玛丝洛娃作为这部文艺巨著的主角，他将卡邱霞塑造成为一位纯正、聪颖、善良、美丽、集“真、善、美”于一身的女性。他又在许多作品中热情地称颂人民群众的勤劳勇敢和多才多艺，他在《战争与和平》中不仅对人民保卫祖国的英勇献身精神给予热情的歌颂和细致的描述，而且又进一步指出人民是推动历史前进的决定力量，他写道：“俄国的力量不在我们身上，而是在人民的身上。[①]”他在《安娜·卡列尼娜》中，对普通的劳动人民的智慧和才能都不止一次地做出动人的描绘，如他用描写贵族渥伦斯基绘画的笨拙低劣丑态，反衬出侍仆之子米哈依洛夫妙染丹青的卓越才能。他更热情地写道：“劳动人民，不但蕴藏着更多的力量，而且还有更多的真和善的观念。[②]”

托尔斯泰批判现实主义也体现在对光明未来的向往和对正义社会制度的肯定上。托尔斯泰虽然在作品中反映了他“勿以暴力抗邪恶”的空想，但是，他基于对人民的同情和对压迫者的仇恨，对人类未来将出现一个光明的、正义的社会怀着热情的向往。当然，对于未来社会的正义制度，他不了解，也不可能了解，但他对这些是寄予希望和给予肯定的。在《安娜·卡列尼娜》中，对共产主义这个当时新兴的事物，他固然并不赞成，但也预见到共产主义必然要发展的前景，他这样写道：“我认为它是过早的，不过它是合理的，有前途的，好像初期的基督教那

①《托尔斯泰作品全集》第17卷，俄文版，第300页。

②《托尔斯泰作品全集》第17卷，俄文版，第345页。

样。[1]”对腐朽的资本主义制度，他认为：“这个制度应当改变。[2]”在1905年革命时，他站在农民立场上更进一步态度鲜明地称颂这次革命，理直气壮地说：“在这次革命的全部过程中，我成了千百万农民志愿的辩护士。[3]”托尔斯泰之所以能成为近代批判现实主义的巨匠，除了它的作品在思想内容上具有上述这些杰出的现实主义特征外，他高度的文艺技巧、严格的写作态度和丰富的语言修养，对于他能完成这样一些文学巨构，也都有一定的关系。在写作上，他善于运用对比的方法巧妙地使不同的人物、情节、景色 、场所等对比写出 ，互相烘托，极尽帷灯箧剑之妙，尤其是他最善于对人物的心理变化做深刻精微的分析和描摹，他用犀利的笔锋打开作品人物的“心理之门”，精心勾画出人物内心复杂、回环、起伏的变化过程，他用“人物独白”的笔法，或者用周围环境作陪衬的技巧，把人物的物质世界和精神世界融为一体地加以勾描，烘云托月，入情入理，使人物形象栩栩如生，给予读者以巨大感染力，获得了巨大的艺术效果。托尔斯泰对他的写作，要求极其严格认真，一部作品从内容到文字，精益求精，反复修改，不达到完美的程度决不休止，他曾在1887年给他朋友费阿热尔托夫的一封信中道出其中辛苦，他写道：“不要急于写作，不要讨厌修改，而要把同一篇东西改写十遍、二十遍。”他的三部代表作就是改写多遍才加以发表的，《复活》的开头部分就改写过十二遍，《安娜 · 卡列尼娜》的一些章节也改写过十二遍，《战争与和平》的部分内容也有七种稿本。这种一丝不苟的写作态度使他的创作达到了精纯境界。此外，他有丰富的语言修养，刻苦地学习使他通晓多种外语，除了精通法、德、英、意和古希腊、拉丁、希伯来语外，并懂得波兰、捷克、塞尔维亚、保加利亚、乌克兰和荷兰语，这些对他的文学创作都是大有帮助的。

①《安娜·卡列尼娜》上册，第623页。

②《安娜·卡列尼娜》上册，第162页。

③《托尔斯泰和斯托拉夫通讯集（1878—1906年）》第378页，列宁格勒，1929年俄文版。

三

托尔斯泰对沙皇制度下俄国广大人民群众苦难的同情，和对统治者罪恶与暴行的痛恨，通过创作，“六十年来，他的严厉而正直的呼声在呐喊，在揭发一切”①。他敏锐地看出了俄国社会的危机和时代的趋向，但是，他又找不到解救危机的正确方法和人们应当走的正确道路。他唯心地从爱一切人出发，提出“道德上的自我修养”“宗教上的自我净化”“勿以暴力抗邪恶”等一套错误的“唯爱哲学”，幻想用宽恕来解除仇恨，用博爱来改造世界，用精神上的复活来建立“心上和地上的理想王国”，这就是所谓的“托尔斯泰主义”。

他的这种理论是空想的和有害的，他的这种理想王国实际上是空想的灵魂净化了的缥缈世界和复古的宗法制度下的古老农村。这些主张反映在他多种作品中，成为他批判现实主义创作的严重局限性。这不仅见于他的早期作品中，而且在后期作品中反映得更为强烈，如在他的名著《安娜·卡列尼娜》中，他通过小说主角也是他的自传性化身——列文，提出一个贵族与农民合作的纲领，幻想用“阶级合作”来解救农民的贫困。在这个方案中，他主张农民与贵族用股份制合作经营农业，认为这样“以利益的协调和一致来代替敌视，以普遍的富裕和丰足来代替贫穷，一句话，就是不流血的革命，但也是最伟大的革命，先从我们这个小小的县开始，然后及于俄国，以至遍行全世界”。又如他在《复活》中，在用动人心弦的笔触详细描绘小说女主角卡邱霞从被诱骗失身沦为娼妓一直到流放西伯利亚的凄惨遭遇之后，通过卡邱霞对坑害她一生的聂赫留朵夫由憎恨转为爱怜的结局，来宣扬“用宽容代替仇恨”，以求得精神上的复活。并且在小说的结尾部分，又通过聂赫留朵夫之口来鼓吹“勿以暴力抗邪恶”的说教，聂赫留朵夫说：“要从人们所遭受的可怕的罪恶中得救，唯一可靠的方法是人人承认自己在上帝面前永远有罪，因

① 高尔基：《俄国文学史》第520页，新文艺出版社，1957年版。

此，不能够惩罚别人，纠正别人。”

托尔斯泰的伟大作品，一方面猛烈抨击贵族地主资产阶级的统治与制度，另一方面又宣扬“勿以暴力抗恶”；一方面无情揭露教会的贪婪与伪善，另一方面又鼓吹“用宗教来净化灵魂”。这种情况，鲜明地反映出托尔斯泰的文艺思想和宗教哲学思想的尖锐矛盾。这种矛盾在他由贵族地主立场逐渐转向宗法制农民立场后的晚期作品中，显现得更为鲜明浓烈。托尔斯泰的这种文艺思想和宗教哲学思想的矛盾，是俄国在农奴制逐步崩解和资产阶级民主革命准备时期宗法制农民在思想上和心理上全部矛盾的反映。托尔斯泰转变后的思想体系正是这种宗法制下俄国广大农民的思想体系。他们一方面由于几百年来农奴制的压迫和改革，积下了无数的仇恨、愤怒和拼命的决心，要求铲除官办的教会，打倒地主和地主政府，消灭一切旧的土地占有形式和占有制度，扫清土地，建立一种自由平等的小农的社会生活来代替警察式的阶级国家。①另一方面，他们又自幼生活成长于宗法制之下，饱受这个制度的原则、传统与信仰的影响，因而，他们“用很不自觉的、宗法式的、宗教狂的态度”②来对待社会问题，使他们对斗争徘徊犹豫，甚至乞灵于宗教，托尔斯泰这种宗法制下的农民的思想体系当然也就使他的创作，一方面对旧制度和统治阶级的抨击愤激而有力，另一方面又反映了他那种“托尔斯泰主义”的思想。

但是，由于受到资产阶级革命准备时期高涨革命形势的影响，在托尔斯泰的晚期作品中，他所塑造的人物形象，有时也显示出走向革命的一些倾向，《复活》中的卡邱霞最后和一些革命者一道愉快地走上流放西伯利亚的征途，便是显著的一例。此外，他在19世纪90年代发表了许多篇激烈的论文：《我们今天的奴隶制度》《不可避免的变革》《我不能沉默》等，用火热愤怒的檄文展开对沙皇政府的斗争。他在晚年已经预感并且同情即将到来的革命风暴。他在临终前不久的日记中这样写道：“革命在我们俄国民众中招来了一种结果，那就是使民众突然知道了自己处

①《托尔斯泰是俄国革命的镜子》，载《列宁全集》第2卷，第371页。

②《托尔斯泰最后的日记》，新文艺出版社，1910年版。

境的不合理……而所有的民众都已经理解了这一点，要压制这种意识已经不可能。[①]”以上这些，都和他那种“爱怜和宽恕一切人”的宗教哲学思想背道而驰，正如高尔基指出托尔斯泰的文艺思想从“根本上就否定了他的宗教哲学，所以他对于我们更是可珍贵的”[②]。

托尔斯泰献身于文学创作近六十年，完成了许多壮丽不朽的巨著，全集多达九十三卷，才气横溢，临老不衰。他继承和发扬了欧洲和俄国批判现实主义的优秀文学传统，他的全部创作特别是他19世纪60年代后的三部批判现实主义的巨著，把整个近代批判现实主义文学发展到了一个更新的高度。虽然，他那用爱来改造世界的错误观点构成了他创作的局限性，但是，这位贵族的叛徒，黑暗势力的指责者，用精湛的技巧、丰富的语言、渊博的学识，嬉笑怒骂，写尽19世纪沙皇俄国统治阶级的丑恶与罪恶，为人类文化做出了杰出的贡献，他在文学上的辉煌成就，至今仍然赢得世界人民的尊敬。

①《托尔斯泰最后的日记》，新文艺出版社，1910年版。

② 高尔基：《俄国文学史》第504页，新文艺出版社，1957年版。

附录三：夜访光仁洪教授

肃　宁

他吃晚饭，速度快得出奇。尽管这样，他还是一个劲儿地向我道歉："对不起，我来晚了！"就这样，出席六届人大三次会议的我党中央常委、著名历史学家光仁洪教授接受了我的采访。

光老六十多岁，身材欣瘦，温文儒雅，一派学者风度。他燃起一支烟，深深地吸了几口，然后说："我们的祖国，迎来了一个改革的春天。前几天，我们聆听了赵总理作的政府工作报告，他既肯定了改革的成绩和经验，又实事求是地分析了当前存在的一些问题。中央这样了解下情，信心如此坚定，使我们深受鼓舞。"接着，他话题一转："受到鼓舞，得有行动。我是搞国际关系史研究的，在'对内搞活、对外开放'的今天，愈加感到责任重大呀！"

据光老介绍，国际关系史作为一门独立的学科，始于1919年。当时，第一次世界大战刚刚结束，英国学者首先认识到研究国际关系史具有十分重要的战略意义。以后，它愈来愈引起各国专家、学者的重视。发展至今，它已成为世界性的热门学科之一，尤其是苏、美、英等国，设立了许多研究机构，动用了大量的人力、物力，每年都有大批的国际关系史专著出版。相比之下，我国对这门学科的研究显得非常薄弱。

光老无限感慨地说："这种局面，与新中国崇高的国际地位多么不相适应啊！"

1978年，我国终于成立了"国际关系史研究会"。光仁洪教授不但参与了学会的筹建工作，而且连任两届副理事长。现在该会有会员五百多名，其中大多是年富力强的中青年同志。邓小平同志曾指示，部队的同志也要关心国际关系史研究。因此，会员中不但有教授、讲师，而且还有军事学院的同志。在短短的几年中，国际关系史研究会已开过两次年会，并出版过论文集；由该会组织人力编纂、光教授担任副主编的《中国大百科全书》分卷《国际关系史》业已定稿，准备付梓；一套具有中国特色的十卷本专著《国际关系史》（近、现代），也在积极筹备编写中。除此以外，光仁洪教授还主编了一部百万字的教育部大学统编教材《世界史·近代史》，已于1984年由人民出版社出版发行。

20世纪30年代，光老曾在中央大学攻读世界史和国际法专业。那时，他便敏锐地注视着国外在国际关系史方面的研究动态。20世纪40年代，他漂洋过海，到美国芝加哥大学专攻国际关系专业。别看他是靠奖学金度日的穷学生，在学业的进取方面，却不让他人。颇得教授的青睐。在回国后的三十几年中，他一面教书，一面研究国际关系史。

在我们中国，有关国际关系史的资料，微乎其微，搜集起来十分困难。因此，当偶尔得到一条查找资料的线索时，他竟高兴得像孩子一样。他风尘仆仆地南来北往，常常是乘兴而去，败兴而归，不知跑了多少冤枉道。有一次，他听说上海徐家汇图书馆存有新中国成立前外国租界的许多档案资料，正是他所需要的。结果，他由安徽跑到上海，一打听，那本书被当年的“林副统帅”一声令下，藏进了安徽的秘密山洞，至今尚未解除“战备”状态。他哭笑不得，徒劳往返。他并不在乎气力，只是吝惜时间。他想：“我们的祖国多么需要出版一套自己编写的《国际关系史》啊！”

他认为：“小到国际债权、债务，大到边界谈判、解决国际纠纷，只要涉及外事活动，就必不可少地要用到国际关系史知识。研究国际关系史，可以用史料说话，使我国在外交事务和对外宣传方面处于有利地位。另外，理清国际关系变化、发展的历史线索，可以推测未来，为政府的外交决策发挥智囊和参谋的作用。”

历史上，国际关系错综复杂，纷呈万象，该如何研究呢？光老认为，从表象入手研究，很难得到真相，只有探本求源，从均势结构入手研究国际关系，才能看清本质与规律。这是他在近几年撰写的《谈国际关系史的研究》和《均势和一次大战前二十年国际关系的变化》等文中一再强调的重要观点。

光老还指出，一缺资料，二缺资金，这是学会遇到的两大难题。在美国，外交档案逾二十年，便解密，公开出版发行，许多资料还被输入电脑储存。这些，无疑为国际关系史专家提供了极大的方便。而在我国，不但没有用上电脑等现代化手段，甚至连一部全国各大学有关这方面资料的藏书总目都没有。至于资金，就更成问题了，资金缺乏直接影响到资料图书的购买。

光老恳切地说："如果能把正在筹备编写的多卷本《国际关系史》，列入国家的'七五'计划，拨下专款，那么，进展就会顺利多喽！不过，话又说回来了，即使这套书列不进'七五'计划，学会也要坚决地写下去!"

那语调，是坚定的。犹如在攻城夺垒前，发自英雄胸中的钢铁誓言："有条件要上，没有条件，创造条件也要上!"在光仁洪教授胸中，同样有着不可动摇的意志。

夜阑更深，忙碌了一天的北京城，困倦了，睡熟了，而我们的光仁洪教授却依然谈兴不减，望着他胸前佩戴的那个熠熠生辉的红色代表证，我看到了一颗闪光的心……

（原载中国农工民主党中央宣传部编辑《前进》1985年第5期）

附录四：深切怀念光仁洪同志

徐荣楠[①]

7月7日，光仁洪同志在上海不幸病逝。噩耗传来，万分震惊，难以置信。今年4月，他参加农工党安徽省专职干部工作会议时，尚精神矍铄，侃侃而谈。在他去沪治病前夕，我去住所看望，他虽顽疾缠身，但神采依旧，豁达开朗。我完全相信他手术后能平安返回，孰料此次见面竟成永诀。光老的逝世使农工党失去了一位老同志、好领导，我失去了一位良师益友。我悲痛不已，梦绕魂牵，心潮难平。

我和光仁洪同志初识于20世纪50年代后期，1979年我和他同时当选安徽省农工副主委，1984年他由芜湖调到合肥安徽大学历史系工作并担任省农工主委后，我们交往日多。他给我留下的深刻印象是：作为农工党的一位领导人，一个高级知识分子，一贯地、真诚地致力于与中国共产党的亲密合作，巩固和发展党的爱国统一战线，深明大是大非，积极献身于农工党的自身建设。他平易近人，谦恭民主，一丝不苟，洁身自好。

几十年来，光仁洪同志始终自觉地在政治上接受中国共产党的领导，竭诚拥护社会主义制度，坚决贯彻执行党的统一战线、方针和政策。在任何时期、任何情况下，从未动摇过对中国共产党的忠贞和对社会主义的信念。“文革”后期，他的问题澄清后，曾写信给我会前任主委吴彦求同志，告知其问题已解决，并在信中表达了他对中国共产党的无限信赖和热爱，表示要振作精神，为社会主义现代化建设竭智尽力。在工作中，他常告诫我们，要站稳接受中国共产党领导的立场，在大是大

---

① 徐荣楠（1924—2018年），农工党安徽省委会代主委，安徽省立医院原副院长，安徽省外科学先驱，安徽省立医院新时期外科事业开拓者。

非问题上要立场坚定，旗帜鲜明，并以他自己的言行为我们做出了表率。他曾撰写了《从资产阶级议会制度看资产阶级民主的实质》一文，用理论和史实深刻地剖析了资产阶级议会制度，揭露了资产阶级民主的虚伪性和欺骗性，高度赞扬了中国共产党领导的多党合作和政治协商制度的优越性。他指出，民主党派和共产党要达到统一祖国、振兴中华这一目标，只有在中国共产党领导下的多党合作制度中才能实现。这一切是历史的必然，也是我们各民主党派的共同愿望。他告诫全体成员，在任何时候，我们都必须坚持四项基本原则，一刻也不能忘记这是我们的立党之本，我们决不做反对派，不当反对派，也不愿当反对派，这些语重心长的教诲，使我们深受教育和启迪。光仁洪同志作为一位民主党派的老成员，自觉地在各种场合，用理论和事实教育党员，他从历史学家的角度多次对青年开展中国近代史的教育，弘扬中国民族精神，这是难能可贵的。由此也可以看出，他是真正做到了与中国共产党风雨同舟，肝胆相照。

光仁洪同志不仅热爱党，而且对社会主义祖国怀有一颗赤子之心。令人难以忘怀的是，在他生命垂危时刻，气管被切开后不能发声，他不顾巨大痛苦，在病榻上用颤抖的手为其回国探视的子女写下了“要热爱祖国、报效祖国”的谆谆教导，使我们看到了这位老民主人士和老知识分子的拳拳爱国之心。

作为农工党中央副主席、农工党安徽省委的主要领导人，光老非常重视农工组织的自身建设。尽管他兼职较多，公务繁忙，但每次农工党召开有关加强自身建设的会议，他都想办法、挤时间，有时甚至抱病参加。记得去年年初，《中共中央关于加强和完善中国共产党领导的多党合作和政治协商制度的意见》发表后，光老倍受鼓舞，他在座谈学习此意见的体会时，说了下面这番话：“我深深感受到中国共产党对我们民主党派的信任和关怀，在感到无比振奋和鼓舞的同时，感到我们任务的光荣和艰巨。作为民主党派的一个老同志和负责人，学习、宣传、贯彻好这一重要文件是我义不容辞的责任。也正是由于这项任务的光荣和艰巨，我们农工党的各级组织必须大力加强自身建设。”光老的这番讲话，使我们深受鼓舞。同志们交口称赞，光老的讲话亲切、质朴、寓意深刻。最使人难忘的是，今年4月，他参加全国政协会议归来，适逢农工党安徽省专职干部会议召开之际，为了及时传达政协会议精神，他连夜赶写了会议的传达提纲。会上他兴奋地传达了关于“八五”计划和十年规划的实施纲要，并提出了农工省委会的具体贯彻意见。他的这次讲话给与会者留下了深刻印象，这是他在农工组织的最后一次讲话。光仁洪同志为农工组织的自身建设呕心沥血，市级组织的换届他赶去参加；到外地视察也不忘到农工机关走走，看一看；省直基层组织的活动他也不辞辛劳地前往参加。甚至在他住院期间，也在关心农工省委会的工作，嘱咐前去看望他的同志：转告同志们，要在中国共产党的领导下，勤奋工作，搞好自身建设，更好地发挥参政党的作用，不要辜负党对我们民主党派的信任和期望。

光仁洪同志最受人怀念的高尚品德之一，是他一贯为人谦恭，平易近人，处事公正，与人无争。在他担任省农工主委期间，他本着对党对农工组织的高度责任感，从大局出发，坚持组织原则，待人以诚，胸怀坦荡，在领导班子中起到了核心和表率作用。给我印象较为深刻的是，在每一次主副委办公会议上，他总是虚心听取意见，对不同意见让大家反复协商，从不强加于人。他充分发扬民主和善于团结同志的工作作风，深受机关干部和成员的信赖和尊敬。与他共事多年，我和他相处以诚，融洽无间。

光仁洪同志作为民主党派负责人和高级知识分子，他尊重知识，爱惜人才。前些年，面对我省出现的人才外流情况，他在《孔雀为何东南飞》一文中，分析了原因，提出对知识分子政治上要关心、思想上要帮助、工作上要支持、生活上要照顾的建议。这篇文章在《安徽日报》上发表后，引起了较大的反响，得到了有关部门的重视和采纳。多年来，他还以积极认真的态度把成员在落实政策、职称晋升以及工作和生活中的困难、问题向有关方面反映，争取解决。

我深切地怀念光仁洪同志，不仅是他的道德文章和长者之风，而更钦佩他对中国共产党的同心同德，对社会主义的忠贞不渝，钦佩他对党派工作的忠心耿耿、兢兢业业的忘我精神。在“文革”后期，他曾赋诗抒怀，有“重抛药饵挽强弓”之句，为报效祖国建设和党的统战事业执着地追求和奉献。他这次患病，我们在送别时，他重提此诗，莞尔而坚定地微笑首肯，默示他要贯彻初衷的不渝信念，然而志不能酬，抱恨千古。

我们怀念光仁洪同志，要发扬同中国共产党风雨同舟、长期合作的优良传统，在中共安徽省委的领导下，大力加强自身建设，发挥参政党的作用，在当前特别要为抗洪救灾、重建家园发挥积极作用。

（原载中国农工民主党中央委员会主办《前进》1991年第9期）

附录五：两袖清风和一身正气

段华洽[1]

光仁洪先生是世界现代史著名史学家，新中国成立前留学美国芝加哥大学攻读国际关系史专业硕士学位，曾经担任过安徽省政协副主席，生前在一次会议上语重心长地对在座的学者说，现在有一种说法，知识分子虽然一身正气，但是两袖清风，我要把这个话重说一遍，虽然两袖清风，依然一身正气。与会人员听了一怔，醒悟过来就是一片由衷的掌声。

20世纪80年代，因为种种原因，知识分子的价值还未充分体现和实现，"拿手术刀的比不上拿剃头刀的，造原子弹的比不上卖茶叶蛋的"，这种"两刀两弹"的形象比较，说明了当时"体脑倒挂"的收入情况。其实，当时的这种说法也是不准确的，万元户的暴发，好像市场经济中到处都是赚钱的机会，不需要任何知识和能力都可以捞得一桶金，新时期"一切向钱看"的拜金主义助长了新的"读书无用论"，甚至20世纪90年代初期，有种说法是"傻的像教授，穷的像博士"。知识分子对自己的价值开始怀疑起来了，光老上述的话就是针对这种心态而言的。不过这种说法多少还透着一种无奈，知识分子是否在市场经济发展中落伍而掉价呢？

记得毕业20年返校，我在师生座谈会上提起光老的这句话，顺着意思即兴说，知识分子能否被社会所接受，归根到底还是看自己能够为社会做点什么有价值的事情，否则一味清高和抱怨是无济于事的，我想说的是，希望各位保持一身正气，不再两袖清风，在市场经济发展中发挥自己的作用，赢得应有的待遇！

---

① 安徽师范大学历史系1977级学生，现为安徽大学管理学院教授，硕士生导师。

中国台湾学者曾经在《中国文化的展望》一书中说，知识分子的价值在于思想自由，人格独立。诚然，超脱自身的利益，尊重科学和客观事实，是很不容易的事情，不过，有理想和精神寄托，还是能够应对浮躁和虚妄，做到气定神闲的。

附录六：目标一致心相通

——访农工民主党中央副主席、安徽省政协副主席光仁洪

刘选武①

光仁洪教授已年逾七旬，1939年毕业于中央大学，后到美国芝加哥大学攻读国际关系研究生。1948年回国后任上海法学院教授。新中国成立后一直任安徽几所大学的历史教授。1984年始任安徽省政协副主席，后来又任七届全国政协常委。此外，他还兼任安徽省社科联主席、中国国际关系史研究会副理事长、中国历史学会理事等。

一

谈及中共领导的多党合作和政治协商制度，光仁洪教授很坦诚。他说："我觉得中共领导的多党合作制是符合中国国情的政治制度，是建设有中国特色的社会主义的一个基本制度。我是搞历史的，以历史的观点来看，这个制度是中国历史的必然产物，是中国进入近代和现代以后在长期的政治斗争中形成的制度。中国八个民主党派，虽然有各自的历史，但他们与中共所奋斗的目标是一致的，心是相通的，都是为了使国家富强，人民幸福，建设有中国特色的社会主义。既然有一个共同的旗帜，就要有一个举旗的核心力量，这个核心力量就是中国共产党。新民主主义革命的历史证明，各民主党派正是在中国共产党的领导下才发挥了各自的作用，完成了建国的大业；以后也只有在中国共产党的领导下，才能完成建设有中国特色的社会主义的大业。所以各民主党派对中共来说，不是也不可能是反对党，而是参政党。共产党的领导不是自封的，各民主党派很需要共产党的领导，迫切希望通过共产党的领导，形

① 安徽日报高级记者，安徽省院士专家联谊会会员。

成合力，实现共同的目标。从中国国情来看，中国不可能套用西方的制度。”说到这里，他感慨良多：“西方的制度我亲眼见过，半殖民地半封建的制度我亲身经历过，比来比去，还是只有在我们这个制度里，各民主党派和人民群众享有最广泛、最有效的民主，才有真正管理国家和参政议政的权利。”

二

谈兴正酣，光仁洪教授的话题转到了参政议政的体会上来。他说：“政协是中共领导的多党合作的一个场所。这些年我在这个场所中工作，深感中共对我和其他民主党派的同志非常尊重、信任和支持，不仅任实职，而且有实权，许多重要的工作都要我们去做。去年春节后，省政协组织在皖的全国政协委员到淮南考察，考察中我们了解到淮南的不少情况，都向中央做了反映。前年春节后，省人大、省政府、省政协三家组成视察团视察淮南矿务局，了解矿工的生产生活情况，这类活动很多，都有民主党派的同志参加。在多年的共同工作中，我总感到我们民主党派的同志与中共的同志关系很好，工作协调，气氛祥和，大家都在为共同的目标而努力。”

“你和其他民主党派的同志通过什么途径参政议政？你们都提出了哪些政见？共产党和政府采纳了没有？”

光仁洪教授点燃一支烟，从容地说：“我们参政议政的途径广得很！如平时省委、省政府有什么大事，包括重大的人事变动、一些政策的制定，都要听取我们的意见，我们尽可发表自己的看法；每年的省政协和全国政协会议都有提案委员会，每个政协委员对党和国家各方面的事情，有什么意见、建议、想法都可以毫无保留地提出来，有提案委员会建立提案，再把提案集中起来，批转到党和政府各有关部门，由他们去解决、处理，并把解决处理情况予以回答和公布，反馈给提案人。提案人有不满意的地方，可以再提，还可以追踪检查解决处理的情况。像这样的提案，仅省里每年就有上千件，予以回答和解决的在百分之九十八以上。所以我感到，我们参政议政的渠道是很畅通的，也是很有效的。”

三

在谈到中共领导的多党合作制如何完善时，光仁洪教授又引史为据。他说：“西方资本主义的两党制、议会制，且不说它的阶级内容，仅它的形式，就以英国为例，从17世纪资产阶级革命到19世纪三次宪章运动，前后经历了两百多年。而我们的多党合作制才建立几十年，它是前无古人的先进制度，当然还需要不断完善。就现阶段来看，要完善无非是两个方面：一是中共要加强对多党合作制的领导，这是基础，这个基础牢固了，才能产生更大的凝聚力，同心同德，实现共同目标。二是各民主党派要加强自身的政治、思想和组织建设，特别是要加强对中共的路线方针政策的学习，这样才能不断提高参政议政的水平。”

（原载《人民日报》1991年7月9日海外版）

附录七：挽光老四章

叶孟明[①]

其一

地毓龙眠秀，才雄虎绣奇。
趋庭承宿教，跨海拓新知。
通贯中西学，兴来雨露思。
栽培遍八皖，桃李忆春时。

其二

序论明春史，宏规乐薄芹。
高谈惊四座，彩笔扫千军。
讲席寰宇势，丛编海国文。
长留遗范在，后学领清芬。

其三

团结江淮秀，同宗马列师。
华堂聚益友，宏论佐明时。
风雨同舟楫，丹心拥赤旗。

① 叶孟明（1921—1996年），安徽桐城人，安徽师范大学历史系教授，古文献学专家。

何期栋梁折，落木助哀思。

其四

沪海惊星殒，神州失宿贤。
谊深切三益，规谕忆频年。
听雨连床夜，当筵快论天。
人琴悲永别，不禁泪涟涟。

（原载中国农工民主党中央委员会主办《前进》1991年第9期）

附录八：父亲的爱

一

父亲见背已二十七年，音容笑貌，历历在目。今年是父亲诞辰100周年，独坐窗前，所怀千万，早岁与父亲在一起的点点滴滴，奔集于心。

父亲出身世代书香门第，天资聪颖。儿时就表现出文思敏捷，颖悟逾常人。七岁能诗，有《细雨》一首，诗曰：

细雨蒙蒙下，前林叶正飞。
提壶着蓑笠，将钱换酒归。

8岁学英语时，他又写诗一首，诗曰：

咿唔学英语，灯下费吟哦。
明日讲堂上，先生赞赏多。

父亲一生勤学不倦，治学严谨勤奋，数十年如一日。每当夜深人静时，我常常看到他在书房里伏案疾书，编写教材或查阅资料。记得有一年冬天的一个夜晚，我从睡梦中醒来，看见书房里仍有灯光，走进一看，看到父亲仍在伏案著书。那天天寒地冻，展纸冻手。突然，我看见父亲停下了笔，我以为他准备休息了，谁知他搓了搓手，站起来走了两步，又坐下去继续写了起来。看见父亲孜孜不倦的身影，心中生出无限的崇拜和敬意。

父亲不仅是国内外著名的历史学家，还精于儒家经传、诸子百家、古典诗文、英语和法语，是一位学贯中西的学者。

小时候，在夏天的晚上，一家人常常在阳台上乘凉，我们一边摇着芭蕉扇，一边听父亲给我们讲古今中外的典故、名人轶事、老庄哲学等，父亲教育我们要树立正确的人生观。父亲还教我们古文，古诗词。他说："中华文化博大精深，要好好学习，传承下去，弘扬中华文化。"父亲不仅教我们写诗、吟诗，还讲解诗词的平仄格律。他说："写诗一定要押韵，要掌握诗词的平仄格律。"我们有不懂的地方，他总是耐心讲解。父亲的口才非常好，妙语连珠，出口成章。他总是以其广博的知识、绘声绘色的描述，使我们听得津津有味，能够迅速理解和感悟这些古诗词的意义、意境和魅力。有时候吃过晚饭，父亲会带我们几个小孩去附近的小店买一点花生。回来的路上，父亲牵着我们的小手，我们背诵着诗词、唱着歌儿，一路走回家。儿时的欢乐时光，何时能再现。写到这里，潸然泪下，逝去年华，都同梦幻。

我的母亲徐惠贞出身于书香门第的大家庭，在家排行老三，知书达理，善解人意。和父亲结婚后，相夫教子，夫妻恩爱。父亲和母亲相濡以沫，含辛茹苦地把我们五个孩子抚养成人。他们非常重视对子女的教育。父亲经常教导我们要好好学习，无论在任何处境下，一个人活着，就要不断地吸收新知识。他要求我们不要放弃对知识的学习和追求，他说："知识和学问总会有用的。"父亲常说，学习如逆水行舟，不进则退。父亲的谆谆教诲激发了我们对知识的渴望、追求和学习，使我们对学习热情高涨。父亲还督促我们通过写日记来提高我们的写作水平，母亲也常常来指导我们的外语。父亲和母亲对我们的教育和培养为我们日后的高考打下了坚实的基础，使我们都受到了很好的高等教育。父亲的这些教诲至今还激励着我们前进在求知的道路上，特别是在当今科学技术日新月异的时代，更加验证了父亲这些教导的正确性。

父亲睿智博学，乐观豁达，宽容大度，胸怀坦荡。他一生无论是在任何处境下，都保持着对知识的追求、对文化传承的责任。父亲常说，人要坚强，要能屈能伸。人的一生总是会遇到一些挫折和困难，但我们要坚强、乐观，要坚持自己的信念，就能找出解决困难的办法，困难也就能迎刃而解了。人要向前看，有时候退一步海阔天空。父亲的这些教诲至今陪伴着我们。

在我的记忆里，父亲从未对我们发过脾气，他总是那么温文尔雅，和蔼可亲。在任何环境下，他总是心平气和地与我们说话。

父亲母亲舐犊情深。听母亲说，我小时候常发烧，每次都是父亲背着我去医院看病，来回奔波，非常辛苦，有时候一个星期要去好几次医院。还有一次我不小心摔倒，左脚受了伤，脚肿得非常厉害。父母亲怕我的脚骨折了，连夜带我去市中心的医院拍X光片。拍完片子后，确认没有骨折后才离开医院。回到家时，已是午夜时分了。

子女的平安、健康是父母亲心中最关注的。每当在外的子女如期未归时，父母亲总是牵肠挂肚，心急如焚。有一年除夕，三妹在外因事未归。父亲独依门前眺望，并写诗一首，诗曰：

饮罢屠苏酒，三儿竟不来。
阿翁意谁识，犹自把门开。

有一年父亲在外时，曾写《浣溪沙》一首以抒其眷念子女之怀，词曰：

归去已闻腊鼓频，重来才见柳芽新，芒鞵尤带去年塵。
梦到凤山小红屋，憨儿窗底弄丹青，慧心写出一江春。

父亲一生简朴，自奉俭薄，唯遇人甚厚。一身正气，两袖清风。父亲常常教导我们，做人要严以律已，宽以待人。父母亲总是尽力帮助需要帮助的人。父亲还教育我们说："由俭入奢易，由奢入俭难。"在生活上不要追求吃穿打扮。父亲常说，做人要知恩图报，滴水之恩当涌泉相报。父亲和母亲的这种美德，是一笔宝贵的精神财富伴随着我们的一生。

听母亲说，每当她独坐时，脑海里时常会想起1952年1月份的一个深夜，我们的爷爷病故的情景。当时在爷爷身边守护的只有父亲和母亲，当父亲和母亲极其悲痛地看着老人离世后，恍恍惚惚地走出医院，父亲悲痛欲绝，失声痛哭，与慈父朝夕相处几十年的点点滴滴涌上心头，一路停停走走哭诉慈父对他们子女无微不至的关爱。父亲幼年丧母，为了子女不再受到心灵上的创伤，祖父从此身兼母职，含辛茹苦地养育子女四人。父亲年幼时体弱，经常有病。十几岁时脸上长了一疮，肿得很大，危险万分，是祖父日夜守候在病床边，寻医问药。在重庆时，医生诊断父亲身患绝症，又是祖父设法让父亲出国就医。这份日益积累的父爱兼母爱交织在一起的深厚亲情非一般人所有和所能理解的，它一直萦绕在父亲内心深处。

父亲对祖父的感情格外深厚。听母亲说，祖父有时喝点酒，父亲常陪同共饮。每晚父亲必到祖父房间问候并谈论老庄哲学，庄子的《逍遥篇》是他们谈论的中心，祖父对庄子思想有深刻独创的见解，写了不少有关文章。后来父亲将祖父生前所注的老、庄、墨、韩、易传诸稿整理成书，题名《道墨新诠》，此书已于1987年出版。

祖父去世后，父亲悲伤不已，很长时间后才走出悲伤，父亲对祖父的孝心令母亲万分感动。母亲说至今父亲那悲哀的哭声还时常在她耳边响起。

父亲是一位著名的历史学家，对国际关系和世界近代史有着深湛的研究，是国内外史学界公认的国际关系和世界近代史领域的开拓者之一。父亲教学成绩卓著，学术著作颇丰。父亲之学精深广博，著有《世界近代史》《韩非子精义》，主编有《世界史·近代史》《世界近代史词典》《中国大百科全书》中的《国际关系史》分卷、十卷本《国际关系史》（近、现代）等著作，并撰有学术论文多篇。1981年，中央教育部指定安徽师范大学和东北师范大学负责编写全国高等师范院校历史系《世界近代史》教学大纲，此大纲出版后，供全国高校参考使用。多年的教学实践证明，此项成果在全国高等师范院校中具有一定的示范作用。

父亲是国内外知名教授，为国家培养了大量人才，桃李满天下。“文革”结束后，父亲虽然肩负着民主党派的领导工作，但仍不忘教书育人，著书立说。重新登上讲台的父亲意气风发，他经常举行讲座，并多次应华东师范大学、南京大学、辽宁大学、东北师范大学、厦门大学、西南师范大学等高校的邀请去讲学，为祖国的教育事业贡献了自己毕生的精力。父亲睿智博学，学贯中西，长于言辞，善于表达。每次讲课，都博得满堂掌声。他的学生、同事和朋友们都说，听父亲的课，不但学到了知识，还是一种享受。父亲一生光明磊落，坦诚待人。对自己的学生，克尽为人师表之职，对中青年教师，也是诲人不倦，悉心培养。他的学生和同事们经常到家里来和父亲一起探讨一些研究课题和学术问题，父亲总是耐心解答，并给出解决问题的建议。

父亲爱国，爱事业，爱家，爱我们。父亲和母亲的爱让我们拥有了一个温暖幸福的家，使我们能在这个温暖的家庭环境里健康成长，养成了坚强、自信、勤奋、上进、善良、乐观、开朗、正直和充满爱心的性格。

二十七年来，我们对父亲的思念从未停止过，总觉得父亲就在我们身边，一直陪伴着我们幸福地生活着。父亲没有离开我们，他就在我们的心里。

二女儿光丽

二

小时候，无论我遇到大事或小事、高兴或不高兴的事，我总是想第一个告诉爸爸，而他也总是会及时地出现在我身旁。那时候的我，觉得他高大无比、无所不能、无所不会。他总告诉我：人要能屈能伸，要学会在逆境中成长。人生在世不可能一直都那么顺利，总会遇到这样或那样的挫折，但我们绝不能被困难打败，我们要从中找到解决问题的方法，不能退缩，有时等待也是解决问题的一种方法。

从我记事起，我们家就住在芜湖师大的凤凰山，家门口有棵大松树，有时遇到大太阳的日子，爸爸就会忙碌起来，拿来一个大盆，把煤灰和泥搅拌在一起，在大松树下，做成一个个等大等圆的小煤球，最后越做越好，最做越精，爸爸知道了多少比例的煤灰配上多少比例的泥土做出来的煤球，会烧的时间最长、火最旺，他自称这是他的杰作，他的专利。长大以后，我才渐渐理解了这是他排解苦闷的一种方法。

不过，爸爸最爱做的事还是读书。在我的记忆里，他总是一边读书，一边做很多小卡片，上面写着密密麻麻的笔记或重要的摘抄。当我问爸爸这些有什么用呢？他说：多读点书，总会有用的。果然，打倒“四人帮”后，爸爸在编书时，它们都派上了用场，这也证明了功夫不负有心人。爸爸平时教育我们，要好好学习，不管到什么时候，知识还是最重要的，不要书到用时方恨少。

每天吃晚饭是我们一家人最高兴的时候。妈妈做好晚餐，我记得如果菜里要有几根肉丝，那已经是美味佳肴了。吃完饭，爸爸一定又开讲他的历史故事和典故。虽然听过无数次，但还是愿意聆听，因为他的口才特别好，每次都能把我们带入到故事的场景里，所以我们个个听得聚精会神。我印象最深的是一个六尺巷的小故事，“千里家书只为墙，让他三尺又何妨；万里长城今犹在，不见当年秦始皇。”这主要歌颂的是谦逊礼让的传统美德，这条巷子现存于桐城市城内。

爸爸总喜欢写古诗词。他告诉我们：“写古诗词有一定的格式，一定要记住押韵，这样才能够写得美，写得好，并且还要低声吟唱，这样才能感受到诗词的意境和意义。”在我的记忆中，爸爸写了很多首古诗词，没事就会拿出来读读，他经常在房间里一边来回踱步，一边嘴里吟唱着他的诗作。此情此景历历在目，令人难忘。平时他也会教我们写古诗词，所以现在我一听到古诗词，爸爸的低声吟唱就会在我耳畔响起，平平仄仄平平仄，仄仄平平仄仄平……

每当下雪的时候，爸爸妈妈总是会带着我去爬赭山。有时我会偷懒，怕冷，不想去。他就会劝我说：冷一点不怕，等你战胜了寒冷，战胜了困难，爬上山顶了，就会有不一样的风景在等你。确实，当我登上了山顶时，顿时忘记了寒冷，感觉视野一下子开阔了，心情也骤然好得不得了。爸爸这时会给我拍一些以雪景为背景的美照，我感觉幸福得不得了。

1976年，粉碎“四人帮”后，国家对知识分子的政策得到了恢复。爸爸又可以站在讲台上给学生们上课了，又可以编书了。虽然天天忙忙碌碌，但他脸上总是带着开心的笑容，因为他从心底里觉得这一切来之不易。他总说要把过去的时间夺回来，跟时间赛跑，让学生们能学到更多更有用的知识。他要把自己的知识全部毫无保留地教给学生，让他们成为一个对社会有用的人。尽管有时很累，但他告诉我，只要他一站在讲台上，看着学生们一张张求知上进的脸庞，一切疲惫都会一扫而空。他爱他的学生们，当然学生也喜欢他，可谓是桃李满天下。系里的老师经常来家里，和爸爸讨论一些研究课题或问一些学术上的问题，他总是会耐心解答，并且给出解决问题的建议。看着老师们满意的样子，爸爸会感到很欣慰。他就是这样一个人，平易近人，和蔼可亲。

我大姐的病是我们全家人心里的痛，更是爸爸妈妈心里永远的痛，她原本是一个文文静静、漂漂亮亮的小姑娘。她品学兼优，在小学期间，她的一篇作文《我的弟弟》在学校作为范文广为流传。另外，她的多篇作文被作为优秀范文，张贴在合师院大礼堂的门口，供大家欣赏和学习。后来，她又以优异的成绩考上了合肥重点中学——实验中学。就这样一个原本应该有一个无限美好未来的少女，被一场突如其来的变故无情地打碎了她美好的人生，也结束了她想要上大学的梦……大姐的精神受到了极大刺激，接着就是吃药、看病、住院、看护。一切的一切，让人痛彻心扉。但爸爸妈妈总告诉我们，能自己解决的事就不要麻烦学校，不要麻烦组织。直到现在也是如此。那时每当大姐对我发脾气时，我就会害怕，会哭，会觉得委屈，但爸爸妈妈告诉我，不要害怕，因为这不是大姐的过错。他告诉我：父母和兄弟姐妹的爱才是对大姐最好的安慰，要懂得理解她，要懂得爱护她。那时候我的泪是流在脸上，而爸爸妈妈的泪而是流在心里。是啊，有太多太多的往事，写也写不完，说也说不尽。

当大姐回忆起爸爸时，脸上总是挂着微笑，因为爸爸是她坚强的后盾。爸爸总是劝她要克服病痛，不要老沉溺于过去的事情，一切要朝前看，有爸爸妈妈和兄弟姐妹在一起，不要害怕。平时也要多看看报纸，看看电视，这样眼界就会开阔了，兴趣也就多了。直到现在，她还坚持每天写几张纸的毛笔字。

爸爸总是告诫我们，人要懂得感恩，懂得珍惜，要帮助一切需要帮助的人，滴水之恩当涌泉相报。有时候退后一步，海阔天空。爸爸这一生，可以说是两袖清风，一身正气。

细数起来，爸爸已经离开我们二十七年了，但我还总觉得他就在我们身边，从未离开过，他还是那么风度翩翩、和蔼可亲、儒雅大气……如果时间可以倒流，我们愿意回到二十七年前，一家人一个都不少的日子，爸爸我们想念你。

大女儿光巽和小女儿光徐徐

三

光阴荏苒，岁月如梭，转眼间父亲都已经离开我们有二十七年了。在我的记忆里，我们家是一个传统的慈母严父型的家庭。母亲整日操劳着一家七口人的日常生活。买菜，做饭，洗衣服，从未见她停过。儿时的我印象中的父亲是一个严肃而有毅力的人。每当夜深人静时，我常常看见他一个人待在书房里，或踱着方步吟诗作词，或不停地伏案著书。看着父亲的背影，我心里是那么崇敬和骄傲。

父亲对我们的教育一向都很严。即使是在“文革”期间，他也要求我们不要放弃对知识的学习和追求，父亲常常会给我们布置些阅读任务。为了激发我们的学习热情，他还设立了一些赏罚小游戏。为了在父母亲面前展现自己的学习进度，我们几个还着实下了不少功夫。父亲对我们的教育和培养为我们日后的高考打下了坚实的基础。

1976年，神州大地响春雷。中央一举粉碎了“四人帮”反革命集团。随之而来的改革开放的春风吹遍了全中国。百废待兴，四化建国。

父亲全身心地投入到了这场改变民族命运的伟大事业中。他不但肩负着学院里的管理和社会上民主党派的领导工作，百忙之中还抽出时间去教授和辅导历届积累下来的高考补习生。记得有一次，我路过学院的教学楼，看见有一间教室门外站满了学生，连几个窗户上都趴满了人。走近一问才知道，那是父亲在给高考生们上补习课。远远看到父亲在讲台上孜孜不倦的身影，我心中生出无限的崇拜和敬意。

父亲就是这样的人，他一生无论在任何处境下都保持着对知识的追求。他更加明白要在他有生之年担当起文化传承的责任。

父亲对我们子女的品行也有着十分严格的要求。他常常教导我们要诚实做人，踏实做事。要做一个对社会有用、有责任感和有贡献的人。在生活中与他人处事时，要懂得尊重他人，要有集体团队意识。要能站在别人的角度去思考问题，要能体谅别人的感受和处境。在工作上，要做到严谨求实、兢兢业业，要能脚踏实地，要有吃苦耐劳的精神。父亲从来都是把对社会、对民族和对国家的贡献放在第一位，从不计较个人得失。即使在“文革”期间，父亲也从没放弃他的责任感和使命感。我们为能有这样的父亲感到十分骄傲。

三女儿光吉和儿子光潜炤

附录九：在岳父身边

刘伟民

岳父生于1918年江苏南京书香门第。其父宣甫公为清光绪年间秀才，后考取官费，赴日本留学于早稻田大学，获法学士学位，回国后一直任中央大学法学院教授，岳父自幼深受其父教导，精通国学。20世纪30年代，18岁的岳父考入中央大学法学院，毕业后留学美国芝加哥大学，主攻国际关系学。1948年回国后，先后任上海大学法学院教授、安徽师范学院历史系教授、合肥师范学院历史系教授和安徽大学历史系教授，并于1954年加入中国农工民主党。改革开放以后，岳父以“不用扬鞭自奋蹄”的精神，参加到教学和改革开放的洪流中去，开创了我国的“国际关系学”这一新兴学科，同时担任了中国农工民主党中央副主席、安徽省农工民主党副主任委员、全国政协常委和安徽省政协副主席等领导职务。

经历了新旧中国和有着留学美国经历的岳父，既有中国儒家的“修身、齐家、治国、平天下”的抱负，又接受了西方先进的科学技术，所以他对祖国的发展充满希望。

我于1985年毕业于医学院，然后在合肥市第一人民医院任内科医生，1985年的中国，改革开放的洪流在神州大地激荡，“让一部分人先富起来”成了当时时代的主旋律，“个体户”“万元户”成了人们追逐的梦想，当时身任内科主任医生的我，每月工资为63元。

我们医院门口的茶叶蛋每个卖到三角钱，每次值夜班的时间，我总要买一两个茶叶蛋充饥，面对“手术刀不如剃头刀”“搞导弹的不如卖茶叶蛋的”这种社会现象，我不能够理解，怎么说5年的大学教育和内科主任医生的技术含量要远远高于做茶叶蛋的吧！一天吃晚饭的时间，我把我的想法说了出来，于是自嘲地说道，虽然我们一身正气，但是我们两袖清风。

岳父听了我说的话，没有说什么。饭后在书房里，岳父语重心长地对我讲，小刘，现在我们国家只有搞改革开放才能够得到发展，只有让一部分人先富起来，才能让大家看到改革开放的成果。随着国家的发展，一些社会不公平的现象会得到改善，但是小刘，你大学毕业，在医院做医生，算读了点书的人，你应该记住，我们中国的读书人，几千年以来大都能恪守君子乐贫之道，我们是“两袖清风，一身正气”！

岳父的一番话，给我的心灵以震撼，给我的人生发展指明了道路，可谓“终身受用”。

20世纪80年代，我们国家进入了改革开放时代，国民经济的高速发展，必然会带来上层建筑与生产发展不相符合的矛盾。当时我才20岁出头，青年人看问题难免“激进”“以偏概全”，对社会上不公平的事物和现象，批评起来也很激烈。加上当时苏联在戈尔巴乔夫的领导下，搞“新思维”等国际大环境的影响，我自己在家里闲聊时，也难免表露出一些“激进”的言论。

岳父对我们的人生成长极为关心，但是老人家总是以平等的态度，和风细雨地通过讲事实来教育我们。他说：“我经历了新旧中国的社会，曾经在美国生活过多年，对西方的民主有过切身的体会，作为一个中国人要爱自己的国家，‘民族虚无主义’的思想是错误的，‘国富民强’是我们的希望和奋斗的目标。任何时候，任何社会，只有社会和谐安定，国家的经济才能得到发展，人民的生活水平才能提高。”

岳父的话让我深思，20多年过去了，中国已经是世界第二大经济体，这一进步得益于党中央和国务院的英明领导，得益于“扎扎实实求发展”的政策，亦验证了岳父当年的分析。

附录十：民主的践行者

——记安徽省文史研究馆首任馆长光明甫

张立志　姚觉云[①]

文史研究馆是新中国成立初在毛主席倡议、周总理亲自关怀指导下筹建的，是一个具有统战性、荣誉性的机构，是聚才敬士之所。馆员大都是博学多才的文史耆宿。各馆首任馆长更是出类拔萃，名闻遐迩。本刊从今年首期起，在“翰林风采”专栏中，特邀各地文史馆的同仁撰写本省、市“首任馆长”，让读者领略各馆“首任馆长”之风采，感悟一代名士之人生。

1953年，新中国成立不久，毛泽东主席乘“洛阳号”军舰视察长江中下游各省，于2月22日抵达安庆，并在舰上接见了时任安庆地委书记傅大章、市委书记赵道山。主席首先问了陈独秀后代的情况，接着又问：“光昇还在不在?”并说：“我在武汉革命政府和他共过事。”

毛主席在这儿提到的光昇，即著名的爱国民主人士、教育家和法学家光明甫先生。在毛泽东主席的关心下，已年逾古稀的光明甫先生担任了刚筹建的安徽省文史研究馆馆长，继而又被国务院总理周恩来任命为安徽省教育厅厅长。1954年，光明甫应邀参加中国人民政治协商会议第二届全国委员会第一次会议，被推选为全国政协委员，其后不久又被选举为安徽省政协副主席。

光明甫，名昇，字明甫，1876年9月28日（清光绪二年八月十一日）生于安徽省桐城县北乡其林桥阳和岗光壁庄（今属枞阳县），后移居安庆市。明甫老人系清末秀才，受维新思想影响，摒弃科举入仕之途，

① 张立志、姚觉云分别为安徽省文史研究馆副馆长、文史处干部。

习新知，献身民主革命运动。在近半个世纪的坎坷曲折历程中，他两次被通缉，多次流亡，屡履艰危之境，备尝困厄之苦，但矢志不渝，初衷不改。新中国成立后，欣睹百政维新，多年所抱民主救国救民的夙愿已由中国共产党加以实现，心情振奋，竭诚拥护中国共产党的领导和社会主义，以耄耋之年，不辞辛苦，为社会主义建设和祖国统一竭智尽能，不遗余力。

北极阁集会上慷慨陈词，与清廷势不两立

光明甫的父亲华国老人是清廪生，在乡设经塾教授年长生徒，光明甫在少年时期即随父就读。嗣后，与其弟光宣甫都中了秀才。时清廷腐败，外侮频侵，国势危如累卵，革命及维新思想渐起。他兄弟二人中了秀才后，亲友都以为少年科第，青紫指日可得，但他们深感科举制度实为长期窒息人们思想的桎梏和阻滞我国各方面前进的障碍。于是，慨然抛弃举业，觅求新知，先后赴南京。光明甫于1903年考入南京高等学堂，光宣甫则考入两江师范（中央大学的前身）。出自穷乡僻壤的青年一旦与通都大邑的新思潮、新知识相接触，反清革命的思想更如脱缰之马，奔腾突荡不可复止。于是二人攻顽劣，斥权贵，进而反专制，倡革命，言行日趋激烈。当时著名革命党人赵声奉孙中山先生之命来南京，在青年学生中进行革命活动。赵声约光明甫、陈祖武、章士钊等策动南京各校进步学生在北极阁集会，反对清廷与沙皇俄国缔结丧权辱国的不平等条约。光明甫兄弟相偕到会，赵声在会上大声疾呼："这个会是杀头的会，是推翻清朝专制统治的会，怕杀头的，请退出！"光明甫在会上发表演说，慷慨陈词，声泪俱下，表现了与清廷统治者誓不两存的决心！此事震动苏、浙、皖三省，被称为"北极阁风潮"。事后，清廷侦骑四出，迫害踵至，光明甫被学校开除，潜返安徽，避入求是学堂任教。当时光宣甫恰巧考取了安徽省第一届留日官费生，于1904年东渡扶桑，就读于东京早稻田大学攻读政治经济学。次年，光明甫也束装赴东京，入早稻田大学法律系学习。由于家境素寒，兄弟两人合用一名官费生费

用，生活极为艰苦，但他们蒿目时艰，宁甘被褐食藿之苦，一灯荧荧，奋然苦读了五年多，于1910年6月学成归国。

光明甫在东京期间，常与陈独秀、章太炎相交往，并通过陈、章结识了孙中山和黄兴。当时中山先生已在东京领导兴中会和华兴会，正在筹建同盟会。光明甫参加了同盟会。1956年，他在所撰《纪念孙中山先生九十诞辰》一文中自述："我自清代末年，从旧书堆中跳出来，就喜欢谈革命，这也可以说是闻孙先生之风而动的。"

追随中山先生，宣传民主科学法治思想

1910年，光明甫先生学成回国后，以兴学振教为己任，执教于安徽公立法政学堂，担任教务长兼政治教员。清朝末年，革命党人大都借学校作为传播革命思想的基地，当时正值徐锡麟、熊成基的起义先后失败，青年学生的革命热情受挫，光明甫在校向学生宣传民主革命思想，激励学生效法烈士前仆后继为革命英勇献身的精神，培育了不少进步青年。在以后的安徽反封建专制和反军阀暴虐统治的历次斗争中，许多法政学堂的学生都站在斗争的前列。

1911年，辛亥革命爆发，安徽人民随即响应，高举义旗，赶走了安徽最后一个清朝巡抚朱家宝，成立都督府。1912年，柏文蔚担任都督，邀约陈独秀担任都督府秘书长，光明甫担任秘书。不久，光明甫即辞职仍回安徽公立法政学堂任教，并与同盟会会员谢家鸿创办江淮大学（后改为安徽省公立法政专门学校），进一步向青年学生传播革命思想，培育了更多的新生力量。安徽省公立法政专门学校中的不少学生在以后的革命斗争中经受了锻炼，成为安徽省早期中国共产党和共青团组织的骨干力量。

1913年，窃取了革命胜利果实的袁世凯，一面派人刺杀国民党著名领袖宋教仁；一面与英、法、德、日、俄五国银行非法签订丧权辱国的《善后借款合同》，企图用巨额借款来扩充其反动军队。袁氏的倒行逆施激起了全国反袁的浪潮，孙中山先生发动"二次革命"，兴师讨袁。光明

甫奋起响应，奔走呼号，积极投入反袁斗争。由于革命党人内部意见不一，和战迟疑不决，以致贻误戎机，因而“二次革命”很快失败，柏文蔚出走日本，陈独秀流亡上海，光明甫潜往南京，隐避于光宣甫寓所。

1916年，袁世凯帝制失败，北洋军阀分裂为直、奉、皖三大系，相互之间，连年混战，兵连祸结，民不聊生。光明甫在上海又投入了反对军阀残暴统治的斗争。其间，孙中山先生从日本回国，寓于上海环龙路5号，光明甫得以再度追随孙中山先生左右，时常赴环龙路倾听中山先生的革命教诲。光明甫在其所撰《纪念孙中山先生九十诞辰》一文中写道：“时值苏联社会主义开始发动，先生的革命思想已有变换，其谈到节制资本、平均地权，颇带有新的意味，这就是后来联俄、联共、扶助农工三大政策的发端。”“先生每天必看外文报纸，翻阅古籍，手不释卷，所著《建国方略》《建国大纲》等即写成出版于此时，所有建设新中国的水利、交通等大项规划皆从此摩挲设计而出。”这不仅反映了他对中山先生建设新中国宏伟蓝图的心折，更反映了他是较早聆听和钦服中山先生三大政策形成初期新思想诸人中的一个，这也就奠定了他以后长期为三大政策奋斗的思想基石。

光明甫在沪期间担任《戊午杂志》编辑，鼓吹民主革命，宣传民主、科学和法治思想，与陈独秀主编的《新青年》相呼应，并为《新青年》杂志撰稿。其中，他所撰《中国国民性及其弱点》一文，强调论析我国国民极为坚强的向心力，构成了我国国民性的最大特色。文章指出，在数千年的历史长河中，我国民族的凝聚力不仅经久不散，而且历久弥坚，不论历史上多少次纷争割据，“卒能辗转吞并，合而为一”，在社会上激起了强烈反响。

光明甫与陈独秀共过事，办过杂志，私交甚厚。1933年，陈独秀被关在南京监狱，光明甫专程由皖赴宁探监。陈独秀在江津时，光明甫更是常客，常与其往来，高谈阔论，针砭时弊。陈独秀去世后，其子陈松年找到光明甫并得到其资助才将陈独秀的灵柩运回安庆老家安葬的。

为学生伸张正义，与封建军阀抗争

1919年震惊中外的“五四”爱国运动之后，安庆、芜湖、合肥等市的学生又展开了一场驱逐反动校长的斗争。学生们目标首对当时安徽唯一的一所高校——安徽省公立法政专门学校。愤怒的学生在童汉章、周新民等的带领下，于1919年冬至1920年春先后赶走了窃据安徽省公立法政专门学校校长的张鼎臣及其继任丁述明两个贪污腐化官僚。学生们的口号是：“要求法专创办人、法学家光明甫回皖掌校！”

迫于学生长达40多天的罢课、全校师生员工的坚持，光明甫终于由沪回皖，重掌安徽省公立法政专门学校，结束了他6年的流亡生活。

继之，安庆一师、芜湖五中均赶走了反动校长，由李光炯、刘希平继任。光明甫与刘、李团结一致，形成了安徽教育界的中心，复又团结其他地区的徐皋浦、李演恭、史洁然、阮强、方雷儒、汪雨湘、时绍武等进步人士，组织了安徽省教育会、安徽省教职员联合会。在争取民主的斗争中，这两个组织发挥了极大的组织作用和推动作用。

1915—1921年的全国教育资料普查显示，安徽教育经费已降为全国倒数第二位。省教育会、省教联、省学联联合向省议会请愿，要求编制预算，增加教育经费。但省议会秉承军阀倪嗣冲和皖南镇守使马联甲的意旨，削减原拟增加的教育经费，以扩大军费。军阀的爪牙们还要为倪嗣冲祝寿，为他在蚌埠建立“生祠”，并定于1921年6月7日举行“生祠”落成典礼。消息传出，群情激愤。于是，在省学联的带领下，安庆各校学生代表于1921年6月2日傍晚到省议会请愿，要求通过教育经费增加案。

省议会警卫把门，省学联主委方洛舟等12人带头冲破警卫阻挡，闯入议会。副议长赵继椿怒气冲冲地质问：“学生是哪个学校的，跑来干什么？”并命令警卫：“把这些小家伙撵走。”代表们坚不退让，士兵们举着棍棒朝学生乱打。消息一传出，法专、一师、一女师、六邑中学、一工、一农共1 000多名学生跑步赶到省议会。

马联甲得知大批学生来了，下令武装弹压。军阀士兵冲进学生队伍，举刀棒乱打。一师学生姜高琦身受七刀倒地，戴文秀后脑被砸破倒地，一中学生周肇基伤及胸肺要害亦倒地，学生代表轻重伤30余人。光明甫闻讯赶到省议会，首先质问赵继椿为何不送这些受伤学生到医院。赵继椿回答："学生受伤，并非为军队所伤，乃自相蹂躏、碰撞所致，现有学生自认书可证。"他随手摸出一张用草纸写的条子给光明甫看。光明甫当即询问被打伤的学生，学生答曰："如果不写这样的条子，他们就用皮条打我们，学子实系被迫而写。"光明甫悲愤满腔，痛骂无恶不作的军阀，及见遍体鳞伤、气息奄奄的周肇基还被扣于省议会门房，便一手扶着周肇基，一手指着马联甲大声斥责他说："你屠杀学生，该当何罪？两国交战，对受伤俘虏尚且急送医院，你为何扣压重伤学生不医不放？"马联甲喝问："你是什么人？"光明甫正气凛然地说："我是法专校长光明甫，你敢把我怎么样？"随手用伞柄敲着马联甲的脑袋。马联甲逞其凶焰，抓住光明甫的衣领，劈面一掌，打脱了他的眼镜和帽子。光明甫满腔义愤，不计个人安危，立即回惩以一记响亮耳光。气急败坏的马联甲喝令士兵："把他捆起来，拖出去枪毙！"在场众人纷纷劝阻，同时，学生后续大队高呼："打倒倪嗣冲！赶走杀人魔王马联甲！向马联甲讨还血债！……"涌向省议会，光明甫才得幸免于难。光明甫立即派人将周肇基送入医院进行急救，随即又赶到教育会，连夜召开各校校长紧急会议，决定：（1）通电全国，声讨倪嗣冲、马联甲屠杀学生的罪行。（2）联合十公团组成"六二"惨案后援会，通电北京、南京、上海、天津各大城市，要求共伸正义。

安庆全市罢工、罢市、罢课，省内各地学生奋起响应。上海《申报》《时事新报》均以大标题刊登倪嗣冲、马联甲屠杀学生的罪行。安徽旅外名流学者王星拱、陶行知、高一涵、梅光迪、光宣甫等声援和支持"六二"运动。全国学联、北京、上海、天津文化团体也纷纷通电声讨倪嗣冲和马联甲，支持安庆人民反封建军阀的斗争。

1921年7月1日，姜高琦因伤重去世。

在革命知识分子、各界人士及广大学生、群众的压力下，终于迫使军阀当局增加了教育经费，同时抚恤姜高琦亲属6 000元。

姜高琦烈士安葬于安庆市菱湖公园北城，全市万人送葬，光明甫哀挽一联，文曰：“天柱徒高，何如死士垄；江流不转，常屹党人碑。”1922年12月，周肇基内伤恶化，又不幸逝世。全国学联、安庆各界联合会共计57个团体和个人在安庆市同善堂举行追悼大会。社会各界共送挽联300多幅。光明甫哀挽一联：“吊死扶伤，奔命已疲，痛史相承，忍健忘六月二日；伸法雪冤，吾侪有责，人权欲绝，誓争持一发千钧。”

现安庆菱湖公园内有姜高琦、周肇基两烈士墓。姜高琦烈士墓侧华表刻当年光明甫挽词。为纪念姜高琦、周肇基烈士还建造了血衣亭，亭两侧立柱刻着光明甫当年挽周肇基烈士之长联。

1921年，“六二”惨案结束后不久，安徽决定举行第三届省议会选举。倪嗣冲胞弟、凤阳关监督倪道烺和马联甲妄图继续控制省议会为军阀倪嗣冲服务，指使其党羽和走卒纷赴各县“竞选”，用贿赂手段包办选举，非法选出了清一色的倪系分子为代表。

倪道烺贿选议员黑幕被揭发以后，民情激愤，光明甫再度挺身而出，提出：推翻贿选的三届议会必须与反倪反马同时进行。于是与李光炯、刘希平、高语罕、洪子翊、周松圃、卢仲农、朱蕴山、史大化等，在“六二”惨案后援会基础上成立“安徽省各界澄清选举团”。大家分赴各县调查选举贿选舞弊事实，送交法院控诉倪、马贿选罪状。

倪道烺迫令省长聂宪藩召开贿选产生的省议会，聂宪藩既怕倪，又怕学生，在进退两难的情况下，辞职离去。倪道烺不甘心失败，又贿赂北洋政府国务院总理靳云鹏特任倪的老师李兆珍继任安徽省省长，条件是李兆珍到安徽后要召开三届省议会。消息传出，省教联、学联严阵以待，密切监视，誓与盘踞安徽的封建军阀倪、马斗争到底。

1921年9月9日晚，省教联、学联联络各界人士召开紧急会议，决定游行示威，强烈要求李兆珍滚出安庆，并电促北洋政府收回成命，电请省外皖籍名流大力支持。

省学联全力投入“拒李运动”，商人罢市，断绝了对省长公署的菜食供应，发动3 000名学生包围省长公署，运来十几桶煤油，声称要火烧省长公署。李兆珍吓得化装溜走，丧魂失魄的倪道烺也逃离安庆。

北洋政府继派许世英接任省长，贿选议员齐集安庆，私下集会推定合肥大地主唐理淮为议长，唐理淮则面许拥护他的30人，各赠狐裘一领。消息传出，李光炯身带一瓶安眠药，率领各界代表向许世英请愿，要求选举作废，不达目的则服药而死。许世英左右为难，声言：身藏小刀一柄，不得已时自杀。在此紧急时刻传来无为县法院判决选举无效的消息，各地法院也纷纷援例判决选举无效，许世英乃宣布第三届省议会选举全部无效。光明甫得此捷报，即兴赋诗一首：“腊月朔风号，宜城杀气高，一瓶光炯药，三寸隽人刀。集会原乌合，收兵似鼠逃。狐裘三十领，买卖本同袍。”

“六二”运动、反对第三届省议会贿选、驱逐李兆珍运动等是五四运动在安徽的延续。在支持和推动这一运动中，光明甫始终和全省教职员、学生及各界人士团结在斗争的前列，对安徽教育革新运动和在此以后安徽革命民主运动的发展都起了积极的推动作用。

与共产党真诚合作，积极推行三民主义

1924年，光明甫赴广州，出席由孙中山先生召开的、有共产党人参加的中国国民党第一次全国代表大会。会议上宣布联俄、联共、扶助农工三大政策，重新解释三民主义，实现国共第一次合作。同年9月18日，中国国民党发表《北伐宣言》，声明北伐以打倒帝国主义为目的。光明甫热烈拥护三大政策，决心与共产党人真诚合作，团结一致，开展反对新老军阀的斗争。

1925年3月12日，孙中山先生逝世，光明甫痛惜这颗中华民族巨星的陨落，敬挽联以抒发其对中山先生的最高崇敬之忱，文曰：

行似伯夷，貌似仲尼，公足当之。惟建树不同，晚季矜管乐才，实于中国仁圣贤人中，独具一格；

近如列宁，远如盛顿，世无健者。则先觉谁属，匹夫行汤

武事，置之大地革命历史上，各有千秋。

1926年2月，国民党安徽省临时党部在安庆成立。光明甫任执行委员及常务委员，共产党中央派柯庆施前来安庆任临时省党部秘书长。

国民党右派党员拒绝到省临时党部登记，他们在西山会议派指使下，在安庆宣家花园13号非法挂起“国民党安徽省党部筹委会”的牌子，陈紫枫等28人分别担任执监委员和候补执监委员。1926年3月，管鹏等右派参加了西山会议派分子在上海召开的“国民党第二次全国代表大会”。

国民党中央致电省临时党部光明甫等人，勉励他们继续努力党务，同时对安徽国民党右派的行为予以制裁，斥责管鹏、陈紫枫等右派的举动是叛党行为，为中央所不容。国民党左右两派斗争激烈。光明甫担任常务执委后，团结国民党左派负责人，积极展开打击国民党右派、反“三大政策”的反动行径。

1926年9月，正当北伐军向长江中下游胜利挺进之际，盘踞在安徽的北洋军阀陈调元投靠孙传芳，出兵江西抵抗北伐军，妄图做垂死的挣扎。陈调元出兵前竟将国民党左派安庆市第一区分部常务委员、共产党员杨兆成斩首祭旗，同时又勒令国民党左派主办的法政专门学校和安庆建华中学（光明甫任董事长）停办。在白色恐怖压力下，光明甫随同国民党左派临时省党部转赴上海，设机关于马浪路景益里，继续进行反军阀的革命斗争。1926年冬，北伐军攻克武汉后，光明甫又与左派临时省党部由沪迁到汉口联堡里，并在武昌黄土坡开办“安徽省党务干部学校”，进一步展开革命活动。毛泽东同志此时也在武汉农民运动讲习所授课，光明甫得以直接聆听毛泽东同志的教诲，这就是毛主席所说的“共过事”。

1927年3月，李宗仁率领的北伐军江左军进入安庆。在北伐军进军的凯歌声中，光明甫随同省临时党部由武汉迁回安庆，为积极恢复各级国民党组织而日夜奔走，并定于3月10日，召开全省第一次国民党代表大会，成立正式省党部，以推行“三大政策”。

与国民党右派斗争，痛斥蒋介石叛变革命

1927年，国民革命军进驻安庆。国民党左派省党部和国民革命军总政治部积极领导工人运动，提出了改造同业工会，建立独立的、工人阶级的群众组织——工会。国民党右派省党部工人部长、西山会议派陈紫枫指导组织的省总工会成员全是土豪劣绅用重金收买的地痞流氓，其主要负责人舒登沛、骨干分子马五七都是青帮分子，程荣彩是大营造商。左、右派工会是分别在国民党左、右派省党部的指导下成立的。国民党左、右派的斗争不可避免地集中在工会上。

1927年3月22日下午，北伐军总司令蒋介石抵达安庆。舒登沛带领一群工人纠察队，涌至蒋介石行营门前请愿。舒登沛入内向蒋介石报告：他们工会全是工人，而光明甫带了四个卫兵要下他们的牌子，要解散他们。蒋介石当即表态："工人办工会，非工人不能办工会。"又说："光明甫是教育界人士，不应该干涉工会。"并声明："本总司令一定秉公办理，务使你们不再受压迫。"这时，光明甫与周松圃正来到总司令行营门前要见蒋介石。舒登沛纠合的一群暴徒们，仗着有蒋介石撑腰，蜂拥而上，围殴光明甫，将他的眼镜打脱，长衫撕破，颈部抓得鲜血淋漓。光明甫冲进行营，要求蒋介石制裁暴徒。蒋介石对在场的北伐军总政治部副主任郭沫若说："你去调查一下，把两个工会合并起来好啦！"光明甫说："今天的事无须调查，他们是在总司令门前行凶，为总司令亲眼所见。我的伤，我的衣衫就是证据，要求查办。"蒋介石说："你们指导工作没有做好，你们偏袒一方才激起这样的事件，我看最好还是把两个工会合并。"光明甫据理力争："工会是一回事，暴动又是一回事，工会合并由总政治部调查，暴动的事则请总司令惩办。故我们做党务工作的人才能得到保障，否则我们的个人生命虽不足惜，我们的党是站不住脚的！"当晚，在欢迎蒋介石的宴会上，蒋介石发言后，原定由光明甫致答辞，但他满面怒色，一言不发，使蒋介石大为尴尬。次日，3月23日，右派工会的暴徒们呼啸上场，将省、市左派党部全部捣毁，见人就打，

见物就砸，“捉拿光明甫!”“打倒赤化分子!”的白纸条贴满大街小巷。由于郭沫若事先派人报信，周新民、童汉章得以及时隐避，薛卓汉被暴徒打成重伤。前来安庆开会的泗县代表严子敬和贵池县女代表刘剑冰在受重伤后，还被拉去游街示众。光明甫由车夫老李掩护隐蔽在一家店里，脱险后，他又率领各市、县代表赴武汉召开国民党安徽省第一次代表大会，继续展开对右派的斗争。大会选举了新的省党部，除原有执委继续当选外，又增添徐谦、高一涵等十余人为执委，其中半数为中共党员。光明甫、朱蕴山、沈子修并被选为常务执行委员。执委会还印发《“三·二三”事变宣传提纲》，号召“联合起来，打倒独裁势力”! 4月18日，安庆成立右派省党部，大肆屠杀共产党和进步人士，光明甫满腔义愤地著文痛斥蒋介石叛变革命、屠杀农工的罪行。国民党右派公开通缉光明甫等100多人。1927年7月15日，汪精卫投靠右派，蒋、汪合流，武汉政府解散。光明甫再次被通缉，他化名光雪，流亡到南京光宣甫家隐避。

1929年，光明甫应广东省主席陈铭枢将军之邀抵粤，任广东省政府顾问。1932年，“一·二八”淞沪抗战爆发，这时光明甫已随陈铭枢来到上海。陈任淞沪卫戍司令，光明甫任司令部顾问，为当时十九路军起草了许多充满抗日爱国激情的通电和檄文。5月5日，国民党政府与日寇签订丧权辱国的《淞沪停战协定》，光明甫愤而回皖。

1932年，吴忠信任安徽省政府主席，邀光明甫任省政府委员。后吴调任贵州省主席，北洋军阀余孽刘镇华继任，光明甫旋赴上海。当时江彤侯任安徽省通志馆馆长，约光明甫主编政法专稿。其所著《法治建国论》即写成出版于此时，以法治之说抨击军阀的反动专横统治。

创建民盟，致力抗日救国

1937年7月17日，抗日战争爆发，光明甫又跳出书堆。

1938年初，第五战区司令长官兼安徽省政府主席李宗仁派专人到桐城邀请光明甫到六安商谈筹备“安徽省民众抗日总动员委员会”的机构和人事安排。3月初，“安徽省民众抗日总动员委员会”宣告成立。光明甫任宣传部部长，他虽年过花甲，仍满腔热情，东奔西忙，与张劲夫、周新民、章乃器合作共事。当时，中统特务魏寿永伙同C.C系在各县设立“肃反专员”，迫害进步人士和共产党人。光明甫以李宗仁的名义颁发布告，揭露魏寿永等破坏团结、破坏抗日的行径。

1938年7月，国民参政会成立。光明甫应国民党政府的邀请，赴武汉出席第一届第一次国民参政会。1938年10月，李宗仁离皖，廖磊接任，廖借改组之机，排挤进步人士，光明甫与朱蕴山拒不参加廖磊召开的会议，以示抗议。不久，光明甫即与沈钧儒、张澜、褚辅臣等一行，深入湘西少数民族地区，调查群众生活，宣讲抗日救国。随后入川，定居江津县德威坝。

光明甫是中国民主同盟最早的创建人之一。1939年11月，光明甫与张澜、沈钧儒、黄炎培、邹韬奋、罗隆基、章伯钧、梁漱溟等在重庆集会创建了“统一建国同志会”，并拟订了该会的“信约”和“章程”。1940年12月下旬，将该会演变为“中国民主政团同盟”。1944年又改称“中国民主同盟”，简称“民盟”。

1944年9月，林伯渠在国民参政会第三届第三次大会上，代表中国共产党首次提出：“结束一党专政，召开各党派参加的国是会议，建立民主联合政府，改组失败主义的军事统帅部。”这一提议极大地鼓舞了参政员中的进步民主人士。当时重庆国民党的达官显贵，挥金如土，穷奢极侈，“前方吃紧，后方紧吃”，引起社会上的普遍不满。在历次参政会上，光明甫都与沈钧儒、张澜、褚辅臣、许德珩、黄炎培诸老配合，呼吁实行民主政治，依靠民众，团结抗战，抨击蒋介石集团的贪污腐化、消极抗日。诸老的发言多次为当时重庆的《新华日报》刊登。有次重庆《新民晚报》在“场外花絮”栏内刊出一篇题为“光参政员大褂子——24个补疤”的小文章，说光明甫身上的衣裤补疤一个连一个。记者旨在以老民主战士的艰苦朴素、高风亮节，对“四大家族”的骄奢淫逸，进行尖锐的讽刺和无情的鞭挞。

每届参政会期间，时任安徽省政府主席的李品仙必去看望光明甫，并送上丰厚的车马津贴费，但光明甫先生一直拒收。20世纪40年代，光明甫的儿子、媳妇先后亡故，他一再拒收其由省政府驻渝办事处转赠的奠仪。他常以“勤能补拙，俭以养廉”八字，教育下辈克勤克俭。

抗战胜利后，光明甫返回安徽，任省通志馆馆长。

1946年，国民党中央通令全国选举国大代表和立法委员，光明甫被列为国大代表。1948年底，安徽解放已指日可待，李品仙等曾多次派人“劝催”光明甫离皖前往台湾，都被他严拒。他决定留在安庆迎接解放，并会同沈子修、李湘若、倪学渊等组织民盟皖中工作委员会，进行策反工作，支援解放军渡江。

文章昭百世，风月共千秋

1954年12月，全国政协二届一次会议在北京召开。光明甫应邀北上参加政协会议，并被推选为全国政协委员。他和沈钧儒、张澜等一起对新中国的经济文化建设提了一些积极的建议和颇有见地的意见，受到党和政府的重视。会议期间，周恩来总理特意安排参加政协会议年近八旬的12位老人沈钧儒、张澜、黄炎培、陈嘉庚、褚辅臣、朱启钤、光明甫等进行合影。这张极为珍贵的照片，光明甫一直悬挂在卧室床头。后被其女儿精心收藏，得以传世。

在担任安徽省文史馆馆长期间，光明甫深知省文史馆的宗旨是敬老崇文，党是通过文史馆这座桥梁团结一大批党外知识分子同心协力搞社会主义建设。于是，他积极推荐了方百殊、史沛然、房秩五、施括乾、王葆仁等数十位文化人士到文史馆担任馆员，著书立说，进行文史研究。每逢年节，光明甫先生还去看望一些馆员，嘘寒问暖，和他们共话欣欣向荣的新中国。1954年，安徽遭遇特大水灾，光明甫专程向省政府领导反映，取得一部分钱款，分送到各位馆员家中。使这批旧社会过来的文化人感受到了党和政府的关怀。他们由衷地热爱新社会，盛赞共产党的领导。光明甫先生一直关心祖国统一大业，1953年他向中国台湾各界发表广播讲话，呼吁吴忠信等国民党军政人员中的故旧学生迅速回归，以完成祖国统一大业。光明甫常说，党外人士要与共产党同心同德，肝胆相照，荣辱与共，特别是要做共产党知无不言的诤友。安徽师范大学历史系的一位教师，被以“书写反标”罪于1958年开除回安庆，一家四口无以为生，常找光明甫诉冤诉苦。光明甫从他的实述中，认为其罪证不足。他遂向省委书记处书记桂林栖反映，请其复查，并请求对人的处理慎重。经复查，认定反标不是此人所写，该人得以平反，并获补偿，光明甫老人帮助党平反了一件冤案。

光明甫不仅是一位铁骨铮铮的民主战士，而且是一位终生热心培育人才的教育家和学术深湛的学者。

他从青年时代一直到垂暮之年都为安徽的教育事业尽心竭力，孜孜不倦，培育了许多优秀进步青年，做出了卓著的业绩。

光明甫一生勤学不倦，即使在奔走革命甚至在流亡隐蔽之时，也都是一有时间就一卷在手，乐此不疲。他对我国先秦申不害、商鞅、韩非诸法家之学以及近代西方的法学研究甚深，早年曾著有《法治建国论》，阐论法不趋贵，法律面前人人平等，以及他的以法治国、救国的思想和主张，此书曾由商务印书馆出版。

光明甫对我国的古典诗文颇有研究，不仅功力宏深，而且才思敏捷。1959年，光明甫目睹蒸蒸日上、欣欣向荣的新中国，真正感受到了共产党的英明伟大，人民在当家做主。他为之奔走奋斗的民主已经到来，心情由衷振奋，发为诗歌，情见乎词。于是步毛主席《蝶恋花》原韵撰三阙如下：

其一

又是三春桃与柳，胜日恭逢纪念新重九。何以献酬佥日有，借将故事宜城酒。记取嵩高呼领袖，飞渡长江万众腾欢舞。我辈幸存看伏虎，大龙山邑迎朝雨。

其二

东起扶桑西细柳，日丽芳辰照通神州九。大业日新成富有，以民为寿此春酒。岭上梅花香满袖，十月阳回持取为君舞。历尽降龙和伏虎，普天同庆如膏雨。

其三

豆麦禾麻槐与柳，绿化神州已得十之九。建国十年罗万有，今朝同尽一杯酒。拜起千童齐奋袖，列字辉煌四海升平舞。闻道山行无猛虎，八方净洗如春雨。

20世纪50年代，其弟光宣甫逝世，光明甫奔丧南京，哀恸之余，当夜写就《哭宣甫》近一百韵的长诗和《叔弟宣甫事略》数千言的长文。他的诗文稿甚多，除零星发表一些外，大都毁失。在20世纪50年代，他将其20世纪30年代所作论文、30首七绝诗及参照所写诗本眉注详加诠释，题为“说七则”，并汇编成《论文诗说·论文诗三十首·说七则》一书，约两万言。全书提出不少新颖精辟的见解，20世纪50年代曾以石印本分赠各处。

光明甫还精于历史语言学，曾就中国文字长时间之演变，合以方言殊语，积数十年之研讨记问，草成《语故》八篇，附音韵通律一篇，计50余万字。全稿于1938年由金寨赴武汉出席第一届国民参政会途中，在通过日寇封锁线时，随从人员王彦国惨遭日寇枪杀，文稿行囊一并散失。抗战胜利后返回安庆，光明甫寻检箧笥中未整理的零星残稿，加上依稀尚能追忆的部分，收合缀补，写成《语故拾零》。此外，他在20世纪50年代还撰著《衡霍辨·附释潜》《答客问》《我的读古书观》和《辛亥尘影录》等文章，先后发表于安徽省内诸多报刊、学术杂志上。

1963年元旦，上午8时43分，光明甫老人心肌梗塞逝世于安庆专署医院。讣告见报后，大江南北，包括京、津、沪各地的故旧学生，纷纷来电吊唁。元月7日，省、地、市各界人士在安庆举行公祭。周恩来总理、中央统战部领导徐冰、周新民及朱蕴山和安徽省、安庆市各级负责同志、有关单位送了花圈。其灵柩安葬于西门外鸭儿塘凤凰山。省治丧委员会赠华表一副，立于墓园两侧，文曰“文章昭百世，风月共千秋”。

1972年，光明甫灵柩迁葬于北郊大龙山与夫人倪淑慎合墓，葬于灵山之巅。

作者附记：此稿在写作过程中撷取了光仁洪（光明甫侄子，安徽省政协原副主席）、光积桀（光明甫女儿，原安庆市三中教师）、光嘉元（光明甫重孙，现安庆市政协副主席）纪念回忆光明甫先生的文章。另，光嘉元先生提供了光明甫生前的多张照片，在此一并致谢。

（原载《世纪》2007年第2期）

后 记

第一次听到光仁洪先生的尊名还是在南开大学美国历史与文化研究中心硕士生入学面试会上，当时李剑鸣先生问我，既然来自安徽师范大学，请谈谈光先生的相关情况。我一脸茫然，因为确实对光先生一无所知。想必李老师对我失望之极，我当时确实也羞愧难当。复试完毕返校后随着对先生了解的日益增多，心中平添了对先生在世界史与国际关系史领域所做贡献的无限敬意与荣誉感，但实在没有料到多年以后会由自己来搜集、整理先生的手稿、书信、札记并汇编成集。在得知与先生来自同一桑梓且距离不足三公里之后，觉得晚生所做的事情不仅仅是一种责任，除了偶尔夹杂一丝惶恐之外，更多的是一种激动与骄傲。

今年是光先生100周年诞辰，将先生遗留下来的文稿缀结成集——《安徽师范大学史学家论丛——强弓集》并付梓出版，至少有着双重意义：一是为了纪念。作为国内世界史与国际关系史教学和研究的奠基人之一，先生为中国世界史学科的建立与发展做出了重要贡献。二是为了传承。20世纪80年代末，安徽师范大学世界史学科的发展开始式微，21世纪初出现短暂的生机后又走向滑坡。在全球化不可逆转，国家之间联系日益密切，中国正积极参与重新塑造适应新情况的国际新秩序的大背景下，在国内世界史学科迎来欣欣向荣发展机遇的面前，安徽师范大学年轻的世界史人如何克服困难，挑战自我，抓住机遇，恢复昔日荣光或迎头赶上，这是他（她）们要应然回答和解决的问题。当然，借机向国内世界史同行介绍安徽师范大学世界史研究的先辈并希冀得到同仁的关注与支持，这也是我们不变的初衷。

在文集编辑出版过程中，诸多同志为此付出了艰辛。2017级世界史专业本科班的陈涛、陈旭、常根青、陶伟豪、沈鹏等诸位同学做了大量的文稿搜集、整理、辨别与打印工作。硕士生钱萍萍、朱莉珊等同学为后期材料的录入工作付出了很多，无怨无悔，在这里对你们道声“辛苦了，谢谢!”当然要特别感谢的是陈正飞先生的家人陈定一先生（陈正飞先生之子）。2015年，我们编辑出版了陈正飞先生文集——《问路集》，正准备继续编写光仁洪先生文集的时候，工作不得不停顿下来，因为我们没有光先生家人的任何信息。正当工作一度陷于困顿之时，今年三月份，陈定一先生电告我们光先生的遗孀——徐惠贞女士（近90岁高龄）从国外回到了合肥。三月底，我们拜访了师母，四月底我们顺利拿到了所有经光先生后人——在江西九江学院工作的外甥商众友先生尽心尽力整理分类保存下来的有关光先生的照片、手稿、信札等。没有陈先生的每次陪同，没有商先生前期的默默奉献，我们的工作不可能进行得这样顺利。安徽省特级教师，枞阳县枞阳中学董宝平先生惠寄《关仁洪公世系》，帮助我们纠正了庞杂材料记录中的不少讹误，真乃“雪中送炭”。安徽师范大学有关部门尤其是历史与社会学院、出版社、档案馆、校友办公室的有关领导、老师的关心与支持是文集得以整理出版的最重要保证。远在丹麦工作的光先生的小女儿光徐徐女士也自始至终关注文集编辑的进展情况并提出了许多宝贵建议，在此一并致谢。文集最后由韩家炳、徐尚平两位同志统稿和终校。

特别感谢北京大学国际关系学院原副院长，现任北京大学燕京学堂院长、全国政协外事委员会委员、北京大学国际关系学院教授、博士生导师袁明先生在百忙之中审阅文集全文并欣然提笔作序。袁明先生北大西语系科班出身，改革开放后重返母校跟随王铁崖先生攻读国际法专业国际关系史方向博士研究生，后又多次赴美、英进修、访学。贯通中外，脚踏中西，是一位杰出的学者，具有丰富的国际经验。袁先生所作的序言严谨而又不失崇敬之情，精辟而又不失冷静之心，不能不令人掩卷沉思。在此一并表示深深的谢忱。

文集匆就出版之时，有几点说明须知会光先生的家人和广大读者。首先，文集之所以取名《强弓集》，是因为光先生生前在多个场合，尤其是十一届三中全会获得政治新生之后，曾赋诗抒怀，有“重抛药饵挽强弓”之句，表达了为报效祖国现代化建设竭智尽力的决心与执着追求以及奉献党的统战事业的信心。故取“强弓”为文集之名。其次，《强弓集》分为“作人育人篇”和“参政议政篇”，也是取自农工民主党安徽省委员会写给先生的挽词：“是中西史学名家，作人育人，长留教泽；乃民主优秀战士，参政议政，永式遗型。”这也是光先生一生真实的写照和对光先生一生准确的概括与总结。再次，在整理光先生的文稿时，我们意外发现师母徐惠贞女士未刊发大作一篇，一并辑入文集，聊表对两位老人携手世纪风雨之路的崇敬之情。最后，为了让读者更好地了解每篇文章，我们将以每篇文章最初发表时的原貌（或报纸杂志未做修改时的初稿）呈现给读者。我们对光仁洪先生发表的原稿件的文字尽量不做修改。由于近代中国语法修辞与现代语法修辞的差异，文集中很多词汇、译法以及遣词造句与现代汉语有很大的不同，除非原刊物编辑原因造成的很大讹误甚或极大错讹之处，我们都原文照录，在编校过程中，我们只对文章中确属错误的文字、标点和有歧义的异体字做修改，并对同一篇文章中的引文、注释格式等做适当的技术加工，使之大致统一，其他则一律依旧。但限于我们的学养和编辑经验，书中难免还存在着一些不足之处，真诚希望广大读者朋友批评指正。

还是借用《问路集》后记中最后一句话作为本后记的结束语。正如牛顿所言：“如果说我比别人看得更远些，那是因为我站在了巨人的肩上。”我们殷切期望文集的出版能够推动安徽师范大学世界史学科的进一步发展，也衷心希望充满朝气与活力、代表未来与希望的安徽师范大学世界史团队不忘初心，砥砺前行！

编　者

二〇一八年十月